JN437914

노동지배의 이념과 전략

- 스칸디나비아 사회민주주의의 성장과 쇠퇴 -

김 수 진 지음

2007

머 리 말

이 책은 스칸디나비아 국가, 그 중에서도 특히 스웨덴과 노르웨이의 사회민주 정당이 지난 한 세기 동안 그려 왔던 역사적 궤적을 비교역사적 관점에서 분석하고자 한다. 스웨덴과 노르웨이 사회민주주의가 서유럽 사회민주주의에서 차지하는 위치는 결코 예사롭지 않다. 정치적으로 두 나라의 사회민주 정당은 유럽을 위시한 세계 어떤 민주국가의 좌파정당도 결코 넘볼 수 없는 강력한 지배체제를 구축해 냈다. 이 지배체제는 이들 정당이 세계사의 중대한 결절점에서 단행했던 이념과 전략 혁신의 산물이었다. 이들이 만들었던 새 이념과 전략은 자칫 정통 사회주의의 게토(ghetto)에서 영원히 고립될 뻔했던 서유럽 사회민주주의에 새로운 길을 밝혀 준 등불이었다. 이들의 혁신을 통해 사회민주주의 이념은 더욱 유연해졌고 더욱 풍요로워졌으며 노동운동이 노동해방과 노동지배의 이상을 정치적으로 실현할 수 있는 구체적인 전략과 정책을 갖추게 되었다.

안정된 계급연합을 바탕으로 사회민주 지배체제를 구축했던 스웨덴과 노르웨이 사민정당은 독특한 사회민주 정치경제체제를 확립했다. 그것은 이들이 채택했던 혁신적 이념과 또 이들이 추진했던 창조적 정책의 산물이었다. 이들이 확립한 사회민주 정치경제체제는 보다 평등하고 정의로운 사회를 염원하는 전 세계 지식인과 인민들에게 지난 수십 년 동안, 아니 어쩌면 지금까지도 추구해야 할 사회경제 질서의 모형을 제공해 주었다.

이와 같은 사회민주 지배체제와 정치경제체제가 스웨덴과 노르웨이에서 어떻게 구축되고 유지되었으며, 또 최근 왜 이 정치경제체제는 해체되고 있고 지배체제는 쇠퇴하고 있는지 분석해 보고자 한다.

이 목표를 달성하기 위해 이 연구가 택하는 방법론은 역사제도주의(historical institutionalism)이다. 역사제도주의는 그다지 많지 않은 사례를 연구대상으로 삼아 그 사례의 중요한 거시 역사적 흐름을 비교 · 분석해 변화의 원인을 설명하거나 혹은 변화의 특성과 의의를 이해하는 데 유용한 연구방법이다. 스웨덴과 노르웨이 사회민주 지배체제와 정치경제체제의 성장과 쇠퇴를 분석하는 데 적합한 방법이라 할 수 있을 것이다. 역사제도주의가 강조하는 역사적 국면(historical juncture)이라든가 경로의존성(path dependence) 등은 사회민주 지배체제와 정치경제체제의 진화과정을 분석하는 데 대단히 유용하고 또 필요한 분석도구이다. 정치경제체제와 지배체제는 수많은 제도와 조직이 복합적으로 얽힌 결합체이다. 아마 이 제도복합체의 동태적 흐름을 분석하는 데 역사제도주의만큼 유용한 분석은 없을 것이다. 또 역사제도주의가 활용하는 거시 비교사적 분석기법 역시 이 연구는 적극 활용할 것이다. 스웨덴과 노르웨이 사회민주주의의 거시 역사적 흐름의 공통적인 특성을 다른 사례와의 차이점에 유념하면서 분석할 것이며, 다른 한편 이 두 사례의 중요한 차이점 역시 밝혀내고 그 까닭을 이해해 보려고 할 것이다.

스칸디나비아 사회민주주의에 대해서는 국내 학자들의 많은 연구가 있었다. 그러나 그 구체적인 역사를 거시 역사적 관점에서 비교적 소상히 분석한 책은 아직 나오지 않은 듯하다. 국내 연구의 이 부족한 부분을 이 책이 조금이나마 메워 준다면 다행스러운 일일 것이다.

이 책이 지니는 한계는 물론 저자의 학문적 한계 탓이다. 무엇보다 이 책은 오로지 2차 자료에 의존해서 연구를 진행했다는 근본적인 약점을 지닌다. 이와 관련해서 또 고백해야 할 것은 저자의 언어 능력의 한계이다. 이 책은 주로 영어로 쓰인 2차 자료에 의존했다. 스웨덴어와 노르웨이어 텍스트는 저자의 독해능력이 능숙하지 못해 주로 보조 자료로 활용되었다. 그러나 본문을 읽어 보면 금방 드러나겠지만 원어로 쓰인 텍스트는 이 연구 수행에 대단히 귀중한 정보와 자료를 제공해 주었다.

사실 이 책은 훨씬 일찍 세상 구경을 할 수도 있었는데, 오로지 저자의 게으름 때문에 출간이 지연되었다. 한 가지 다행이라면 그 덕택에 양국 사회민주주의의 변화를 아주 최근까지 지켜볼 수 있게 되었고, 지배체제 쇠퇴와 정치경제체제 해체 여부에 대해 확정된 입장을 취할 수 있게 되었다는 사실이다.

저자의 학문적 게으름에 적지 않은 일조를 했지만 그래도 정신적 안정과 삶의 즐거움을 제공해 주었던 북한산방 식구들, 특히 김정구 인형(仁兄)께 감사와 애정을 전한다. 이제 현업에서 물러나신 최명 선생님께 별로 재미는 없겠지만 당분간 시간을 보내실 수 있는 읽을거리를 제공해 드리게 되어 기쁘다. 함께 놀아 주거나 많은 시간을 보내지도 못하지만, 내 가족들은 항상 내 삶의 위안이다. 애정을 보낸다. 책 출판을 위해 많은 애를 써 준 박경미 박사, 장선화 석사, 그리고 박주명 석사에게 깊은 애정과 감사를 표한다. 끝으로 언제나 어려운 재정 형편 속에서도 돈 되지 않는 좋은 책 출판하느라 여념이 없는 백산서당의 김철미, 이범 사장 부부께 뜨거운 감사를 드린다.

2007년 세모를 바라보며,

晥山

노동지배의 이념과 전략
- 스칸디나비아 사회민주주의의 성장과 쇠퇴 -

표 · 그림차례

제1장
서 론

스칸디나비아에서 사회민주주의와 복지국가를 꽃피운 덴마크, 노르웨이, 스웨덴 세 나라가 의회민주주의로 이행했던 방식은 대단히 점진적이었고 또 비교적 평화롭게 이행이 진행되었기 때문에 민주제도를 완성시켰던 시기를 확정짓는 것은 쉽지 않다. 덴마크와 노르웨이의 경우 20세기가 시작할 무렵 의회민주주의 기제는 대체로 작동하고 있었던 반면, 스웨덴이 의회주의를 확립하기 위한 마지막 관문을 통과한 것은 제1차 세계대전이 막을 내려가던 1917~18년경이었다.

세 나라 모두 결사의 자유와 정당조직의 자유는 19세기 중엽에 이미 폭넓게 보장되어 있었다. 성인 남성 대부분에 대한 보통선거권은 덴마크, 노르웨이, 스웨덴에서 각각 1849, 1898, 1909년에 확립되었다. 노르웨이는 1884년에, 그리고 덴마크는 1901년에 국왕이 첫 번째 자유당(Venstre) 내각을 마지못해 수락함으로써 의회주의 시대를 열었다. 반면 스웨덴의 경우 1905년 국왕이 칼 스타프(Karl

Staaff)가 이끄는 자유당 정부를 임명했음에도 불구하고 의회주의 원칙은 확립되지 않았다. 그 결과 스웨덴 자유당은 사회민주당과 연합해 선거권 확대와 의회주의 확립을 위해 1917년까지 힘든 투쟁을 전개해야 했다.[1)]

거의 모든 서유럽 국가와 마찬가지로 제1차 세계대전은 스칸디나비아 국가가 민주제도를 완성시키는 역사적 전환점이었다. 이 지역 국가 중 전쟁에 직접 참전한 국가는 없다. 그러나 세계대전은 참전 여부와 무관하게 엄청난 사회경제적 충격을 주었다. 이 충격은 스칸디나비아 인들의 폭발적인 정치적 동원으로 이어졌고 1920년대 초 이 지역 국가에 확립된 5당 정당체계—보수당, 자유당, 농민당, 사회민주당, 공산당—에 신속하게 인민들을 결속시켰다. 스칸디나비아 특유의 5당 정당체계는 이때 이후 1960년대와 그 이후까지 지속되었다.[2)]

양차 세계대전 사이 서유럽 신생 민주국가는 불안정하게 격변하는 사회경제적 소용돌이 속에서 민주질서를 안정시키기 위해 힘겨운 투쟁을 거듭해야 했다(Luebbert 1991; Maier 1975). 스칸디나비아 국가 역시 예외는 아니었지만 다른 국가들과 대비되는 두 가지 특

---

1) 선거권 확대에 관해서는 Flora(1983, 104, 136, 140) 참조. 스칸디나비아 국가의 민주화과정에 대한 역사적 조망은 Andrén(1981, 44-53) 참조. 1815~84년 사이 노르웨이에서 의회주의가 확립되었던 역사적 과정은 Derry(1973, 17-69) 참조. 스웨덴의 선거권 확대와 의회주의 확립을 둘러싼 투쟁에 관해서는 Lewin(1985, 73-158), Carlsson and Rosén(1980, 454-486), Scott(1977, 379-435), Rostow(1955, 43-89) 참조.

2) 스칸디나비아 대중민주주의의 역사적 전개과정에 관한 명쾌한 분석은 Rokkan(1981, 53-79) 참조. 스칸디나비아 5당 정당체계와 그 변형에 관해서는 Berglund and Lindström(1978, 16-24) 참조.

이성을 이들 국가에서 발견할 수 있다.

첫째, 스칸디나비아 국가는 안정된 반사회주의 연합세력 구축에 실패했다. 이 점은 벨기에, 네덜란드, 스위스, 오스트리아 등 다른 서유럽 소국과 스칸디나비아 국가의 차이점이었다.

둘째, 반사회주의 연합 결성에 실패함에 따라 이들 국가에서는 극도로 불안성하고 단명한 소수 연립내각 시기가 10년 이상 지속되었다. 이 시기에 특히 스웨덴과 노르웨이는 서유럽 국가 중 가장 격심한 노사분규를 겪어야 했다. 그럼에도 불구하고 스칸디나비아 국가는 독일, 이탈리아, 스페인 등과 달리 신생 민주질서를 안정시키고 1930년대 이후 사회민주주의 지배 시대를 열었다.[3)]

스웨덴 사회민주당(Sveriges Socialdemokratiska Arbetarparti)은 1932년부터 1976년까지 지속적으로 정권을 장악했다. 1976년 이후 6년 동안 중도우파 연립정부에 정권을 내줬던 사민당은 1982년 다시 집권한 이후 1991년까지 9년 동안 권좌를 유지했다. 이후 3년 동안 중도우파에 정권을 내줬다가 1994년부터 2006년까지 사회민주당 정권은 지속되었다. 지난 75년 동안 스웨덴 사민당이 정권을 잡지 못한 기간은 10년에 불과했다.

노르웨이 노동당(Det Norske Arbeiderparti) 역시 1935년부터 81년까지 사실상 정권을 독점했다. 이 기간 중 노동당이 정권을 잃은 것은 1963년, 1965~71년, 그리고 1972~73년 등 짧은 시기에 불과했다. 1945년

3) 스웨덴과 노르웨이는 제1차 세계대전이 끝난 이후 사회민주당의 안정된 집권기반이 각각 확립되었던 1932년과 1935년까지 12차례와 13차례 소수내각을 겪어야 했다. 양차 세계대전 사이 서유럽 국가 노사분규 양상에 대한 비교는 Korpi(1983, 165), Hibbs(1978, 153-175), Korpi and Shalev(1980, 301-334) 참조.

이후 1965년까지 노동당은 노르웨이 의회(Storting)의 절대다수 의석을 장악했다. 그러나 1965년 총선거 이후 현재까지 노르웨이의 어떤 정당도 절대다수 의석을 획득하지 못하고 있다. 그 결과 노동당이 이끄는 소수내각 혹은 중도우파의 연립내각이 1965년 이후 노르웨이에서 정부가 구성되는 방식이 되었다. 특히 1981년부터 1997년까지 노동당 소수내각과 보수당이 이끄는 중도우파 연립 소수내각이 불안정하게 정권을 이끌었다. 이 시기 치렀던 5차례 총선거 중 4차례(1981, 85, 89, 97)는 중도우파가 노동당을 눌렀다. 그러나 그 결과 구성되었던 중도우파 연립내각은 3차례나 도중에 붕괴하는 불안정성을 보였다. 결국 노르웨이는 1981년 이후 현재까지 노동당과 중도우파가 빈번하게 권력을 교체하면서 장악하는 양상을 보여주고 있다.

사회민주 지배체제는 스웨덴과 노르웨이보다 덴마크에서 좀 더 일찍 종식됐다. 덴마크 사회민주당(Det socialdemokratiske forbund. 1965년 이후 Socialdemokratiet i Danmark) 역시 대공황 직후 안정된 노농연합을 바탕으로 1929년부터 장기집권을 시작했다. 그러나 사회민주주의 지배는 제2차 세계대전을 기점으로 심각하게 흔들렸다. 종전 직후 두 차례 중도우파에게 정권을 내주었던 덴마크 사민당은 1953년부터 1968년까지 주로 사회자유당 등 중도정당과 연립하거나 혹은 단독으로 정권을 유지했다. 1968년 자유당과 보수당 연립내각에 정권을 내주었던 사민당은 1971년 다시 정권을 획득했지만 덴마크에서 사회민주 지배체제는 이미 막을 내렸고, 잦은 권력교체를 특징으로 하는 경쟁적 정당체제가 덴마크 정치의 특징이 되었다. 1975년부터 1979년까지 사민당과 자유당이 연립정부를 함께 이끌었다는 사실은 사회·경제정책을 둘러싼 정당 간의 이념·정책적 격차가 현저히 줄었다는 것을 입증한다.

〈그림 1-1〉 스칸디나비아 사회민주정당 집권 추이

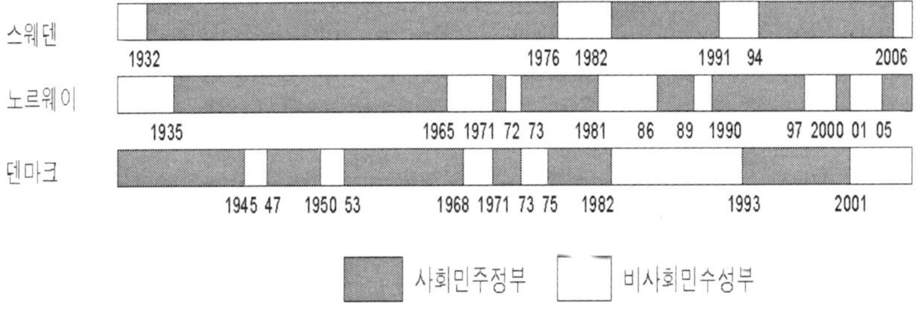

스칸디나비아 사회민주 정당은 오랜 기간 원내 제1당의 지위를 유지해 왔다. 스웨덴 사민당은 1917년에, 덴마크 사민당은 1924년에, 그리고 노르웨이 노동당은 1927년에 각각 원내 제1당에 오른 후 여태까지 단 한 차례도 제1당의 지위를 잃은 적이 없다.[4] 그러나 이들이 원내 절대다수 의석을 확보했던 기간은 훨씬 짧다. 스웨덴 사민당이 절대다수 득표를 획득했던 것은 1940년과 68년 두 차례뿐이었다. 덴마크와 노르웨이의 사민정당이 절대다수 득표율을 기록했던 적은 한 번도 없다. 그러나 노르웨이 노동당은 1945년부터 61년까지 절대다수 의석을 장악한 바 있으며 스웨덴 사민당 역시 1940년부터 48년까지, 그리고 1968년부터 70년까지 절대다수 의석을 장악한 바 있다. 이들 기간을 제외하면 이들 국가의 사회민주당 정권은 농민당과의 연립 혹은 농민당의 간접 지지—스웨덴(1932~45, 1951~57), 노르웨이(1935~40), 덴마크(1929~45, 1957~64)—에 의존하거나 다른 좌파정당의 지지에 의존했다. 따라서 사회민주

4) 노르웨이 노동당과 덴마크 사민당은 1918년과 1913년 각각 한 차례 원내 제1당이 된 적이 있다.

〈그림 1-2〉 사민주의 정당들의 득표율과 의석비율 (단위: %)

득표율

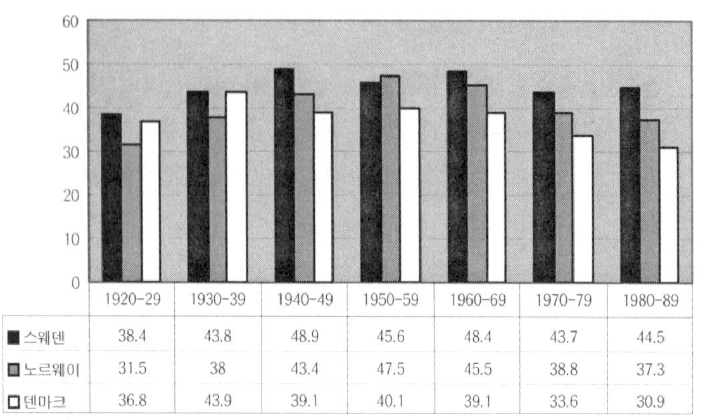

	1920-29	1930-39	1940-49	1950-59	1960-69	1970-79	1980-89
■ 스웨덴	38.4	43.8	48.9	45.6	48.4	43.7	44.5
▩ 노르웨이	31.5	38	43.4	47.5	45.5	38.8	37.3
□ 덴마크	36.8	43.9	39.1	40.1	39.1	33.6	30.9

의석비율

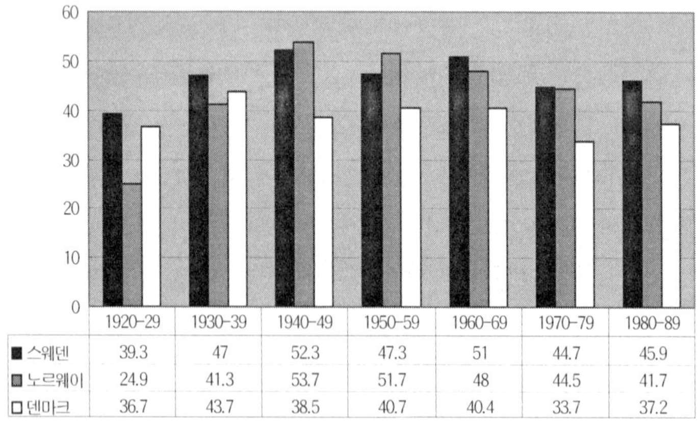

	1920-29	1930-39	1940-49	1950-59	1960-69	1970-79	1980-89
■ 스웨덴	39.3	47	52.3	47.3	51	44.7	45.9
▩ 노르웨이	24.9	41.3	53.7	51.7	48	44.5	41.7
□ 덴마크	36.7	43.7	38.5	40.7	40.4	33.7	37.2

지배체제는 사민정당이 노동계급과 다른 계급을 묶는 계급연합을 이루어 내는 능력에 크게 좌우될 수밖에 없었다.

사회민주 정당이 정권을 획득하는 데 계급연합이 필수적이라는 점은 에스핑-안델센과 쉐보르스키가 이미 강조한 바 있다(Przeworski and Sprague 1986; Esping-Andersen 1985). 그들은 산업자본주의의 계급구조 전개양상이 마르크스의 예측과 달리 산업노동자를 영원한 소수세력으로 머물게 한다고 지적한다. 따라서 다른 계급과의 계급연합은 노동계급을 지지기반으로 하는 사민정당이 선거를 통해 정권을 획득하기 위한 필수요건이 된다.

그런데 두 학자의 주장은 여기서부터 상충된다. 쉐보르스키는 계급연합의 필요성이 선거 사회주의가 도저히 해결할 수 없는 딜레마를 만들어 내는데, 이 때문에 민주적 절차를 통해 사회주의의 이상을 실현하는 것은 불가능하다고 주장한다. 반면 에스핑-안델센은 계급연합을 사회민주 지배체제를 구축하는 데 없어서는 안 될 효과적인 전략이라고 강조한다.

쉐보르스키는 계급연합 전략은 불가피하게 노동계급과 사회민주 정당의 결속을 약화시킨다고 주장한다. 따라서 선거를 통한 권력획득을 꾀하는 사회민주 정당이 직면할 수밖에 없는 딜레마는 "노동자의 정당으로 머무를 수도 없지만, 노동자 지지기반을 그대로 유지한 채 지지기반을 확대시킬 수 없다"(Przeworski and Sprague 1986, 55-56)는 점이다.

그의 이 주장은 경험적으로 뒷받침되지 못한다. 스칸디나비아 사민정당에 대한 노동계급의 지지율이 '적록동맹'(red-green alliance) 결성 이후 급등했다는 사실은 쉐보르스키 자신의 자료가 명확히

〈표 1-1〉 스칸디나비아 국가에서 좌파에 투표한 노동자 비율 (단위: %)

국가	1924	1936	1975
덴마크	55	68	57
노르웨이	26	68	54
스웨덴	48	81	92

출처: Przeworski(1986, 160).

증명한다(<표 1-1> 참조).[5] 뒷장에서 논하겠지만 스웨덴 사민당이 스칸디나비아 사민정당 중 1960년대 이후 화이트칼라 노동자를 동원하는 데 가장 성공적이었다. <표 1-1>은 같은 시기 스웨덴 사민당이 노동계급의 지지를 유지하는 데 다른 국가 사민정당과 비교할 수 없을 정도로 성공적이었음을 보여준다. 계급연합 전략과 노동계급 결속도 간에 불가피한 상쇄성이 존재한다는 쉐보르스키의 근본 입론은 이처럼 경험적으로 부정된다.

쉐보르스키 주장의 문제는 계급정치의 특성과 노동계급의 투표성향을 단순히 사회주의 전략의 일방적 영향의 결과물로 간주한 데 있다.[6] 그러나 계급균열의 비중은 일방적으로 단일 정당이 취

---

5) 1920년대 초 사민주의 정당에 대한 노동계급의 낮은 지지율은 많은 노동자가 선거에 참여하지 않았기 때문이다. 쉐보르스키는 이 시기 스칸디나비아 노동자가 보여준 정치적 무관심을 노동계급 조직수준이 낮은 탓으로 돌린다(Przeworski and Sprague 1986, 158-160). 그러나 이 책은 당시 스칸디나비아 사민정당이 표방했던 정통 사회주의 노선이 노동자를 투표장으로 끌어들이는 데 뚜렷한 한계를 보여주었기 때문에 노동자의 투표율이 낮았다고 본다.

6) 이와 관련해서는 특히 "개인의 투표행태 결정요소로서 계급의 상대적 비중은 좌파정당이 추구하는 전략의 누적적 결과"(Przeworski and

하는 전략에 영향을 받지 않는다. 계급균열의 비중은 좌파정당과 그 주요한 반대정당이 취하는 경제운용과 사회조정에 관한 정책노선이 서로 상충하는지, 일치하는지, 아니면 타협의 여지가 있는지 여부에 달려 있다.[7] 제7장에서 다루겠지만 스웨덴 사민당과 부르주아 정당 사이에 사회 · 경제정책을 둘러싸고 지속되었던 정면대립 양상이 스웨덴 사민당으로 하여금 육체노동계급의 지지를 약화시키지 않은 채 화이트칼라의 지지를 성공적으로 동원해 낸 요인이었다. 결국 계급연합 성공 여부는 반대세력(부르주아 정당)과 비타협적인 대립전선을 형성할 수 있는 정책노선을 제시하느냐에 달렸다. 그리고 이 정책노선은 노동계급뿐 아니라 전략적 연합세력의 지지를 동시에 견인할 수 있어야 한다. 따라서 사회경제적으로 중대한 역사적 국면에서 사회민주 정당이 선택했던 전략만이 아니라 부르주아 정당이 선택했던 전략 역시 대단히 중요하다. 1930년대 스칸디나비아 사회민주 정당이 이루어 내었던 '적록동맹'과 그 결과물인 스칸디나비아 사회민주 지배체제는 이처럼 복합적인 요인이 상호 작용한 결과물이다.

1930년대 경제공황이 촉발시킨 위기상황 속에서 스칸디나비아에 사회민주 지배체제의 출현을 성사시켰던 전략적 연합세력은 농민이었다. 그러나 사회민주 정당은 수십 년에 이르는 장기집권 기

Sprague 1981, 9)라는 쉐보르스키의 언급을 참조.

7) 쉐보르스키 역시 "사회주의자들이 무엇을 했든 그들과 경쟁하는 세력의 대응전략은 사회주의자들의 성공을 제약한다"(Przeworski and Sprague 1981, 79-80)고 언급하고 있다. 그러나 그는 이 중요한 사실을 그의 이론체계 속에서 제대로 다루지 못하고 있다.

〈그림 1-3〉 노동력 분포의 변화

스웨덴

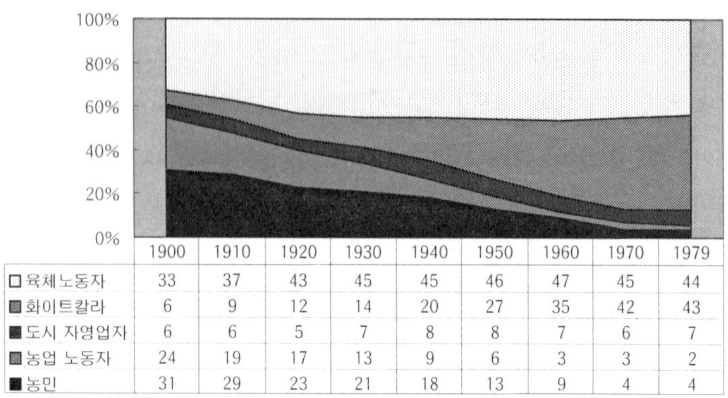

	1900	1910	1920	1930	1940	1950	1960	1970	1979
□ 육체노동자	33	37	43	45	45	46	47	45	44
▩ 화이트칼라	6	9	12	14	20	27	35	42	43
■ 도시 자영업자	6	6	5	7	8	8	7	6	7
▨ 농업 노동자	24	19	17	13	9	6	3	3	2
■ 농민	31	29	23	21	18	13	9	4	4

노르웨이

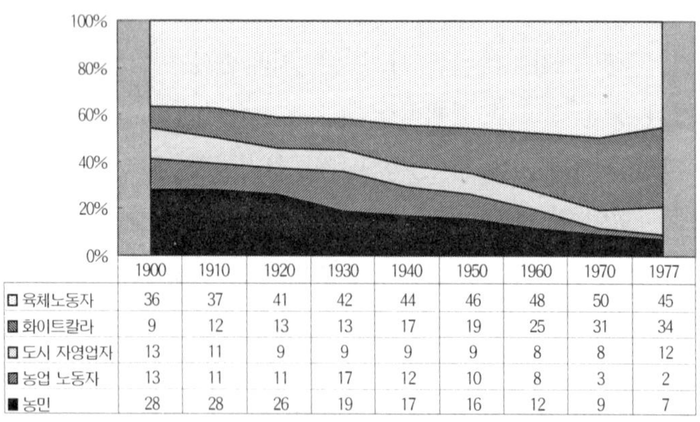

	1900	1910	1920	1930	1940	1950	1960	1970	1977
□ 육체노동자	36	37	41	42	44	46	48	50	45
▩ 화이트칼라	9	12	13	13	17	19	25	31	34
□ 도시 자영업자	13	11	9	9	9	9	8	8	12
▩ 농업 노동자	13	11	11	17	12	10	8	3	2
■ 농민	28	28	26	19	17	16	12	9	7

출처: Carlsson and Rosén(1980, 523); Flora(1987, 573-80); Andersen(1985, 52, 53, 56).

간 동안 농업인구의 감소와 화이트칼라 인구의 증가라는 사회구조적 도전에 직면했다. <그림 1-3>에서 보듯이 1930~60년 사이 스웨덴의 농업인구는 34%에서 12%로 감소한 반면 화이트칼라 인구는 14%에서 35%로 증가했다. 노르웨이 역시 1930~70년 사이 농업인구는 36%에서 12%로 줄었고 화이트칼라 인구는 13%에서 31%로 늘었다. 스칸디나비아 사민정당, 특히 스웨덴 사민당은 1950년대 말 육체노동자(*arbetare*)와 화이트칼라 노동자(*tjänsteman*)를 임금수령자(*löntagare*)라는 동일한 사회경제 단위로 결합시키려고 노력하기 시작했다. 따라서 사회민주 정당이 노동계급과 농민을 결합시킨 계급연합을 성사시킨 전략적 능력이 사회민주 지배체제를 출현시켰다면, 그 지배체제의 장기 지속은 계급구조의 장기적 변화에 대응해 전략적 연합세력을 농민에서 화이트칼라로 변화시키는 능력에 달려 있었다.

에스핑-안델센은 이와 같은 분석관점에 입각해 스칸디나비아 사회민주 지배체제의 전개과정에 관해 탁월한 연구를 수행한 바 있다(Esping-Andersen 1985). 그는 계급구조의 성격과 그 변화양상이 계급연합의 향방을 제한하고 또 결정한다고 주장했다. 스칸디나비아 사회민주 지배체제는 사회민주 정당이 전략적으로 연합세력을 선택하고 또 이를 목적으로 정책노선을 선택한 결과라는 것이다. 지배체제의 최초 확립은 "농민과 노동자의 상충하는 이해관계를 조화시킬 수 있는 생동감 있고 지속적인 정책 꾸러미를 제시"(Esping-Andersen 1985, 316)하는 데 달려 있었고, 그 지배체제의 장기 지속은 새로운 상생적 계급연합의 결성과 유지에 달려 있었다. "(1930년대에) 농민들이 사회민주 세력의 미래를 좌우했다면 오늘날 그 위치를 차지하고 있는 계층은 화이트칼라다. 따라서 새로운 임금수령자 연합을 어떻게 결성하느냐가 관건이다"(Esping-Andersen 1985, 322).

에스핑-안델센의 이와 같은 분석은 쉐보르스키보다 이 책이 취하는 분석관점에 더 근접해 있다. 그러나 에스핑-안델센의 연구 역시 쉐보르스키와 본질적으로 동일한 결함을 지닌다. 그는 스칸디나비아 사민정당의 지배력 쇠퇴 속도와 그 수준에 왜 뚜렷한 차이가 나는지 명료한 설명을 제시하지 못한다. 그의 이론적 한계 역시 사회민주 지배체제의 전개과정을 오로지 사민정당의 전략과 정책만으로 설명하려고 한 데 기인한다. 덴마크 사민당의 쇠퇴 원인에 대한 에스핑-안델센의 설명은 설득력이 있다. 연립 파트너였던 농민계급을 대표하는 사회자유당의 요구에 타협과 양보를 거듭한 결과 덴마크 사민당은 사회민주 정치경제체제를 구축하는 데 크게 실패했다는 것이다. 그러나 그는 노르웨이 노동당의 쇠퇴에 관해 만족스러운 설명을 제공하지 못한다.[8)]

에스핑-안델센의 분석에 의하면 노르웨이 노동당은 스웨덴 사민당만큼이나 성공적으로 보편적이며 계급단합적인 복지정책을 시행했으며 주택정책의 경우 전자가 후자를 능가했다. 노동당 정부의 경제업적 역시 결코 스웨덴 사민당 정부에 뒤지지 않았다(Esping-Andersen 1985, 145-285). 그러나 1960년대 이후 노르웨이 노동당의 쇠퇴는 의심의 여지가 없다. 특히 1980년대 이후 노동당은 더 이상 노르웨이 정치를 지배하는 정당이 아니다. 1960년대 이후 노르웨이 정당체계의 전개양상, 노동당에 대한 노동계급 결속력의 뚜렷한 쇠퇴(<표 1-1> 참조), 노르웨이의 EC 가입을 쟁점으로 치렀

8) 이에 관해서는 특히 Sainsbury(1986)의 비판을 참조.

던 1973년 총선에서 노동당의 참패 등은 1960~70년대에 이미 노르웨이 노동당이 스웨덴 사민당보다 덴마크 사민당과 더 가까워졌음을 웅변한다. 따라서 "노동당이 비록 침체와 쇠퇴의 징후를 보이고 있지만…… 덴마크의 경우와 달리 노동당이 분해되고(decompose) 있지는 않다"(Esping-Andersen 1985, 282)는 그의 주장은 경험적 설득력이 떨어진다. 새인즈베리의 지적처럼 "노르웨이의 사례는 [에스핑-안델센의] 이론에서 크게 벗어나 있다"(Sainsbury 1986, 296).

덴마크 사회민주주의 지배체제의 수명이 비교적 짧았던 것은 무엇보다 자유당(Venstre)과 사회자유당(Det Radikale Venstre)[9]에 의해 대표되었던 농민세력의 강성함에 기인했다. 농민들은 특히 제2차 세계대전 이후 사회민주적 색깔이 짙은 개혁정책의 실행을 지속적으로 가로막았다. 사실 농업은 덴마크 경제에서 비교적 오랫동안 특별한 위치를 차지해 왔다. 1950년대 중반까지 덴마크의 GDP에서 농업이 차지하는 비중은 공업의 비중을 능가했다. 1950년대 말 덴마크 공업이 새로 도약하기 전까지 농산물 수출은 덴마크가 해외에서 벌어들인 수익의 대부분을 차지했다(Esping-Andersen 1985, 43-44). 고도로 특화되고 또 수출지향적인 덴마크 농업의 특성은 농민들에게 강하게 자유주의 성향을 심어 주었다. 사민당의 노농연합에 덴마크 농민들이 합세했던 대공황기는 예외적인 시기와 상황이었다고 평가할 수 있을 것이다. 따라서 덴마크 농민들은 그 성향면에서 스웨덴이나 노르웨이 농민보다는 오히려 스위스나 네덜란

9) 문자 그대로 번역하면 '급진좌파당'이어야 한다. 그러나 스칸디나비아에서 좌파당(*Venstre*)은 자유당(Liberals)을 의미한다. 사회자유당이 스스로 표방한 공식 영어 명칭은 'The Danish Social Liberal Party'이다.

드 농민에 더 가깝다.

제2차 세계대전 이후 덴마크 정치경제체제는 점진적으로 영국, 벨기에, 네덜란드 등에 확산된 협의적 케인즈주의에 근접해 갔다. 그러나 에스핑-안델센도 정확하게 지적하듯이 케인즈주의 정책의 실행은 사회민주 지배체제를 떠받쳐 줄 지속적인 정치동원 수단이 되지 못한다(Esping-Andersen 1985, 316-17). 사회경제정책을 둘러싼 정당 간의 비타협적인 대립상황 조성에 실패했고 또 패권적 정치경제체제 구축에도 실패한 덴마크 정당정치는 제2차 세계대전 이후 극심한 불안정성을 보여주었다. 정당 간의 경쟁과 제휴의 패턴은 유동성을 더해 갔고 대외정책이나 단기적인 경제업적 등 일시적이고 과도적인 이슈가 경쟁의 승패를 갈랐다.[10] 제2차 세계대전 직후 도시 노동계급과 농민을 날카롭게 분열시켰던 소비자 대 생산자 갈등이 덴마크의 노동연합을 붕괴시키고 사민당을 권좌에서 밀어낸 후 비록 사민당이 원내 제1당의 지위는 유지했지만 덴마크 정치의 확고한 지배세력의 지위는 상실했다.[11]

덴마크 사민당과 대조적으로 노르웨이 노동당은 1960년대 중반

---

10) 페데르센(Pedersen, 1967)의 연구는 전후 덴마크 정당정치에 팽배했던 협의주의 경향을 잘 보여준다. 이 연구에 따르면 1945년부터 1968년까지 덴마크 의회(*Folketing*)를 통과했던 약 2,600개의 법안 중 58.4%가 만장일치로, 26.3%가 주요 4당 간의 포괄적인 합의를 바탕으로 이루어졌다. 덴마크 정당의 협의주의에 관해서는 또한 Berglund and Lindström (1978, 157-159)을 참조하라.

11) 덴마크 사민당 역사에 대한 간결한 서술은 Thomas(1977) 참조. 전후 덴마크 연립정부 구성을 이끌었던 정책이슈에 대한 탁월한 분석은 Luebbert(1986, 158-185) 참조.

까지 노르웨이 정당정치의 확고한 지배세력으로 남아 있었다. 노르웨이 의회 내에서 노동당의 지위는 절대적이었으며 특히 1945~61년 사이에는 스웨덴 사민당의 지위를 능가했다. 그 결과 노동당은 이 시기에 완전고용의 달성, 생활수준의 평준화, 지속적인 경제성장 등 자신이 선호하는 사회경제정책을 강력하게 추진할 수 있었다.

그러나 노르웨이의 부르주아 정당은 스웨덴의 경우와 달리 노동당 정부의 기본적 정책노선을 완전히 수용했다. 그 결과 경제운용과 사회조정의 원칙과 방향에 관해 좌·우 정당 간 이견은 사실상 소멸했고 정치경제체제에 대한 노동당의 배타적 지배력은 서서히 약해졌다. 이처럼 전후 노르웨이 정당정치에 확산된 경제적 합의주의는 경제균열의 정치적 비중을 현저히 축소시켰고, 그 대신 노르웨이의 나토(NATO)와 유럽공동체(EC) 가입 등 외교정책을 둘러싼 균열을 크게 부각시켰다. 외교정책을 둘러싼 균열은 노동당과 그 지지기반을 가로질렀다. 그 결과 노동계급의 노동당에 대한 결속은 현저히 약해졌고, 또 당내 급진좌파 세력이 외교정책 노선의 차이를 이유로 치명적인 조직분열 운동을 전개했다. 육체노동자가 도시와 농촌에 걸쳐 여전히 전체 노동인구의 56%를 차지하고 있었던 1960년 당시 노르웨이 계급구조를 감안할 경우 1960년대 노동당 지배체제의 위기는 "오로지 다수세력 내부에 조성되었던 불화와 분파운동이 초래한 결과였다"(Rokkan 1966, 73).

사회경제정책에 관한 정당 간 합의가 노르웨이 노동당에 대한 노동계급의 결속력을 현저히 약화시키자 쉐보르스키의 딜레마가 위력을 떨쳤다. 로칸의 지적처럼 "노동당은 당내 좌파의 이탈을 감수하지 않고 지지기반을 넓힐 수 없었으며, 또 한편 중도 성향 유권자의 지지를 상실하지 않고 당내 좌파를 달랠 수 없었다”(Rokkan 1966, 92). 이 딜레마가 육체노동자와 화이트칼라를 묶어 내려는 노동당의 능력을 훼손시켰다. 육체노동자의 지지를 강력히 유지하는 데도 실패했고 또 화이트칼라의 지지를 새로이 넓히는 데도 실패한 노동당의 득표력과 의석 장악력은 1960년대 이후 서서히 그러나 꾸준히 약해졌다(<그림 1-1>과 <그림 1-2> 참조). 노르웨이 노동당 지배체제가 종식된 시점이 정확히 언제인지는 관점에 따라 다를 수 있다. 이 책의 분석관점에 따를 경우 노동당 지배체제는 1965~73년 사이에 종식되었다. 노르웨이 정치경제체제에 대한 노동당의 배타적 지배력은 이 시기에 종료했기 때문이다. 경제운용과 사회조정에 대한 주요 정당 간의 합의가 배타적 지배력을 약화시켰을 뿐 아니라 이 시기 부르주아 연립정부는 성공적인 경제운용을 통해 노르웨이 정치경제체제가 더 이상 노동당의 전유물이 될 수 없음을 과시했다. 노동계급의 노동당에 대한 지지가 대폭 하락한 것도 바로 이 시기였다.

스웨덴 정치에 관한 차일즈의 선구적 영문 연구서(Childs 1937)가 출간된 이후 “불행하게도 영어로 쓰인 대부분의 스웨덴 연구는 계급투쟁적 관점을 지양하고 지극히 이상화된 ‘타협정신’과 ‘이데올로기 종언론’을 부각시켜 왔다”(Stephens 1979, 217).[12] 스웨덴 사민당이 자본주의와 시장경제의 완전한 항복 요구를 포기함으로써 사회민주주의 지배체제를 확립할 수 있었다는 관점에서 보면, 1930년대 초 스웨덴이 이루어 냈던 것은 그야말로 ‘위대한 타협’(great

12) 합의 혹은 타협을 스웨덴 정치의 핵심요소로 강조한 대표적인 연구로는 Rustow(1955), Elder(1988), Milner(1989) 등이 있다.

compromise)이었다. 정통 자유주의도 아니고 소비에트 공산주의도 아니고 또 파시스트적 해결책도 아닌 민주적 혼합경제 정책노선을 표방했던 스웨덴 사민당에 의해 정치·경제·사회적 혼란이 극복되었다는 관점에서 그것은 진정 '중도노선'(middle way)의 승리였다. 그러나 그 승리는 정당 간의 비타협적 대결의 산물이었다. 따라서 그 승리를 통해 소위 '합의정치'(consensual politics)의 시대가 스웨덴에서 열렸던 것은 결코 아니었다.

1938년 스웨덴의 노동과 자본을 대표하는 양대 정상조직 간에 체결되었던 살트쉐바덴 합의(Saltsjöbaden Agreement)는 노동시장 부문에서 이루어진 '대타협'으로 널리 알려져 있다. 그러나 이 합의는 자본의 입장에서 볼 때 강요된 타협이었다. 로트스테인이 언급한 것처럼 "협상과 타협이 (스웨덴) 자본주의의 핵심적 특성이 되었다는 사실이 노동과 자본의 관계가 대등해졌다든가 이들 간의 근본적 갈등이 종식되었다는 것을 의미하지 않는다"(Rothstein 1987, 298). 스웨덴 사민당의 확고한 정치적 지배력을 스웨덴 노동이 적극 활용해 노동시장에서 타협이 이루어지지 않을 경우 입법절차를 통해 자신의 이익을 관철하겠다고 위협할 수 있었던 한, 노동과 자본 사이에 이루어진 타협은 노동 우위에 입각한 타협일 수밖에 없었다. 사실 살트쉐바덴 합의 이후 반세기에 걸쳐 노동시장에서 제기되었던 중요한 쟁점의 대부분은 그 타결과정에서 자본의 이익을 노동의 요구에 타협(혹은 굴복)시킬 수밖에 없었다. 물론 사민당 지배체제는 자본주의 경제의 완전한 항복을 강요할 수는 없었고, 또 그런 만큼 공공정책을 입안하면서 자본의 이익을 완전히 도외시할 수도 없었다. 하지만 중요한 사회경제정책 사안과 관련해 노동의 이익과 자본의 이익이 충돌할 경우 노동의 이익은 거의 언제나 우선적으로 고려되었다. 따라서 1930년대 이후 반세기 동안 스웨덴 노사관계의 역사는 자본의 특권에 대한 노동의 점진적이며 지속적인 잠식과정으로 특징지을 수 있다(Martin 1984). 대타협이라는 멋진 수사(修辭)를 내걸었지만 사민당 지배체제 출범 이후 확립되었던 스웨덴 정치경제체제의 구조와 기능은 결코 노동계급의 근본이익을 희생시키려 하지 않았다.

스웨덴 정치경제체제는 정치영역에서 집권 사민당과 이에 대항하는 부르주아 진영 간의 비타협적인 대립을 기본 특징으로 한다. 다소 목적론적인 해석으로 여겨질지 모르겠지만, 스웨덴 사회민주주의의 역사는 민주주의를 정치적 영역에서 사회적 영역으로, 그리고 경제적 영역으로 꾸준하게 확장시켜 온 역사로 평가할 수 있다. 각 단계마다 사민당은 상이한 사회정치 세력과 연대했다. 20세기 초 정치적 민주주의를 쟁취하기 위해 사민당은 부르주아계급과 이들을 지지기반으로 하는 자유당과 연대해 국왕과 그의 관료들, 자본가와 보수당, 그리고 민주화에 미온적이었던 농민과 대항했다. 1930년대 사민당과 농민당 간의 연대는 실업이 격증하고 농산물가격이 폭락해도 시장원리에 입각한 디플레이션 정책을 고수했던 보수당과 자유당에 대항해 공동전선을 형성한 결과물이었다. 이 연대를 바탕으로 '인민의 집' 속에 '사회적 시민권'을 확립하려고 했던 사민당의 개혁정책이 꽃을 피웠다. 제2차 세계대전 후 사민당이 추구했던 경제민주주의는 전략적 연합세력을 농민으로부터 신중산계급으로 교체하려는 사민당의 전략과 긴밀하게 맞물려 있었다. 1950년대의 렌(Rehn)모델부터 보조연금제도 도입을 위한 투쟁을 거쳐 1970년대 중반 메이드너(Meidner)의 제안에 입각한 임금수령자기금 도입 시도에 이르기까지 사민당과 스웨덴 노동조합총연맹

(LO)이 협력해서 추진했던 일련의 정책혁신은 부르주아의 분노와 저항을 불러일으켰다. 따라서 전후 스웨덴 정치의 근본적 특성은 사회경제정책과 그 정치경제적 효과에 대한 '합의'(consensus)가 아니라 이를 둘러싼 정당 간의 '대립'(confrontation)이었다.[13] 비타협적 대립의 지속은 계급균열을 심화시켰고 사민당으로 하여금 육체노동계급의 지지를 약화시킬 위험을 최소화하면서 화이트칼라로의 지지기반 확대를 추진할 수 있게 해 주었다. 부르주아의 반대와 저항은 또한 사민당으로 하여금 사회민주 정치경제체제에 대한 배타적이며 독점적인 지배력을 유지하게 해 주었다.

그러나 스웨덴 사회민주의 지배체제와 정치경제체제 역시 영속할 수는 없었다. 스웨덴 사회민주주의의 쇠퇴는 1980년대 메이드너 플랜의 좌절과 함께 시작되었다. 1976년 부르주아 진영에게 무려 45년 만에 정권을 내주었던 사민당은 1982년 정권을 다시 탈환했지만, 이때 이후 그들이 지난 반세기 동안 구축했던 정치경제체제를 스스로 해체하기 시작했다. 1980년대 사민당 정부의 재무상을 역임했던 펠트(Kjell-Olof Feldt)가 이끌었던 스웨덴식 '제3의 길'은 '선성장 후분배'(first growth and then redistribution)(Pontusson 1992, 314)를 표방하면서 사민당이 추구해 왔던 정책노선을 근본적으로 뒤집어 버렸다. 이때 이후 사회민주 지배체제와 정치경제체제는

---

13) 1960년대에 이미 사민당 전략의 이와 같은 특성을 간파했던 로칸의 혜안은 주목할 만하다. "스웨덴 사민당은 50년대 중반 '유연한' 전략의 위험성을 자각하고 강력한 대안을 발견했다. 전반적인 화해를 추구하는 정책을 지속하지 않고 사민당은 점차 체제 내에서 새로운 대립전선을 부각시키려 했고, 이 전선을 축으로 유권자를 분극화시키는 데 많은 노력을 기울였다"(Rokkan 1966, 103).

스웨덴에서도 쇠퇴의 길을 걷게 되었다. 정치적으로 사민당은 여전히 스웨덴에서 지배적인 위치에 있다. 그러나 정치경제체제에 대한 사민당의 배타적 지배력은 크게 훼손되었다. 무엇보다 스웨덴 사민당이 추구하는 정책노선은 이제 더 이상 사회민주적이지 않다. 스웨덴 사회민주주의의 이와 같은 쇠퇴의 원인을 분석적 일관성을 잃지 않고 규명해 보려는 것도 이 책의 주요한 목표이다.

스웨덴과 노르웨이에서 확립되었다가 쇠퇴의 길을 걸은 사회민주주의 지배체제와 정치경제체제의 역사적 전개과정을 분석하기 위해 이 책은 우선 양국 주요 정당이 내세웠던 정책노선의 특성과 상호관계에 주목하고자 한다. 사회민주 지배체제의 성장과 쇠퇴를 설명하기 위해 두 가지 핵심요인을 활용하려고 한다.

첫째, 사회민주 정당과 그 반대정당 사이에 '중요한 역사적 국면'(historical juncture)에서 경제운용과 사회조정의 원칙과 내용을 둘러싸고 비타협적인 대립전선이 형성되었는지 아니면 소멸했는지 살펴보고, 이 요인이 사회민주 지배체제의 출현, 성장, 쇠퇴에 어떤 영향을 미쳤는지 분석하고자 한다.

둘째, 양국 사민정당이 사회민주 지배체제 확립을 위해 어떻게 적록동맹을 결성했는지 분석한 다음, 계급구조의 동태적 변화에 맞추어 전략적 연합세력을 농민에서 화이트칼라로 전환시키려는 노력의 성공과 실패의 원인을 또한 밝혀 보려고 한다.

이를 위해 제2장에서는 1920년대 경제위기 속에서 정통 사회주의 노선과 정통 자유주의 노선이 결정적인 승자를 내지 못한 채 대립하면서 스웨덴과 노르웨이 사회와 정치를 혼란과 위기에 빠뜨렸던 경위를 살펴볼 것이다. 제3장에서는 1930년대 양국에서 적록동맹이 결성되고 또 이를 바탕으로 사회민주 지배체제가 출현하는 역사적 과정을 분석할 것이다. 제4장에서는 양국에서 확립된 사회민주 정치경제체제의 특성을 그 공통점과 차이점을 확연하게 나누어서 분석할 것이다. 제5, 6, 7장에서는 양국 사회민주 지배체제와 정치경제체제가 왜 서로 다른 시기에, 그리고 다른 방식으로 쇠퇴의 과정을 거치게 되었는지 분석한 다음 제8장에서 이 연구의 결론을 간략하게 도출하고자 한다.

제2장
정통 자유주의와 정통 사회주의의 충돌

스웨덴과 노르웨이에서 적록동맹(赤綠同盟) 혹은 노농연합(勞農聯合)은 신생 민주국가에 확립할 사회경제 질서의 성격을 둘러싸고 좌·우 정당 간에 10년 이상 격렬한 대립과 갈등을 겪은 후 결성되었다. 좌우 대립은 1930년대 초까지 결정적 승자를 내지 못했다. 그 동안 양국은 극도로 불안정한 소수내각 체제를 지속했다. 양국 경제와 사회가 급격한 경기변동과 그에 따른 격렬한 계급투쟁의 격랑을 헤쳐 나가야 했던 이 시기에 사회화와 계획경제를 핵심으로 한 사민정당의 정통 사회주의 노선과 자유시장경제를 표방한 부르주아 정당의 정통 자유주의 노선이 정면으로 충돌했다. 그러나 양대 정통노선(orthodoxy)의 충돌은 이 두 나라에서 결정적인 승자를 배출하지 못했다.

이 시기 스웨덴과 노르웨이 육체노동자의 비율은 도시와 농촌을 합해 전체 노동력의 절반을 상회했다(<그림 1-3> 참조). 그러나 스웨덴 사민당과 노르웨이 노동당은 사회주의 노선을 실현하는 데 필요한 절대다수 의석을 획득하지 못했다. 이들이 사회주의 노선 실현에 실패한 것은 서로 밀접히 연관된 두 가지 이유 때문이었다. 첫째, 러시아혁명 이후 사회주의 진영은 조직적으로 분열했는데, 이 분열은 노동계급의 효과적인 동원과 통합을 가로막았다. 둘째, 보다 근본적으로 사회화와 계획경제라는 사회주의 정책노선 자체가 노동자의 선거참여와 사민당에 대한 지지를 이끌어 내는 데 뚜렷한 한계를 드러냈다.

제1차 세계대전 직후 양국 경제를 강타했던 인플레이션과 식량부족의 이중고(二重苦)는 급작스러운 디플레이션의 엄습과 그에 따른 가혹한 임금삭감과 실업으로 이어졌다. 이처럼 급변하는 경제상황 속에서 엄청난 고통을 겪고 있던 노동자들에게 사회주의 이상 사회와 경제를 실현하겠다는 사민정당의 공약은 적극적으로 지지투표를 하기에는 너무 멀고 또 너무 막연한 약속이었다. 그 결과 비록 양국 노동시장에서 격렬한 계급투쟁이 벌어지고 있었지만 노동자들 사이에 팽배했던 것은 정치적 무관심이었다. 따라서 이 시기에 양국 사민정당은 계급연합에 실패했던 것이 아니라 노동계급의 잠재적 득표력을 자신들에 대한 실제적인 투표로 전환시키는 데 실패했던 것이다. <표 2-1>과 <표 2-2>에서 보듯이 양국 좌파정당의 득표율과 의석비율은 공산당과 사민당을 합치더라도 과반수에 크게 못 미쳤다.

1920년대 스웨덴과 노르웨이의 세 우파정당—보수당, 자유당, 농민당—이 함께 장악했던 의석비율은 53~73%에 달했다. 그러나 이들 사이에 팽배했던 불화와 적개심은 안정된 반사회주의 연합을 결성하는 데 치명적인 걸림돌이 되었다. 두 가지 요인이 양국에서 반사회주의 연합 결성을 가로막았다.

〈표 2-1〉 스웨덴 의회(Riksdag)의 정당별 의석수(하원), 1911-1945

년도[1]	보수당	자유당	농민당	사민당	공산당	합계
1911	64	102	-	64	-	230
1914A	86	70	-	74	-	230
1914B	86	57	-	87	-	230
1917	57	62	14[2]	86	11[3]	230
1920	71	47	30[2]	75	7[3]	230
1921	62	41	21	93	13[3]	230
1924	65	33[4]	23	104	5	230
1928	73	32[4]	27	90	8	230
1932	58	24[4]	36	104	5	230
1936	44	27	36	112	11	230
1940	42	28	23	134	3	230
1944	39	26	35	115	15	230

[1]선거연도

[2]*Bondeförbundet*과 *Jordbrukarnas Riksförbund.*

[3]*Socialdemokratiska Vänsterparti* 포함.

[4]*Liberala riksdagspartiet*과 *Frisinnade folkpartiet.*

출처: Hadenius(1978, 309).

〈표 2-2〉 노르웨이 의회(Storting)의 정당별 의석수, 1915-1945

년도	보수당[1]	자유당[2]	농민당	노동당	공산당	합계
1915	21	80	-	19	-	123
1918	50	54	-	18	-	126
1921	57	39	17	29	8[3]	150
1924	54	36	22	24	14[4]	150
1927	31	31	26	59	3	150
1930	44	34	25	47	-	150
1933	31	27	23	70	-	150
1936	36	26	18	70	-	150
1945	25	28	10	76	11	150

[1]*Høyre*, 1915-33년 사이의 *Frisinnede venstre* 포함.
[2]*Venstre, Arbeiderdemokratene/Radikale folkeparti*(1915-36), *Kristelig folkeparti*(1933-), 그리고 *Samfunnspartiet*(1933-) 포함.
[3]*Norges socialdemokratiske arbeiderparti*(NSA).
[4]NSA(8)와 Norges kommunistike parti(6).
출처: Heidar(1983, 73).

첫째, 전쟁 발발 이전 민주개혁을 둘러싸고 대립하던 자유당과 보수당은 오랜 불화의 앙금을 걷어내지 못했다. 둘째, 제1차 세계대전 종식을 전후해서 양국에 조직되었던 농민의 독자적인 정당은 도시에 지지기반을 둔 그 어떤 정당과의 협력도 거부했다. 그 결과 도시와 농촌의 유산계급을 연계한 광범위하고 안정된 연합전선이 결성되지 못했다.

결국 좌파정당의 분열과 노동계급 지지 극대화의 실패, 그리고 우파정당 간의 반목에 따른 반사회주의 연합 결성 실패라는 두 요인이 결합해 스웨덴과 노르웨이 양국에 불안정한 소수내각 시대를 10년 이상 지속시켰다. 노농연합을 통한 사회민주 지배체제 출현을 분석하기에 앞서 이 장에서는 우선 정통 사회주의 노선과 정통 자유주의 노선이 양국에서 실패한 까닭을 면밀히 분석해 보고자 한다. 1930년대 노농연합을 가능하게 했던 사민당 정책노선의 혁신을 제대로 이해하려면 1920년대 정통노선 실패요인에 대한 이해가 선행돼야 하기 때문이다.

제1절 사회주의의 실패

노르웨이 노동당과 스웨덴 사민당은 각각 1887년과 89년에 결성되었다.1) 이 시기는 양국 산업화의 초기단계에 해당한다.2) 노동시장에서는 19세기 마지막 20년 동안 같은 직능을 지닌 노동자들이 지방 단위로 신속하게 노동조합을 결성해 갔다. 그리고 마침내 1898년과 99년에 스웨덴 노동조합총연맹(Landsorganisationen i Sverige: LO)과 노르웨이 노동조합총연맹(Arbeidenes Faglige Landsorganisasjon, 이후 Landsorganisasjonen i Norge: LO)을 각각 결성했다.3) 이때부터 양국

1) 노르웨이 노동당 결성에 관해서는 Galenson(1949, 57-59), Rokkan (1966, 81-82) 참조. 스웨덴 사민당 결성에 관해서는 Carlsson and Rosén (1980, 399-400), Tingsten(1973, 115-116) 참조. 스칸디나비아 사민정당의 조직과 성장에 관한 비교 논의는 Berglund and Lindström(1978, 27-30) 참조.

2) 노르웨이와 스웨덴의 산업화는 19세기 말 다소 느리게 진행되다가 20세기 초 속도와 규모가 대폭 강화됐다. 스웨덴의 산업화에 관해서는 Carlsson and Rosén(1980, 348-408), Scott(1977, 436-467) 참조. 노르웨이 산업화에 관해서는 Derry(1973, 120-135, 184-200) 참조. 스칸디나비아 산업발달에 관한 비교론적 개관은 특히 Jörberg(1973) 참조. 스칸디나비아 산업화가 노동시장과 정치 양 영역에서 노동계급 동원에 끼친 영향에 관해서는 Lafferty(1971) 참조.

3) 스칸디나비아 삼국에 노동조합 전국연맹이 결성된 것은 1897년 스톡홀름에서 열린 범스칸디나비아 노동자회의에서 각국 노동조합을 단일

노동계급의 양대 조직은 각각 정치영역과 노동시장에서 활동을 전개하면서 대단히 긴밀한 관계를 유지해 왔다. 노르웨이 노동당과 LO의 관계에 관한 헤이다의 다음과 같은 평가는 스웨덴 사민당과 LO의 관계에도 그대로 부합한다.

> 노동운동의 가장 중요한 양대 조직인 노동당과 노동조합은 언제나 '한 몸의 양 팔'의 관계를 유지해 왔다. 조직구조의 측면에서 두 조직의 분리는 확연했지만 조직행동의 측면에서는 오히려 연계가 더욱 두드러진다(Heidar 1977, 293).

지역 노동조합원들의 집합적 당원 가입은 양국에서 폭넓게 진행되었고, 이들은 스웨덴 사민당과 노르웨이 노동당의 강력한 조직적 · 재정적 · 정치적 기반이 되어 주었다.

스웨덴 LO는 결성과 동시에 산하 단위노조원의 사민당에 대한 집합적 당원 가입을 의무화했다. 2년 후 이 의무조항은 선택조항으로 바뀌었다. 그러나 이후에도 단위노조원의 집합적 당원 가입은 광범위하게 지속되었다. 그 결과 1914년 사민당원의 80%를 LO 소속 노조원이 차지했다. 그리고 그 비율은 1980년대 초까지 60% 수준에서 유지되었다(Esping-Andersen 1985, 69). 한편 노르웨이에서도 1922년 현재 LO 소속 노조원의 3분의 2가량이 집합적으로 노동당에 가입해 있었다. 그리고 그 비율은 1960년대 초까지 60% 수준에

전국조직으로 통합할 것을 결의한 데 따른 결과였다. 이 결의에 따라 덴마크와 스웨덴의 LO가 1898년 결성되었고 노르웨이의 LO 역시 그 이듬해 결성되었다. 스칸디나비아 노동조합운동의 기원과 성장에 관한 비교연구는 Galenson(1952a, 105-120) 참조.

서 유지되고 있었다(Heidar 1977, 294).

19세기 말까지 양국 직능공들은 대체로 선거권을 확보했다. 그러나 이들 대부분은 여전히 미조직 상태로 남아 있었다. 정치적으로 이들은 사민당보다 자유당을 지지하는 경향이 강했다.[4] 20세기 초 양국에서 산업화가 본격적으로 진행되었고 그 결과 급속히 늘어났던 산업노동자가 대거 노동조합에 가입하면서 사민당과 노동당의 조직과 득표력은 커지기 시작했다.

1900년부터 15년까지 스웨덴 LO 소속 조합원은 4만 4천 명에서 11만 1천 명으로 늘었고, 노르웨이 LO 조합원은 5천 명에서 7만 6천 명으로 급증했다. 제1차 세계대전이 발발하자 경제사정은 급격히 나빠졌고 노사갈등 역시 격렬해졌다. 그 결과 노동자의 노조 가입은 더욱 늘어나 1920년까지 스웨덴과 노르웨이 LO의 조합원 수는 각각 28만 명과 14만 2천 명에 이르렀다(Galenson 1952a, 118).

조직노동자의 양적 증가는 양국 사민정당의 조직력과 득표력 증가로 이어졌다. 1900~19년 사이 스웨덴 사민당의 당원 수는 4만 4천 명에서 15만 1천 명으로 늘어났고, 노르웨이 노동당 당원 수는 1만 1천 명에서 10만 5천 명으로 늘어났다(Scase 1977, 336; Heidar 1977, 312). 스웨덴 사민당 당수 브란팅(Hjalmar Branting)은 1896년 사민당 소속 첫 국회의원이 되었다. 이때 이후 사민당은 꾸준히 의석을 확대해 1914년 36.4%의 득표율로 총 230석 하원의석 중 87석을 차지하며 원내 제1당에 올랐다. 스웨덴 사민당은 이때 이후 지금까

4) 19세기 말 스웨덴의 자유주의 노동운동에 관해서는 특히 Tingsten (1973, 51-56) 참조. 같은 시기 노르웨이 노동자들의 자유당 지지 경향에 관해서는 Bull(1956, 60-61)과 Galenson(1949, 57) 참조.

지 득표율 1위와 의석비율 1위를 한 차례도 빼앗긴 적이 없다.

노르웨이 노동당의 득표력 역시 1900년 불과 3%에서 1915년 32%로 격증했다. 그러나 1921년 비례대표제가 도입되기 전까지 지속되었던 불공평한 선거제도 때문에 노동당의 득표율과 의석비율 간의 편차는 매우 컸다. 그 결과 1915년 노동당의 득표율은 32.1%에 달했지만 전체 의석의 15.4%에 불과한 19개 의석만 획득할 수 있었다(Valen and Rokkan 1974, 322-325). 에스핑-안델센은 이처럼 불공평한 선거제도에 대한 불만이 1918년 노르웨이 노동당을 급진노선으로 선회시켰다고 본다(Esping-Andersen 1985, 79).

1915년 이후 양국 사민정당의 성장세는 급격하게 둔화했고 이후 약 10년 동안 정체했다. 스웨덴 사민당 당원 수는 1922년 13만 3천 명으로 감소했고, 노르웨이 노동당 당원 수 역시 1923년 4만 명으로 급감했다(Scase 1977, 336; Heidar 1977, 312). 사민정당의 정체는 선거에서 더욱 두드러졌다. 20년 동안 성장을 거듭하던 스웨덴 사민당의 득표율은 1914년 36.4%의 정점에 도달한 후 1917년과 20년에 31.1%와 29.7%로 하락했다. 레윈(Lewin 1972, 146-147)의 추정에 따르면 이 세 차례 선거에서 사민당에 투표한 도시노동자는 22만 4천 명에서 14만 3천 명으로 줄었다가 다시 8만 3천 명으로 급감했다. 보통선거가 완전히 확립된 가운데 치러졌던 1921년 선거에서 사민당의 득표율은 1914년 수준을 회복했으며 1924년에는 41.1%로 늘어났다. 그럼에도 불구하고 사민당의 득표율은 도시와 농촌의 노동계급 규모에 비해 현저히 떨어지는 수준에 머물렀다. 같은 시기 노르웨이 노동당의 선거결과는 스웨덴 사민당보다 더 나빴다. 노동당의 득표율은 1915년에 기록했던 32.1%를 정점으로 하락하기 시작해 1924년 양차 세계대전 사이의 최저 기록인 18.4%로 격감했다. 1927년 노동당의 득표율은 36.8%로 급등했지만 전체 노동인구 중 노동자가 차지하는 비율에는 훨씬 못 미쳤다.

양국 노동자의 사민정당에 대한 결속은 제1차 세계대전 발발 시점부터 1920년대 중반에 이르기까지 이처럼 답보상태에 머물러 있었다. 노동조합 조직률 역시 20세기 들어 폭발적으로 늘어났지만 여전히 낮은 수준에 머물렀다. 1920년 노동조합 조직률은 스웨덴과 노르웨이에서 각각 21%와 18%를 기록했는데, 이 수치는 서유럽 대부분 국가의 기록보다 낮은 것이다(Esping-Andersen 1985, 64; Stephesns 1979, 115). 1920년대 초 갑자기 엄습했던 경기침체는 양국 조직노동을 더욱 약화시켰다. 노르웨이 LO 소속 조합원 수는 1919~22년 사이 14만 4천 명에서 8만 4천 명으로 급감했는데, 이때 감소한 규모를 다시 회복하는 데 10년이 걸렸다(Galenson 1949, 18). 스웨덴 노동조합의 조직력은 노르웨이보다 비교적 순탄하게 성장세를 유지했다. 그러나 스웨덴 LO 소속 노조원 역시 1920~22년 사이 5만 5천 명이 감소했다(Galenson 1952b, 289).

노동시장 조직력의 정체보다 더 위력적으로 양국 사민정당 득표력을 저해했던 것은 노동계급 사이에 광범위하게 확산되었던 정치적 환멸과 무관심이었다. 스웨덴 노동자의 투표참여율은 1920년대 초 다른 어떤 직업군보다 현저히 낮았다. 샐빅의 분석에 의하면 스웨덴 남녀 노동자 중 각각 58.4%와 43.5%만이 1921년 총선에 참여했다. 이에 비해 도시 상류층 남녀의 참여율은 각각 66.7%와 60.2%에 달했으며, 도시와 농촌 중산층 남녀의 참여율은 65.7%와 49.3%였다(Särlvik 1974, 390-391). 한편 레윈은 1920년 선거에 참여했던 스웨덴 노동자의 규모는 1921년에 비해 훨씬 적었던 것으로 추정한다. 그에 따르면 도시와 농촌 노동자 중 무려 4분의 3이 1920년 선거에 불참했다(Lewin 1972, 143). 노르웨이 사례에 관한 유사한 자료는 발견되지 않는다. 다만 쉐보르스키는 1924년 선거에서 노르웨이 노동자 중 불과 26%만이 노동당을 지지했던 것으로 추정하고 있다(Przeworski and Sprague 1986, 160). 따라서 1920년대 초 노르웨이 좌파정당의 투표율 침체 역시 노동자의 정치적 무관심에 크게 기인했던 것으로 보인다.

이처럼 노동자 사이에 만연했던 정치적 무관심이 노동시장 상황을 반영한 것은 결코 아니다. 묘하게도 양국 사민정당이 선거에서 참패했던 연도에 노사분규는 가장 격렬했다. 스웨덴 사민당이 선거에서 참패했던 1920년 분규에 의한 노동손실일수는 노동자 1천 명당 8,943일에 달했는데, 이 기록은 스웨덴 노사분규 전체 역사를 통틀어 두 번째로 높은 기록이다. 한편 노르웨이 노동당이 선거에서 참패했던 1921년과 24년 분규에 의한 노동손실일수는 노동자 1천 명당 각각 3,584일과 5,152일을 기록했는데, 이 역시 노르웨이 노사분규 전체 역사상 세 번째와 두 번째에 해당하는 기록이다(Galenson 1949, 18-19; Galenson 1952b, 289-290). 결국 양국 노동시장에서 격렬하게 분출했던 계급투쟁은 노동계급의 사민정당에 대한 강력한 결속으로 이어지지 않았고 오히려 정치적 환멸과 무관심의 확산으로 이어졌다. 이와 같은 불일치의 첫 번째 원인은 이 시기 양국 사민정당이 채택했던 정책노선에서 찾아야 한다.

1. 스웨덴

스웨덴 사민당이 1897년 채택했던 첫 번째 강령은 독일 사회민주당이 1890년 선언했던 에르푸르트(Erfurt)강령의 급진성을 약간 완화해서 옮겨 놓은 것이었다(Tingsten 1973, 118-120). 이때 이후 1920년대 말까지 스웨덴 사민당은 의회민주주의 절차에 입각해 정치권력을 획득한 다음 자본주의 사회를 사회주의 사회로 전환시키는 데 정당 활동의 목표를 두었다. 이 시기 사민당의 이념적 정향은 카우츠키와 베른슈타인을 합성해 놓은 색깔을 띠었는데, 시간이 흐를수록 후자의 색깔이 두드러졌다(Esping-Andersen 1985, 20-22). 1911년 사민당은 주목할 만한 강령의 변화를 단행했는데, 소규모 농지를 사회화의 대상에서 제외시킨 것이다. 이 변화에는 독립소농과 농업노동자의 지지를 확대하려는 실용적 동기가 짙게 배어 있었다(Tingsten 1973, 182-184). 사회화는 이 시기 사민당의 핵심 프로그램이었지만, 의회주의에 대한 당의 강한 집착은 경제혁신보다 민주개혁을 정치의제의 우선순위에 두도록 이끌었다. 민주개혁을 성취하기 위해 사민당은 자유당과 공식적으로 또 체계적으로 협력을 강화했다. 양당의 협력은 1917년 자유·사민 연립내각의 결성으로 절정에 달했다(Tingsten 1973, 190-192). 1918년 사민당은 마침내 스웨덴의 민주화를 쟁취해 냈지만, 대단히 심각한 정치적 대가를 치러야 했다.

〈표 2-3〉 도매 물가지수, 1913-1924

년도	스웨덴	노르웨이
1913	100	100
1920	359	382
1922	173	233
1924	162	269

출처: Beckman(1974, 28).

스웨덴 정치가 민주화를 향한 헌법개정을 둘러싸고 소용돌이치고 있는 동안 하층계급은 극심한 식량부족과 물가앙등, 그리고 고용주들의 착취행위 등 전시(戰時)경제의 혹독한 환경 속에서 엄청난 고통을 겪고 있었다. 당시 스웨덴은 국내소비에 필요한 식량의 3분의 1가량을 수입에 의존하고 있었다. 1916년 겨울 연합국의 봉쇄작전과 독일의 잠수함 공격으로 해상 교역로가 차단되자 스웨덴의 식량 수급은 심각한 국면에 접어들었다. 설상가상으로 1916년과 17년 곡물작황은 평년수준에 훨씬 못 미쳤다. 그 결과 스웨덴은 1917년과 18년 극심한 식량부족 상태에 빠졌다(Scott 1977, 471-474). 그에 따른 물가앙등은 스웨덴을 전시경제 사회의 전형적인 고통과 혼란 속으로 밀어 넣었다.

<표 1-3>에서 보듯이 전쟁 직후 도매물가는 전쟁 발발 이전에 비해 세 배 이상 치솟았다. 같은 시기 남성노동자의 시간당 실질임금은 1914년을 100으로 했을 때 1917년에 94까지 내려갔다가 1919년 고작 110으로 회복되었다(Galenson 1952b, 289). 도시노동자들의 분노는 1917년 4월과 5월 전국 주요도시를 휩쓸었던 소요와 식량 약탈행위로 분출되었다.[5] 노동자들의 극한투쟁으로 노사분규 역시

급격히 늘어나 1920년 최고조에 달했다.[6]

스웨덴 사민당은 바로 이런 사회경제적 상황에서 자유당과 연대해 헌법개정 투쟁에 골몰하고 있었다. 그 결과 당 내부에서는 당 노선을 둘러싸고 심각한 갈등이 분출했고 당 바깥에서는 노동자들의 실망과 분노가 확산되었다. 1917년 러시아혁명이 발발하자 사민당 내 급진세력은 마침내 탈당을 결행하고 사회민주좌파당(Socialdemokratiska Vänsterparti)을 결성했다. 이 분열의 결과 같은 해 치러졌던 선거에서 사민당의 득표율과 의석수는 처음으로 감소했다(Hadenius 1978, 87-88).

당의 분열보다 더 심각했던 문제는 노동자들 사이에 확산되었던 정치적 환멸과 무관심이었다. 이들이 겪고 있었던 물질적 고통을 사민당이 사실상 외면했던 것이 정치적 환멸의 주요인이었다. 민주개혁에 대한 사민당의 집착은 노동자의 경제적 고통을 외면하게 만들었고 이들의 정치적 환멸을 부추겼던 것이다.

노동자들의 소요가 도시들을 휩쓸고 있을 때 브란팅은 식량상황 개선요구를 옹호했다. 그러나 소요에 참가한 노동자들이 제시했던 포괄적인 경제적 요구사항 대신 그가 강조했던 것은 중앙 및 지방 선거에서 보통선거 도입의 필요성이었다. 스웨덴 노동운동에서 그

---

5) 이 시기 스웨덴 노동운동에 관한 상세한 기술은 특히 Andrae(1975) 참조.

6) 분규에 의한 노동손실일수는 노동자 1천 명당 1915년 83일, 1918년 1,436일, 1919년 2,296일, 1920년 8,943일을 기록했다. 1918~20년 사이의 격렬한 계급투쟁 덕택에 노동자들은 1919년 실질임금을 전쟁 이전의 수준으로 회복할 수 있었다. Galenson(1952b, 289) 참조.

> 가 차지하고 있었던 지도적인 위치에도 불구하고 브란팅은 그의 주장에 수긍하는 지지세력을 찾지 못했다. 소요에 가담했던 노동자들은 먼 미래에 노동계급의 지위를 향상시켜 줄지도 모를 의회개혁을 지지하기보다는 그들이 직면한 문제를 당장 해결해 줄 수 있는 행동계획에 대한 약속에 귀를 기울였다(Andrae 1975, 235).

스웨덴 사민당은 브란팅이 이끄는 대로 노동자 소요를 교묘하게 활용해 민주화를 이루었다. 그러나 그들은 그 대가로 노동자 지지의 격감을 감수해야 했다. 안드라에의 관찰에 따르면 "노동자들에게는 순수한 정치적 이슈보다 식량과 임금이 더 중요했다. 당시 노동자들의 혁명적 열기를 지배했던 것은 그들의 심장이 아니라 텅 빈 위장이었다"(Andrae 1975, 252).

급진좌파가 탈당하고 노동시장에서는 계급투쟁이 격화했다. 그리고 무엇보다 1918년 가을 정치적 민주화가 달성됨에 따라 마침내 사회경제적 변혁이 사민당의 당면과제로 부상했다. 팅스텐의 언급처럼 "사회경제 변혁문제가 제기되는 것은 이제 불가피해졌다. 이념적으로 그것은 사민당에게 가장 핵심적인 과제였음에도 불구하고 정치적 민주주의를 우선 성취해야 한다는 필요성 때문에 옆으로 밀려나 있었기 때문이다"(Tingsten 1973, 205). 그러나 스웨덴 사민당이 채택했던 최대강령인 사회화와 계획경제는 민주개혁만큼이나 노동자의 당면 관심에서 멀리 떨어져 있었다.

헌법개정이 단행된 후 스웨덴 사민당의 주 의제가 정치개혁에서 사회경제 변혁으로 바뀌자 사민당과 자유당 협력의 시대는 막을 내렸다. 그리고 경제운용의 원칙을 둘러싼 좌우의 대립과 대치가 본격화했다. 그 결과 스웨덴 정치사에서 처음이자 마지막으로 결성되었던 '자유 · 노동'(lib-lab) 연립정부는 1920년 3월 붕괴했다. 비사회주의 정당 간에 지속되었던 불화로 인해 반사회주의 연합 결성이 실패함에 따라 원내 제1당이었던 사민당이 최초로 단독내각을 구성할 기회를 얻었다.

정권획득을 몇 주 앞두고 열렸던 전당대회에서 사민당은 사회화와 계획경제가 당의 중심 강령임을 다음과 같이 재확인했다.

> 생산수단 소유권을 사적 자본가로부터 박탈해 사회의 통제 하에 두고…… 현재의 비계획적인 상품생산을 사회의 참된 수요에 부응하는 사회주의 계획경제로 교체해 자본가의 착취를 완전히 철폐하는 방향으로 사회가 재건될 때까지 계급투쟁은 중단되지 않을 것이다(Tingsten 1973, 214에서 재인용).

이에 따라 스웨덴 정당정치는 경제운용과 사회조정의 근본원리를 사회주의로 할 것이냐, 아니면 자유방임주의로 할 것이냐를 둘러싸고 좌 · 우 정당이 비타협적으로 격돌하는 국면으로 돌입했다. 1920년 9월에 치렀던 총선은 그 첫 번째 격돌의 장이었다.

팅스텐의 관찰에 따르면 "총선 이전 선거운동의 중심 이슈는 사회화 문제였다. 보수당과 자유당은 사회화 계획에 맞서 자유로운 경제활동과 사유재산권 원칙을 내세웠다"(Tingsten 1973, 240). 이 선거에서 사민당은 11개 의석을 잃었고 득표율 역시 1.4% 줄었다. 사회민주좌파당의 손실과 합칠 경우 사회주의 진영의 득표율은 3% 감소했고 전체 의석은 15개 줄었다. 결국 이 첫 번째 대결은 정통 사회주의의 패배로 끝났다.

선거 후 사민당은 사회화 프로그램이 노동자의 지지를 동원하는 데 명백한 한계를 드러냈고 그것이 패인이었음을 솔직히 인정했다(Tingsten 1973, 244). 노동시장에서의 격렬한 계급투쟁에도 불구하고 절대다수 노동자는 투표장에 나타나지도 않았다. 이들의 메시지는 명료했다. 극심한 식량부족과 치솟는 물가로 고통 받던 노동자들이 원했던 것은 이상사회에 관한 청사진이 아니라 현재의 고통을 당장 타개해 달라는 것이었다. 1918년 12월 사민당과 LO의 공동집회에서 어느 노조 지도자가 투덜거렸던 것처럼 "이념도 좋지만 빵은 더 좋다"(Andrae 1975, 251에서 재인용).

1921년과 24년 총선은 판이하게 뒤바뀐 경제상황 속에서 치러졌다. 전쟁 직후의 인플레이션이 진정 기미를 보이더니 급격한 경기침체로 이어졌고 노동자들은 이제 임금삭감과 높은 실업률로 고통받게 되었다. 사민당은 사회화 요구의 강도를 대폭 낮추고 그 대신 부르주아 정부의 디플레이션 정책을 정면 공격하는 전술을 구사했다. 그 결과 이 두 선거에서 사민당의 득표와 의석은 대폭 증가했다(Tingsten 1973, 248-250). 그러나 1928년 사회화가 또다시 선거의 중심이슈로 떠오르자 사민당의 표와 의석은 다시 감소했다(Tingsten 1973, 272-276).

결국 스웨덴 사민당은 1920년대 좌·우 정당 간의 비타협적 대결구도 속에서 노동계급의 잠재적 투표력을 충분히 동원해 내는 데 실패했다. 정치개혁에 대한 사민당의 집착과 그에 이은 정통 사회주의 최대강령 노선이 사민당 조직의 분열을 초래했을 뿐 아니라 스웨덴 노동자들 사이에 정치적 환멸과 무관심을 확산시켰다. 그 결과 1920년대 초 스웨덴에서는 노동자가 전체 노동인구의 압도적 다수를 형성하고 있었음에도 불구하고 사민당은 절대다수의 의석을 획득하지 못했다. 이 실패는 1930년대 초 사민당이 정책노선을 근본적으로 바꾸는 배경이 되었다. 이에 대한 상세한 논의는 다음 장으로 미룬다.

2. 노르웨이

1880년대 노르웨이에 뿌리를 내렸던 사회민주주의는 스웨덴과 마찬가지로 독일에서 수입된 것이었다. 1885년 노르웨이 노동당이 채택했던 강령은 덴마크를 거쳐 노르웨이로 유입된 독일 사민당 고타(Gotha)강령의 복제품이었다(Galenson 1949, 55; Bull 1956, 62). 1902년 노동당은 소규모 농토를 사회화의 대상에서 제외시켰다(Bull 1956, 53).

노동당 역시 스웨덴 사민당과 마찬가지로 민주개혁을 위해 자유당과 협력했다. 자유당과 노동당은 스웨덴과의 합병상태를 종식시키기 위한 노력에도 공동보조를 취했다(Galenson 1949, 58). 그러나 이 두 목표가 1905년까지 모두 달성되자 노르웨이 노동운동은 정치와 노동시장 양 영역에서 서서히 급진화하기 시작했다.

노르웨이 노동운동의 급진화는 20세기 초 급격한 산업화와 더불어 진행되었다. 노동시장 영역에서 급진화는 새로운 산업노동자가 직능공 노동조합의 조직 장악력에 도전하는 형태로 나타났다. 노르웨이의 산업화는 주로 국토의 주변부에서 진행되었다. 따라서 급진화는 가난에 찌든 주변부 미숙련 노동자의 도시에 기반을 둔 숙련공에 대한 공격을 의미했다. 이념적 측면에서 급진화는 사회민주적 수정주의에 대한 생디칼리즘의 공격을 의미했다. 1911년 트란멜(Martin Tranmael)이 트론데임(Trondheim)에서 조직했던 '반대

노동조합'(Trade Union Opposition)은 이후 10년 동안 급진화의 이 모든 특성을 전면적으로 확산시키는 신호탄이었다(Galenson 1949, 20-27). 그러나 1918년 노동당 전당대회와 1920년 LO 총회에서 혁명적 사회주의 노선이 승리했던 직접적인 원인은 제1차 세계대전 발발로 말미암은 노동자들의 고통과 분노였다.[7]

전쟁은 노르웨이 노동자를 스웨덴 노동자와 유사한 경제적 고통에 빠뜨렸다. 물가는 치솟고 구매력은 격감했으며 식량부족은 굶주림을 낳았다. 노르웨이의 전시 물가상승률은 스웨덴은 물론 서유럽 대부분의 국가보다 높았다(Hodne 1983, 12; <표 1-3> 참조). 노동자의 실질임금은 전쟁기간 내내 지속적으로 감소했다[8] 해상교역로 봉쇄가 초래했던 식량위기는 연안어업 덕택에 다소 완화됐지만, 전쟁이 지속되면서 노르웨이의 식량부족 역시 극심해졌다. 그리고 그에 따른 고통은 하층계급에게 그대로 전가될 수밖에 없었다

7) 제1차 세계대전 이후 노르웨이 노동운동이 다른 스칸디나비아 국가, 나아가 서구의 다른 노동운동에 비해 훨씬 급진화한 이유에 관한 이론적 논쟁을 여기서 반복할 생각은 없다. 반복적인 혁명적 수사에도 불구하고 노르웨이 노동당은 선거에 지속적으로 참여했다. 이에 비해 소위 온건한 스웨덴 사민당도 경제운용과 사회조정의 원칙을 둘러싸고 부르주아 정당과 비타협적인 대결을 지속했다. 누가 그리고 왜 보다 급진적이었느냐는 이 책의 관심사가 아니다. Lafferty(1971), Bull(1956), Galenson(1949) 등은 급진화의 원인으로 경제적 요인, 특히 노르웨이의 급속한 산업화에 주목한다. 반면 Rokkan(1966), Heidar(1977), Esping-Andersen(1985) 등은 정치적 요인을 더 강조한다.

8) 실질임금 지표는 1914년을 100으로 했을 때 1915, 1916, 1917년에 각각 90, 82, 77로 감소했다가 1918년 90으로 상승 반전했다. Galenson(1949, 18) 참조.

(Derry 1973, 276-284, 289-293).

1917년 6월 노르웨이 노동자들은 가격통제와 정부보조금 지급을 요구하며 LO 주도로 24시간 총파업을 벌였다(Bull 1956, 85-86). 뒤이어 들려 온 러시아혁명에 관한 소식은 노동계급의 불만에 혁명적 열기를 불어넣었다. 1918년 노르웨이 노동자들은 작업장과 지구 단위로 노동자평의회를 조직하기 시작했다. 식량부족에 대한 불만이 평의회 조직을 확산시킨 주요인이었다. 그 해 3월 트란멜(Tranmael) 주도로 개최되었던 노동자평의회 총회는 모든 사회 및 행정 기구를 궁극적으로 노동자평의회의 통제 하에 두겠다고 선언했다(Bull 1956, 86; Derry 1973, 310). 같은 달 개최되었던 노동당 전당대회에서 마침내 혁명적 사회주의는 당의 공식노선이 되었다. 전당대회는 그때까지 노동당을 이끌었던 직능공 출신의 온건한 지도자 크눗센(Christian Knudsen)과 리안(Ole Lian)을 퇴진시키고 '반대노동조합'을 이끌고 있던 트란멜(Martin Tranmael), 그렙(Kyree Grep), 스탕(Emil Stang)에게 당의 지도력을 넘겨주었다. 2년 후 LO의 리더십 역시 이들에게 넘어갔다. 노르웨이 노동당의 혁명적 사회주의시대(1918~27)는 이렇게 막이 올랐다(Galenson 1949, 25-26, 62-63; Bull 1956, 62-66).

1918년 노동당 전당대회에서 채택된 새 강령은 혁명노선과 의회주의 노선을 다음과 같이 애매하게 결합시키고 있다.

> 혁명적 계급전쟁의 주체로서 사회민주당은 지배계급이 노동계급을 착취하고 억압하는 권리를 용인할 수 없다. 그 착취와 억압이 의회 내 다수세력의 지지를 받더라도 이를 용인해서는 안 된다. 그러므로 노르웨이 노동당은 노동계급의 경제적 해방을 위한 투쟁에 혁

명적 대중행동 수단을 사용할 권한을 보유해야 한다. 그러나 노르웨이 노동당은 정당으로서 우선 선거를 통해 권력을 장악하기 위해서는 노동계급의 단합에 힘을 쏟아야 한다고 전당대회에서 합의했다(Galenson 1949, 62에서 재인용).

노동당 정책노선으로 혁명적 사회주의가 채택됨에 따라 노르웨이의 정당정치는 사회주의와 반사회주의의 첨예한 대립으로 치달았다. 혁명적 사회주의 노선은 또한 사회주의 진영을 분열시키고 노르웨이 노동자들 사이에 정치적 환멸과 무관심을 확산시켰다. 사회주의 진영의 분열을 촉발시킨 직접적인 계기는 노르웨이 노동당의 제3인터내셔널 가입이었다. 노동당이 코민테른에 가입하자 당의 온건분파는 탈당을 결행하고 1921년 사회민주노동당을 창당했다. 1923년 노동당이 코민테른에서 탈퇴하자 이번에는 당의 급진분파가 탈당해 공산당을 창당했다(Galenson 1949, 64-67). 사회주의 진영이 이처럼 셋으로 나뉨에 따라 노동계급의 단합과 지지를 바탕으로 선거에서 승리해 권력을 장악하려던 노동당의 기대는 무산되고 말았다. 비례대표제 도입 후 처음 치렀던 1921년 선거에서 노동당의 득표율은 이전의 31.6%에서 21.3%로 하락했고, 새로 창당한 사회민주노동당은 9.2%를 득표하며 8개 의석을 획득했다. 1924년 노동당의 득표율은 18.4%로 더욱 하락했다.

제1차 세계대전 종료 후 치렀던 세 차례 선거에서 사회주의 진영은 31.6%, 30.5%, 33.1%의 득표율을 기록했다. 이 시기 노르웨이 노동자는 전체 노동인구의 55%를 차지하고 있었다. 결국 노르웨이 좌파 역시 노동계급의 정치적 지지를 극대화하는 데 실패했음을 알 수 있다. 정치적 노동운동의 분열과 노동자들이 직면한 고통에 대한 무관심이 스웨덴의 경우와 마찬가지로 노르웨이에서도 노동자들 사이에 정치적 환멸을 확산시켰던 것이다.

1918년 4월 노르웨이와 미국 사이에 무역협정이 체결된 후 노르웨이의 식량사정은 신속하게 호전됐다. 보수・자유 연립정부가 디플레이션 정책을 펼치고 또 미국으로부터 수입이 늘어남에 따라 노르웨이의 경기는 급반전해 1920년 여름 깊숙한 침체의 늪으로 빠져들었다(Hodne 1983, 29-31). 실질임금을 간신히 전쟁 발발 이전 수준으로 회복시켰던 노르웨이 노동자들은 이제 치솟는 실업률과 고용주들의 무자비한 임금삭감에 직면해야 했다. 1920~21년 사이의 겨울에 5만 명의 노동자가 일자리를 잃었다. 1921년 여름 현재 조직된 노동자 다섯 명 중 한 명이 실업상태에 있었으며, 그 해 겨울까지 실업률은 네 명 중 한 명으로 늘어났다(Bull 1956, 50).

고용주들은 생계비가 하락하고 있다는 핑계로 일제히 임금삭감을 단행했다. 그 결과 임금수준을 둘러싼 파업과 직장폐쇄가 1920년대 노르웨이 노사관계의 주류를 이루었다. 그 첫 번째 대규모 충돌은 1921년 5월과 6월 고용주들의 33%에 달하는 임금삭감 기도에 대항해 해운노조가 벌였던 파업을 계기로 일어났다. 전국 규모로 터져 나온 동조파업에 15만 4천 명의 노동자가 가담했다. 그러나 대규모의 동조파업에도 불구하고 16.5% 임금삭감으로 타결되었던 최종 협상결과는 조직노동의 패배로 받아들여졌다(Galenson 1949, 162; Hodne 1983, 20). 이듬해 노르웨이 노동조합원 수는 8만 8천 명으로 감소했다. 1923년과 24년 고용주들의 5% 임금삭감 기도를 반전시켜 5% 임금인상을 얻어내기 위해 금속노동자들은 8개월에 달하는 힘겨운 투쟁을 벌여야 했다(Bull 1956, 69; Hodne 1983, 21).

이 시기 노르웨이에서 벌어졌던 치열한 계급투쟁은 자본가와 노동자의 물질적 이해가 정면으로 충돌한 것이었으며 조직노동은 이 투쟁에서 수세에 몰렸다.9) 실업과 임금삭감 위협에 직면해 있던 노르웨이 노동자들에게 노동당이 표방했던 혁명적 사회주의 노선은 너무나 비현실적이었다. 정치적 무관심의 확산은 당연한 귀결이었다.

3. 소 결

스웨덴과 노르웨이 양국 사회민주 정당의 선거동원 능력은 결국 당 조직의 분열과 노동자들의 당면 고통을 도외시했던 당 정책노선의 결함 때문에 위축되었다. 노동시장에서 격렬한 계급투쟁이 벌어지는 가운데 치렀던 선거에서 노동자 지지를 대폭 동원하는 데 실패했다는 것은 이 당시 양국 사민정당이 추구했던 정통 사회주의 노선의 한계를 뚜렷하게 보여주었으며, 1930년대에 이들이 결국 사회화를 포기하게 만드는 계기가 되었다. 그러나 이들이 사회민주 지배체제를 구축하기 위한 새 길을 열기까지 이때부터 10년이 넘는 세월을 필요로 했다. 같은 시기에 지속되었던 반사회주의 세력의 분열과 반목이 사민주의 정당에게 혁신과 도약의 기회를 제공해 주었다.

9) 1920년부터 24년까지 명목임금은 평균 23% 삭감되었다. 그러나 생계비의 전반적 하락에 힘입어 실질임금 하락률은 5%에 머물렀다(Hodne 1983, 25; Galenson 1949, 18).

제2절 반사회주의 연합의 실패

사회주의 진영의 분열과 득표력의 정체 덕분에 스웨덴과 노르웨이의 비사회주의 정당은 1920년대에 안정된 다수의석을 유지할 수 있었다. 그러나 양국의 비사회주의 정당은 다른 서유럽 소국의 우파정당과 달리 그들의 힘을 결합시켜 안정된 반(反)사회주의 연립내각을 결성하는 데 실패했다. 1920~32년 사이 스웨덴 하원(Riksdag)의 정당별 의석분포를 보면(<표 2-1> 참조), 1920~21년 사이 1년 동안 보수 · 자유 양당의 연립만으로 다수내각을 구성할 수 있었을 뿐, 나머지 전 기간에 원내 다수의 지지를 바탕으로 한 반사회주의 연립내각을 결성하기 위해서는 보수 · 자유 · 농민 3당의 연합이 필수적이었다. 노르웨이의 경우 1918~36년 사이 비사회주의 다수 연립내각을 구성하기 위해서는 보수 · 자유 양당이 연립(1918~27, 1930~33)하거나 혹은 보수 · 자유 · 농민 3당의 연립(1927~30, 1933~36)을 필요로 했다(<표 2-2> 참조). 그러나 스웨덴과 노르웨이에서 이 기간에 그와 같은 연립내각은 한 차례도 결성되지 못했다. 전술한 바와 같이 그 이유는 두 가지다. 첫째, 자유당과 보수당의 오랜 불화와 반목의 유산이 이들의 협력을 가로막았다. 둘째, 농민을 대표하는 독립 정당이 출현했고 이 정당은 도시에 기반을 둔 어떤 정당과의 연합도 거부했다. 그 결과 스웨덴과 노르웨이에서 도시와 농촌을 연계하는 안정된 유산계급 연합이 결성될 수 없었다. 반사회주의 연합을 바탕으로 한 자유주의 혹은 보수주의 지배체제가 1920년대 스칸디나비아에서 출현하지 못한 것은 이 때문이었다.

1. 과거의 유산과 자유당의 쇠퇴

보수당과 자유당 간에 양차 세계대전 사이 지속되었던 불화는 양국의 민주화과정에 조성되었던 적대감에 역사적 연원을 두고 있다. 19세기 노동계급이 아직 독자적 정치세력을 형성하지 못했을 무렵 스웨덴과 노르웨이 정당정치는 권력을 장악한 보수당(Höger, Høyre)과 권력을 넘보던 자유당(Vänstre, Venstre) 간의 대결이 중심축을 이루었다(Elder 1988, 34-35). 이 시기 진행된 모든 형태의 정치동원은 좌(자유) · 우(보수) 대결구도 속에 완벽히 흡수되었다. 이 대결기간을 거치며 쌓였던 양 정치세력 간의 적대의식은 민주화가 완결된 이후에도 지속되었고, 이들이 힘을 합쳐 사회주의 세력의 공세에 대응하는 것을 가로막았다. 다른 한편으로 자유당이 사회경제적 정체성을 상실하고 조직 불안정과 득표력 정체상태를 지속한 점은 보수 · 자유 연합전선 구축에 또 다른 장애요인이 되었다.

민주개혁을 둘러싼 좌 · 우 대립구도가 제1차 세계대전 이후 5당 경쟁체제로 전환함에 따라 스웨덴, 노르웨이 정당정치를 지배하는 중심 균열축은 사회경제 정책영역으로 옮겨 갔다. 이 변화는 사회세력들로 하여금 경제적 이해관계에 입각해 지지정당을 재편하도록 이끌었다. 그 결과 애초에 자유당을 지지하던 양국 노동자들이 사회주의 정당으로 지지를 옮기는 속도가 빨라졌다. 1910년대 말부터 원래 *보수당*(스웨덴)이나 자유당(스웨덴, 노르웨이)을 지지하던 농민들이 새로 조직된 농민당으로 지지를 옮겼다. 또 도시에서 계급투쟁이 격화하자 도시의 유산계급은 보수당으로 지지를 집중하는 경향을 강화했다. 그 결과 보수당은 점차 자유시장과 사적 경쟁 원리에 입각한 부르주아 경제 정체성을 대표하는 정당이 되어 갔다.[10)]

결국 스웨덴과 노르웨이 자유당은 민주개혁을 둘러싼 양당 대결로부터 경제운용 원리를 둘러싼 다당 대결구도로 정당 간 경쟁의 특성이 바뀐 데 따른 최대 피해자가 되었다. 계급투쟁이 민주화에 대한 열기를 압도하자 오랜 기간 민주화투쟁을 주도하면서 다양한 사회세력의 지지를 받아 오던 자유당은 이들 세력의 상충하는 물질적 이해관계의 틈바구니에 낀 채 사회경제적 정책노선을 명확히 제시하지 못했다. 그 결과 자유당의 사회경제적 정체성은 현저히 약해졌다. 제1차 세계대전 이후 계급균열이 다른 모든 사회균열을 압도하면서 사회계급의 정치적 재편을 가속화시켰다. 이런 가운데 양국 자유당의 정치적 기반은 극도로 위축되었다. 사회경제 운용을 둘러싼 비타협적 대립구도 속에서 우파의 대표성을 보수당에게 빼앗긴 자유당은 금주(禁酒)운동을 확산시키고 비국교도 자유교회를 적극 지지하는 등 문화적 정체성을 강화시켜 갔다. 자유당의 이와 같은 문화적 정체성은 보수당 지지 세력의 문화적 정서와 날카롭게 대립함으로써 양당 간의 연대를 가로막는 또 다른 걸림돌이

---

10) 스칸디나비아 5당 정당체계와 그 사회적 기반에 관한 포괄적 분석은 Berglund and Lindström(1978, 26-73)과 Elder(1988, 29-57) 참조. 또 스웨덴에 관해서는 Lewin(1972, 163-188) 및 노르웨이에 관해서는 Valen and Katz(1964, 22-41) 추가 참조.

되었다.

결국 제1차 세계대전 이후 격화했던 계급갈등이 자유당을 군소정당으로 전락시켰고 당 조직을 불안정상태에 빠뜨렸다. <표 2-1>과 <표 2-2>에서 보듯이 양국 자유당의 의석은 제1차 세계대전 이후 지속적으로 감소했다. 스웨덴 자유당의 의석은 1932년 하원 230개 의석 중 24석으로 줄어들었고, 노르웨이 자유당의 의석 역시 1933년 150개 의석 중 27개에 머물렀다. 그리고 이미 이때쯤 양국 자유당 조직은 양분 혹은 삼분 상태에 이르렀다.

2. 농민들의 정치적 동원

이처럼 보수당과 자유당의 불화가 치유되지 못한 가운데 농민을 대표하는 독자정당이 제1차 세계대전이 끝날 무렵 스웨덴과 노르웨이에 창당되었다. 그 결과 양국의 비사회주의 진영은 세 정당이 서로 반목하고 대치하는 삼각구도를 구축하게 되었다. 전쟁이 초래했던 인플레이션과 식량부족, 그리고 격렬한 생산자·소비자 갈등 속에서 스웨덴과 노르웨이 농민들은 독자정당을 대단히 신속하게 조직했고, 1930년대 적록동맹이 결성될 때까지 도시를 기반으로 하는 어떤 정당과의 제휴도 거부했다. 스칸디나비아 국가에서만 나타났던 이 독특한 정치현상으로 인해 이들 국가에서 지속적이며 포괄적인 반사회주의 연합의 결성은 불가능해졌다.

스칸디나비아 국가 외에 전국 규모의 독자적인 농민정당이 결성되었던 서유럽 국가는 없다. 이런 독특성뿐 아니라 스칸디나비아 농민당은 이 지역 사회민주 지배체제의 전략적 파트너로서 정치적 중요성이 매우 큰 조직체였다. 따라서 양국 농민이 독자적인 정치세력을 구축하고 이를 통해 반사회주의 연합을 좌절시켰던 역사적 배경과 과정을 소상히 살펴볼 필요가 있다.

농민이 물질적 이해관계를 근본적으로 달리하는 사회계급과 정면으로 대치하는 경우는 드물다. 따라서 농민이 독립된 정당을 조직하려는 동기는 부르주아나 노동자보다는 훨씬 약하다. 농민은 오히려 정치사회보다는 시민사회 영역에서 강력한 압력단체를 결성해 자신의 이익을 보호하려는 경향을 띤다(Beyme 1982, 156). 그러나 양차 세계대전이 종료된 시기처럼 농민과 도시인 사이에 농산품의 가격과 유통을 둘러싸고 생산자 · 소비자 갈등이 극에 달하고 도시에 일차 지지기반을 둔 정당이 농민의 이익을 돌보려 하지 않을 때 농민이 스스로 정치세력화하려는 동기와 의지는 강렬해진다. 농산품을 둘러싼 생산자 · 소비자 갈등은 양차 세계대전 후 전쟁의 사회경제적 영향 하에 있던 모든 국가에서 발견되는 보편적 현상이었다. 그러나 이 갈등을 배경으로 전국 규모의 농민당이 결성되었던 곳은 오직 스칸디나비아뿐이었다. 따라서 도시와 농촌 사이에 증폭되었던 균열구조만으로 스칸디나비아 농민당의 출현을 설명하기에는 미흡하다. 이와 관련해 추가로 주목해야 할 것은 스칸디나비아 농민의 정치적 연륜이다. 전쟁이 농촌과 도시의 경제적 이해를 날카롭게 갈라놓았을 무렵 스웨덴과 노르웨이의 농민은 이미 풍부한 정치경험을 축적해 놓고 있었다. 이들의 풍부한 정치경험이 전후(戰後)의 특수한 경제국면 속에서 신속한 독자정당 조직을 가능하게 했던 것이다.

립셋과 로칸은 스칸디나비아 국가와 스위스의 신교도들이 밀집해 있던 주(캔톤)에서 유독 농민정당이 출현했던 이유를 몇 가지 나

열하고 있는데, 선거권의 결정적 확대 시점에 수적으로 취약했던 도시와 산업 중심부, 가족규모 영농의 확산, 농촌과 도시 사이의 심각한 문화적 장벽, 가톨릭교회의 약한 영향력 등이 그것이다(Lipset and Rokkan 1967, 44-46). 이들 요인은 이들 국가에 농민의 독자적 정치조직이 출현하기에 유리한 사회문화적 조건이 되어 주었다. 그러나 스웨덴과 노르웨이에서 하필이면 제1차 세계대전 직후에 신속하게 농민정당이 결성되었던 이유를 설명하려면 몇 가지 요인을 더 추가해야 한다. 첫째, 이들 국가의 독립자영농은 제1차 세계대전이 발발했던 시점에 이미 '풍부한 정치경험'을 축적한 사회계급이었다. 둘째, 전후의 특수한 경제상황이 '격렬한 생산자 · 소비자 갈등'을 조성했고 이 갈등구조 속에서 '도시에 기반을 둔 정당이 모두 농민의 이익을 외면'하자, 정치적 역량이 풍부했던 이들 국가 농민은 비교적 쉽사리 자신들의 정당을 조직할 수 있었던 것이다.

1) 스웨덴

1866년 단행된 스웨덴 헌법개정을 통해 스웨덴 의회는 신분의회 시대부터 유지해 오던 4원제를 양원제로 바꾸었다. 그때까지 스웨덴 농민은 귀족, 성직자, 부르주아와 함께 4개 신분으로 나누어져 있던 신분의회의 한 축을 형성해 정치경험을 쌓아 오고 있었다(Carlsson and Rosén 1980, 338-345). 1866년 이후 스웨덴의 독립자영농(*bönder*)은 하원 의석의 4분의 3가량을 장악함으로써 지배적인 정치세력이 되었다. 이들은 상원을 장악하고 있던 관료와 귀족들에게 효과적으로 대응하기 위해 1867년 농민당(Lantmannapartiet)을 결성했다(Hadenius 1978, 14-16). 그러나 스웨덴 농민은 1880년대 말 무역관세정책을 둘러싸고 분열했다. 비교적 넓은 농지를 소유했던 농민은 보수당과 연합해 보호무역정책을 지지했던 반면 농민의 다수를 이루고 있었던 독립소농은 자유당과 함께 자유무역정책을 지지했다(Lewin 1985, 46-72; Carlsson and Rosén 1980, 429-437).[11]

선거권 확대와 의회주의 도입을 둘러싼 갈등이 스웨덴 정치를 지배하고, 그 결과 1890년대 이후 스웨덴 정치의 전선이 자유주의 좌파(Vänstre)와 보수주의 우파(Höger)로 양분되자 농민은 점차 보수 우파로 경도되었다. 그 결과 자유무역을 지지하던 농민당 소속 의원 중 상당수가 하원 내에서 선거권 확대에 반대하는 보수진영에 합류했다(Carlsson and Rosén 1980, 454-456). 스웨덴 농민계급의 이와 같은 보수화는 하원에서 자신들이 유지하고 있던 정치적 우위를 잃지 않으려는 계산의 발로였다(Särlvik 1974, 375-376). 농민은 특히 20세기 초 민주개혁을 목표로 노동계급과 자유당 사이에 협력이 강화되던 흐름을 우려했다.

이 시기 민주개혁 이슈는 스웨덴 농민에게 일종의 양날의 칼로 다가왔다. 즉 농민들은 한편으로 국왕과 관료에 대한 하원의 우위를 확립하기를 원했지만, 다른 한편 그들은 자신들의 하원 우위를 위협할 수 있는 선거권 확대를 바라지 않았다. 민주개혁에 대해 이처럼 이중적 입장을 지녔던 스웨덴 농민들은 결국 민주화투쟁의 전선에서 비껴서 있을 수밖에 없었고, 제1차 세계대전이 발발할 때까지 그들의 정치적 지지는 보수당과 자유당 사이에서 요동쳤다. 레윈(Lewin 1985, 142-143)의 추정에 의하면 1887년부터 1907년까지

11) 이 시기 스웨덴의 사례를 같은 시기 독일제국에서 결성된 '철과 보리의 연합'과 동일시할 수는 없지만, Gourevitch(1986, 71-123)는 이런 관점에서 비교분석을 시도하고 있다.

20년 동안 농민들의 정치적 지지는 4 대 1 정도로 보수당과 자유당으로 나뉘었다.

1907~09년 사이 진행되었던 선거권 확대과정에서 농민은 자신들의 특수한 위치를 활용해 보수주의 세력과 자유주의 세력을 타협시키고 중재하는 역할을 수행했다. 그 타협의 결과 새 선거법은 하원에서는 성인 남성에 대한 사실상의 보통선거를 도입했지만, 상원에서는 보수 세력의 우위가 유지될 수 있도록 중요한 안전장치를 마련했다(Schiller 1975, 197-208). 선거법 개정 이후 농민의 자유당에 대한 지지는 점차 늘어났고, 제1차 세계대전이 발발할 무렵 스웨덴 농민의 정치적 지지는 양대 정파에 거의 대등하게 나뉘었다(Lewin 1985, 147).

1912년 농민당(Lantmannapertiet)에 남아 있던 정치세력이 보수당 일부 세력과 연합해 농민부르주아당(Lantmannaoch borgarepartiet)이라는 새 정당을 조직함에 따라 일단 농민만을 대표하는 정치조직은 소멸했다. 스웨덴 농민의 절반가량이 이 정당을 지지했던 반면 나머지 절반은 자유당을 지지했다. 농민만의 정치조직은 신속하게 출현했다. 1913년 스웨덴 서부와 북부지역 소농을 중심으로 농민당(Bondeförbundet)이 결성되었고, 그로부터 2년 후에는 보다 큰 농지를 소유한 농민을 중심으로 전국농민협회(Jordbrukarnas Riksförbund)가 출범했다(Rostow 1955, 74-75). 두 조직은 농민을 토지소유 규모를 불문하고 동일한 계급행위자로 보고, 단일 정치적 결사체를 통해 농민의 공동이익을 보다 잘 보호할 수 있으리라 믿었다(Hadenius 1978, 86-87). 제1차 세계대전이 발발하고 농민과 도시민 사이에 농산품 가격과 유통을 둘러싸고 대립과 분쟁이 격화하자 이 두 조직은 결합해서 지속적이고 독립적인 정당조직으로 거듭나게 되었다.

앞 절에서 언급했듯이 1916년 말 스웨덴 경제는 극심한 식량부족과 물가고에 휩싸였다. 식량부족 사태에 대처하기 위해 보수당 단독지지를 받으며 간신히 명맥을 유지하고 있던 위기관리 내각은 그해 10월 식량배급제를 도입하고 식품에 대한 엄격한 가격통제를 실시했다. 정부 정책에 대한 농민들의 분노는 극으로 치달았는데, 그들은 귀한 곡식을 가축의 사료로 던져 주면서 격렬하게 저항했다(Carlsson and Rosén 1980, 483-44). 농민들의 이런 행동은 굶주림에 시달리던 도시노동자들을 격앙시키기에 충분했다. 이들의 분노는 1917년 4월과 5월 격렬한 시위와 식량 약탈행위로 터져 나왔다. 분노한 노동자들은 농민들이 감춰 놓은 곡식과 감자를 찾아 농가의 헛간과 광까지 헤집고 다녔다(Andrae 1975, 233-234). 식량부족이 초래했던 생산자·소비자 갈등은 스웨덴에서 이처럼 최고조에 달했고 스웨덴 정당체계의 전개와 유권자들의 정당에 대한 결속 양식에 커다란 영향을 미쳤다.

보수당과 자유당의 지지기반은 도시와 농촌에 걸쳐 넓게 퍼져 있었다. 따라서 양당은 모두 생산자·소비자 갈등에 따른 정치적 피해를 피할 수 없었다. 함마슐드(Hammarskjöld) 내각의 식량정책을 지지했던 보수당이 첫 희생자가 되었다. 1917년 치렀던 하원의원 총선거에서 보수당은 농민과 도시 서민층의 지지 이탈로 인해 무려 29석을 잃었다(<표 2-1> 참조). 하데니우스의 언급처럼 전시 농산품에 대한 통제정책은 새로 탄생한 농민조직이 정치적 지지를 동원하는 데 대단히 효과적인 소재가 되어 주었다(Hadenius 1978, 87). 보수당에 대한 지지를 철회했던 농민 대부분은 농민당과 전국농민협회를 지지했다. 이 선거에서 두 농민조직은 도합 14석의 의석을 획득함으로써 독자적인 정치세력의 입지를 의회 내에 확보했다.

자유당 역시 보수당이 입었던 피해를 반복해야 했다. 3년 동안의 자유·사민 연립정부가 막을 내린 직후 치렀던 1920년 총선거에서 자유당 의석은 종래의 62석에서 47석으로 감소했던 반면, 두 농민 조직의 의석은 도합 30석으로 늘었다(Hadenius 1978, 98-99; <표 2-1> 참조).

도시노동자와 고용주의 갈등이 노동시장에서 계급투쟁을 격화시키고 있을 때 식량 가격과 유통방식을 둘러싼 식량 생산자와 소비자 사이의 갈등은 스웨덴 농민의 정치적 지지를 보수당과 자유당으로부터 새로 탄생한 농민조직으로 전환시켰다. 1917~20년 사이 전시경제와 전후경제의 충격이 농민과 도시 식량소비자 사이에 식량정책을 둘러싼 갈등과 충돌을 격화시켰을 때 보수당, 자유당, 사회민주당 등 당시 스웨덴의 주요 정당은 모두 이 시기 결성되었던 연립정부에 가담한 바 있지만, 어느 정당도 농민의 이익을 적극 보호해 주려 하지 않았다. 정치조직화의 경험을 상당 기간 축적한 바 있던 스웨덴 농민이 이런 상황에서 독자적 정치세력화를 모색했던 것은 당연한 귀결이었다. 1921년 농민당과 전국농민협회는 조직을 합쳐 스웨덴 농민의 단일 정치조직인 농민당(Bondeförbundet)을 정식으로 출범시켰다. 1950년대 중반 계급구조의 장기 변화에 대응해 당 명칭을 중앙당으로 바꿀 때까지 스웨덴 농민당은 농민의 정치적 대표조직으로 남아 있었다.

2) 노르웨이

노르웨이 농민은 스웨덴 농민보다 빠른 시기에 다른 방식으로 정치적 성숙과정을 밟았다. 그리고 이처럼 오랫동안 축적했던 정치경험을 바탕으로 그들은 제1차 세계대전 직후 독자정당을 조직할 수 있었다.

이미 1814년에 노르웨이는 모든 자영농과 대부분의 소작농에게 하원의원 선거권을 부여했다(Rokkan 1966, 74-75). 이때 이후 노르웨이 의회(Storting)는 농민과 도시 관리와 관료층이 격돌하는 대결장이 되었다. 19세기 중반 이후 농민은 도시의 자유주의 세력과 연대해 국왕이 임명한 내각의 지배력을 무너뜨리려는 공세를 본격적으로 강화했다. 노르웨이에서 민주개혁을 둘러싼 좌(Vcnstrc)·우(Høyre) 대결은 이렇게 시작되었다(Valen and Katz 1964, 22-24).

스웨덴 농민과 달리 노르웨이 농민은 민주화투쟁의 중심세력이 되었으며 그들은 이 투쟁과정 내내 도시의 자유주의 세력과 긴밀히 협력했다. 민주화에 대한 양국 농민의 이와 같은 차이는 크게 두 요인에 기인했다. 첫째, 노르웨이의 민주화투쟁은 노동계급의 양적 성장과 정치적 동원이 농민의 수적·정치적 우위를 본격적으로 위협하기 훨씬 이전에 진행되었다. 둘째, 덴마크와 스웨덴의 수세기에 걸친 노르웨이 통치는 외국 지배세력과 강한 유대를 유지해 온 중앙의 정부 관리와 지배계층에 대한 지방 농민의 적대감을 강화시켰다. 19세기 후반 노르웨이에 형성되었던 중심(center)·주변(periphery)의 균열은 영토적·문화적 색채를 강하게 띠었는데, 이에 관해서는 로칸의 다음과 같은 분석을 인용할 필요가 있다.

> 노르웨이에서 좌파와 우파의 첫 투쟁은 농민의 동원에 의해 촉발되었다. 결정적인 균열 선은 영토적이며 문화적인 특성을 띠었다. 지방은 수도가 행사하는 지배력을 혐오했다. 스스로를 자각하기 시작했던 농촌공동체는 외국 풍에 물든 도시문화 침투에 강하게 저항했다. 지방에서 오랫동안 전승되어 왔던 방언과는 너무 동떨어진 도

시 언어(*riksmål*), 국가교회가 일방적으로 채택했던 루터교의 합리적 교리, 생소한 외국 예절과 관용적인 도덕관, 그리고 개방된 도회지에 만연했던 떠들썩한 음주문화 등 도시의 관리와 귀족 등 기득권층이 확립했던 여러 문화적 표준을 수용하는 것을 노르웨이 농민은 갈수록 힘겨워했다. 도시 기득권층에 대한 이와 같은 적개심을 적극 흡수함으로써 좌파는 세력을 강화해 갔다(Rokkan 1966, 76-77).

농민과 도시 자유주의 세력의 공식 연대는 1859년 의회 내 농민 집단들이 스벨드룹(Johan Sverdrup)이 이끄는 도시 자유주의 세력 정치조직인 개혁연대(Reformforeningen)에 합세함으로써 이루어졌다. 이 연합을 통해 하원의 통제력을 확보했던 농민과 도시 자유주의 세력은 힘을 합쳐 과두 지배세력에 대해 조직적인 공세를 펼쳤다. 농민이 개혁투쟁의 이념적 정당성과 대중적 기반을 제공했다면, 도시 자유주의자는 투쟁의 정치적 방향을 제시하고 이끌어 가는 리더십을 발휘했다. 따라서 이들이 벌였던 개혁투쟁은 단순한 문화적 저항 차원을 넘어 정치체제 전반의 지배력 확보를 위한 투쟁의 성격을 띠었다. 이 투쟁에 힘입어 마침내 이들은 1884년 하원의 정치적 우위에 대한 국왕의 승인을 획득해 냈다(Rokkan 1967, 368-379; Derry 1973, 46-59).

1884년 자유당(Venstre)과 보수당(Høyre)이 전국조직을 구축했을 때 양당의 하원 의석은 각각 83석과 31석이었다. 자유당 의석은 도시 지역구의 3분의 1과 모든 농촌 지역구를 망라한 의석 규모였다(Heidar 1983, 73; Derry 1973, 57). 그러나 곧 이어 종교문제를 둘러싼 갈등이 자유당 내에서 증폭되었고 그 결과 상당수 농민 출신 의원이 탈당해 온건좌파당이라는 독자조직을 만들었다. 이들은 궁극적으로 보수당에 흡수되었다(Derry 1973, 144-46).

1898년 성인 남자에 대한 보통선거가 완전히 도입된 이후 농민이 도시 자유주의자와 협력하는 데 대한 거부감은 갈수록 커졌다. 농민은 당시 자유당이 주력했던 토착문화 보호정책에 소극적이었던 대신 자신들이 직면하고 있었던 경제적 어려움에 대한 정부의 적극적인 지원을 원했다. 도시와 농촌 노동자의 점진적인 정치동원 추세는 농민의 또 다른 근심거리가 되고 있었다(Rokkan 1966, 80). 이와 같은 불만과 근심을 키워 가던 농민은 1896년 특히 부유하고 시장지향적인 농민을 중심으로 노르웨이농민연합(*Norsk landmandsforbund*: 추후 *Norges bondelag*로 개칭)이라는 결사체를 조직했다. 농민연합에 가입한 회원 수는 지속적으로 늘어나 1910년에는 5만 명에 이르렀다. 농민연합은 자유당에 보다 많은 농민 후보를 공천하고 또 의회에서 직극직으로 농민의 이익을 내변하도록 압력을 행사하는 데 주력했다. 그러다가 농민연합은 1915년 총선에 독자적인 후보를 출마시켰다(Rokkan 1966, 80-81; Derry 1973, 185-186). 노르웨이 농민들의 이와 같은 정치화를 더욱 촉진시켜 독립 정당을 결성하도록 이끌었던 것은 스웨덴의 경우와 마찬가지로 제1차 세계대전과 그것이 초래했던 생산자·소비자의 갈등이었다.

악화되는 식량상황에 대처하기 위해 크눗센(Gunnar Knudsen)이 이끌던 자유당 내각(1913~20)은 1916년 내각에 새로이 식량부(部)를 설립하고 또 물가통제국을 출범시켰다. 자유당 정부는 1918년 1월 마침내 식량배급제를 도입했다. 개인별 배급량을 극도로 제한했던 식량배급제는 도시 무산계급의 고통을 가중시켰다. 그들은 모자라는 식량을 조달할 만한 농촌과의 연줄도 없었고 암(暗)시장에서 식량을 구매할 돈도 없었기 때문이다. 농민 역시 농작물의 생산, 가격, 유통의 전 과정에 대한 정부 규제의 지속적인 강화에 분노하고 반발했다(Derry 1973, 276-284; Hodne 1983, 12-13).

제1차 세계대전은 노르웨이에서도 고용주와 노동자 간의 갈등, 생산자와 소비자 간의 갈등을 동시에 격화시켰다. 이 갈등은 집권 자유당에게 치명적인 정치적 타격을 가했다. 자유당 정부가 전쟁 기간에 취했던 경제행위에 대한 수많은 통제조치는 경제적 이해관계가 서로 다른 자유당 지지자들이 제기했던 제각각의 경제적 요구에 대해 즉흥적으로 반응한 결과였다. 무려 92개에 달하는 정부 기구를 새로 설립했고 또 무수한 규제조치를 발동했지만, 이들 기구와 조치는 서로 조율되지 못했고 많은 비용을 야기했으며 전반적으로 비효율적이었다(Hodne 1983, 13). 그 결과 자유당에 대한 신뢰는 급속히 떨어졌고 도시와 농촌 양 지역의 지지세력은 대폭 자유당에서 이탈했다.

1918년 선거에서 자유당의 하원 의석은 74석에서 51석으로 급락했다. 그 결과 자유당은 전체 126석의 절반에 훨씬 못 미치는 의석을 바탕으로 대단히 불안정한 소수내각을 이끌어야 할 처지가 되었다. 정부규제에 불만이 컸던 부르주아 계급은 자유당 지지를 포기하고 대폭 보수당과 민족자유당(Frisinnede Venstre)으로 지지를 옮겼다. 그 결과 두 정당의 의석은 도합 21석에서 50석으로 늘어났다. 1915년 총선거에서 비록 후보를 냈지만 의석을 확보하지 못했던 노르웨이농민연합은 농민의 자유당 이탈에 힘입어 3석을 획득함으로써 원내 교두보 확보에 성공했다. 노르웨이 농민당(Bondepartiet)은 농민연합 조직을 바탕으로 1921년 공식 출범했다. 농민연합 의장이었던 멜비(Johan Mellbye)는 신당의 당수가 되었다. 이 해 치렀던 총선거에서 자유당 의석은 전체 하원 의석이 126석에서 150석으로 늘어났음에도 37석으로 감소했던 반면 농민당 의석은 17석으로 증가했다. 이후 시작된 경기침체와 보수·자유 연립정부의 디플레이션 정책은 노르웨이에서도 농민당이 이들과 협력할 가능성을 봉쇄해 버렸다.

노르웨이 전체 농민 중 약 절반가량이 1921년 선거에서 농민당 후보에게 투표한 것으로 추정된다.[12] 농민당은 특히 보다 부유한 농촌지역에서 자유당 지지기반을 크게 잠식했지만 그 지지세력은 전국에 분포해 있었다. 그러나 중앙과 도시에 대한 문화적 저항이 가장 강력했던 노르웨이 서부와 남부지역의 많은 농민들은 자유당에 대한 지지를 철회하지 않았다(Rokkan 1967, 399, 403). 또 동부와 트론데임(Trondheim) 표르드 지역, 그리고 북쪽 주변부에 거주하던 소농(*småbrukare*)의 상당수는 1920년대 서서히 노동당으로 지지를 옮기고 있었다. 1917년 현재 노르웨이 농가의 52%가 2헥타르 미만의 농지를 경작하고 있었다(Statistika sentalbyrå 1970, 61). 영농을 통해 생계유지조차 힘들었던 이들 대다수는 어로(漁撈)행위나 혹은 거대한 삼림에서 계절적 노동자 노릇을 함으로써 부족한 생계비를 벌충할 수 있었다. 사실상 농민이면서 동시에 노동자였던 이들은 궁극적으로 사민정당으로 정치적 지지를 옮겨 갔던 것이다. 이들의 조직체였던 노르웨이소농연합(*Norsk bonde-og småbrukarlag*)은 노르웨이 노동당의 대단히 중요한 농촌 교두보가 되었다(Rokkan 1967, 407-411; Bull 1956, 12-13; Derry 1973, 186).

12) <그림 1-3>에서 보듯이 1920년 현재 노르웨이 농민은 전체 노동력의 26%를 차지했다. 이듬해 선거에서 농민당의 총 득표율은 13.1%였다.

3. 소 결

스웨덴과 노르웨이 농민들의 정치적 지지는 전전(戰前)의 정치적 동원, 제1차 세계대전과 그에 따른 생산자·소비자의 갈등, 농민당의 결성 등 복합적인 요인의 영향으로 말미암아 1920년대에 여러 정당으로 분산되었다. 스웨덴 농민은 1920년대 내내 농민당, 보수당, 자유당으로 정치적 지지를 분산시켰다. 이 기간에 스웨덴 농민의 절반가량이 농민당을 지지했고, 나머지 절반은 보수당과 자유당을 대략 비슷한 비율로 지지한 것으로 추정된다.[13] 노르웨이 농민들의 정치적 지지는 농민당, 자유당, 노동당으로 흩어졌다. 상대적으로 부유한 상업농의 지지를 많이 받은 농민당이 전체 농민 지지의 절반가량을 흡수했다. 자유당의 농촌 지지기반은 반도시적·비국교적 전통문화가 여전히 강력했던 서부와 남부에 집중되었다. 반면 북부와 동부, 그리고 트론데임 지역의 소농은 노동당에 대한 지지를 강화시켰다. 이처럼 양국 농민은 정치적 지지를 분산시켰

13) 이 추정은 스웨덴 농민이 1920년대 중반까지 세 정당을 비슷한 규모로 지지하다가 1920년대 후반 점진적으로 농민당에 지지를 집중시켰다는 레윈(Lewin 1972, 143-144, 149-150)의 추정과 견해를 달리한다. 레윈도 스스로 인정하듯이 그의 추정치는 1917~24년 사이 농민당 지지기반에 대한 분석이 가장 신뢰도가 떨어진다. 1920년대 스웨덴 농민이 전체 노동력 중 21~23%를 차지했고 농업노동자의 선거참여율이 1920년대 중반까지 극도로 저조했다는 것을 감안할 경우 전체 농민의 절반가량이 농민당을 지지했던 것으로 보아야 한다.

지만 이들로부터 지지를 받고 있던 정당은 서로 정치적 연대를 맺는 것을 거부했다. 따라서 스웨덴과 노르웨이에서 1920년대에 농촌과 도시를 아우르는 유산계급 동맹은 결코 결성될 수 없었다.

다음 장에서 살펴보겠지만 양국의 자유당과 보수당 정부가 1920년대 내내 집요하게 추진했던 정통 자유주의에 입각한 디플레이션 정책 역시 이 시기 도시와 농촌을 아우르는 반사회주의 연합이 결성되는 것을 가로막은 또 다른 주요한 요인이었다. 디플레이션 정책은 세계적 규모의 농산물 공급과잉과 그에 따른 농작물 가격폭락으로 인해 가중되었던 양국 농민의 고통을 더욱 악화시켰다. 농민의 고통을 철저히 무시한 보수당과 자유당의 시장 자유주의 정책으로 인해 사회주의와 노동운동에 대항하는 공동전선의 형성은 더욱 어려워졌다.

1920년대 스웨덴과 노르웨이에 확립되었던 5당 정당체계 속에서 농민당, 보수당, 자유당이 비사회주의 정당이었다. 농민당은 전체 농민의 절반가량의 정치적 지지를 받고 있었다. 보수당은 부르주아 계급을 핵심 지지기반으로 했으며 스웨덴의 경우 일부 농민의 지지 역시 받고 있었다. 양국 자유당은 경제적 정체성보다는 주로 독특한 문화적 정체성에 입각한 지지를 받고 있었다. 이들 간의 대립과 불신은 1920년대 내내 지속되었다.

사회주의 진영의 분열과 득표력의 침체, 그리고 비사회주의 3당의 반사회주의 연합 결성 실패로 인해 스웨덴과 노르웨이 정치는 지속적인 사회경제적 혼란 속에서 10년 이상 불안정하게 표류해야 했다. 그러나 이러한 혼란과 불안정에도 불구하고 스웨덴과 노르웨이는 독일이나 이탈리아처럼 파시스트 세력에 의한 의회민주주의 붕괴를 겪지 않았다. 스웨덴과 노르웨이가 어떻게 의회민주주의 붕괴를 모면하고 사회민주주의 지배체제를 확립했는지는 다음 장에서 살펴보겠다.

제3장
적록동맹과 사회민주 지배체제 출현

스칸디나비아 노동자와 농민은 대공황이 초래했던 특수한 경제국면에서 과거의 불화를 청산하고 안정된 계급연합을 결성했다. 앞장에서 보았듯이 제1차 세계대전 직후 스웨덴과 노르웨이 노동자와 농민의 관계는 격렬한 생산자 · 소비자 갈등구도 속에서 극도로 적대적이었다. 그러나 10년 후 두 계급은 완전히 상이한 경제위기에 직면했다. 이 상이한 경제국면이 '적록동맹'이라는 독특한 계급연합을 결성시킨 상황적 조건을 제공했다. 물론 이 상황적 조건이 노농연합의 충분조건이 되어 준 것은 결코 아니다. 대공황이 유럽의 모든 민주국가에 사회민주 지배체제를 성립시켰던 것은 아니기 때문이다. 대공황이라는 공통된 위기에 맞서 유럽 각국의 정치행위자들이 선택했던 전략적 대응은 달랐다. 특히 스칸디나비아 사민정당이 단행했던 이념정책 노선의 근본적인 수정은 유럽의 다른 좌파정당과 이들을 확연히 구별해 준다. 이들은 수정된 이념과 정책노선에 입각해 과거 적대적이었던 노동자와 농민의 이익을 조화시킬 수 있는 혁신적인 정책을 내놓았던 것이다. 따라서 스칸디나비아 사회민주 지배체제 출현의 원인에 관한 궁극적인 설명은 정치행위자들의 전략적 선택에서 찾아야 한다. 그러나 그 선택은 1920년대 후반의 특수한 사회경제적 국면에서 이루어졌던 것임에 틀림이 없다.

제1절 사회경제적 국면

유럽의 다른 민주국가들과 마찬가지로 스웨덴과 노르웨이 역시 1920년대를 경기의 급격한 하락과 함께 시작했다. 1920~22년 사이 스웨덴과 노르웨이의 도매물가는 각각 52%와 39% 하락했다(<표 2-3> 참조). 1921~22년에 걸친 겨울에 노르웨이의 조직노동자 4분의 1이 일자리를 잃었다. 스웨덴의 경기침체는 더 혹독했다. 1920~21년 사이 스웨덴의 산업생산은 25% 감소했고 수출규모는 24% 줄었다(Aldcroft 1977, 68). 1922년 1월에는 실업자가 16만 3천 명에 이르렀고 노동조합원 가운데 34%가 일자리를 잃었다(Carlsson and Rosén 1980, 536).

그러나 1922년 이후 경제상황은 점차 호전되었고 양국 경제는 대공황 발발 전까지 비교적 꾸준하게 성장했다.[1] 실업은 이 시기 양국 경제의 가장 심각한 문제였다.

1) 이 시기 스칸디나비아 국가들의 경제성장에 대한 개관은 Jörberg and Krantz(1976, 378ff) 참조.

〈표 3-1〉 스웨덴과 노르웨이의 실업률* 1916-40 (단위: %)

년 도	스웨덴	노르웨이
1916-20	4.7	1.4
1921-25	16.6	13.4
1926-30	11.4	20.2
1931-35	19.1	28.5
1936-40	11.1	20.4

*전체 노동조합원들의 실업자 백분율.

출처: Jörberg and Krantz(1976, 388).

<표 3-1>에서 보듯이 노르웨이의 실업률은 1935년 노동당이 집권할 때까지 급격하게 치솟았다. 1920년대 초반 경기침체에서 벗어난 이후 스웨덴의 고용상황은 노르웨이보다는 양호했다. 그럼에도 불구하고 1920~40년 스웨덴의 실업률은 10%를 상회했다.

1920년대 양국의 높은 실업률은 구조적 원인과 정책적 원인이 복합적으로 작용한 결과였다. 스웨덴과 노르웨이 경제의 대외무역 의존도는 대단히 높았다. 따라서 이 시기 극도로 불안정했던 국제경제 질서는 양국의 국내 노동력 수요를 극도로 위축시켰다. 게다가 1919년 양국이 8시간 노동제를 채택한 이후 신속히 진행되었던 생산조직 합리화 조치는 노동력 수요를 더욱 위축시켰다.[2] 이런 가운데 양국의 노동인구는 1920년대와 30년대에 걸쳐 이례적으로 급팽창했다(Jörberg and Krantz 1976, 422).[3] 이들 요인이 이 시기 양국

2) 스웨덴과 노르웨이의 효과적인 산업합리화 조치 덕분에 1921~30년 사이 양국의 노동생산성은 각각 35%와 18% 상승했다. Jörberg and Krantz(1976, 424-425) 참조.

3) Hanish(1978, 146-147)는 당시 노르웨이의 높은 실업률이 노동력 수요

의 실업률을 끌어 올렸던 구조적 요인이었다. 이런 구조적 조건 속에서 양국의 보수당과 자유당 내각이 집요하게 펼쳤던 디플레이션 정책은 고용사정을 더욱 악화시켰거나 아니면 최소한 상황을 호전시켜 주지 못했다.

보수당과 자유당이 채택했던 디플레이션 정책은 자유시장경제의 자율조절 기제에 대한 굳건한 신념에 기초하고 있었다.[4] 이들이 정통 자유주의 정책에 강한 집착을 보였던 이유는 이 정책의 집행을 통해서만 눈부신 산업발전의 터전이 되었던 전쟁 발발 이전의 경제적 균형상태로 회귀할 수 있다고 믿었기 때문이다. 당시 유럽의 많은 우파정당과 마찬가지로 이들의 정책목표 역시 전쟁 이전 환율에 입각한 금본위제도의 복원이었다(Jörberg and Krantz 1976, 435-436). 그러나 전쟁 기간 중 급락했던 화폐가치를 전쟁 이전 수준으로 회복시키기 위해 보수당과 자유당 소수내각들은 대단히 긴축적인 통화와 재정운용을 통해 생산비용과 물가수준을 억제하는 엄격한 디플레이션 정책을 구사했다(Aldcroft 1977, 151-153, 170-171).

1920년대 초 스웨덴이 겪었던 극심한 경기침체는 기어(De Geer)와 시도우(Von Sydow)가 이끈 위기관리내각(1920년 10월~1921년 10월)이 시행했던 가혹한 디플레이션 정책 때문이었다. 혹독한 경기침체의 대가로 스웨덴은 거의 모든 유럽 국가들보다 먼저 금본위

의 감소보다는 노동력 공급의 지속적인 상승에 기인했다고 본다.

4) Lewin(1985, 159-170)은 스웨덴 보수당과 자유당의 자유시장이 가져다 주는 '조화'(*harmonilära*)에 대한 자유주의적 신념을 사민당의 마르크스주의적 '숙명'(*ödestro*)에 대한 신념과 대비시켜 분석하고 있다. 노르웨이 보수당의 자유주의 경제철학과 디플레이션 정책에 관해서는 특히 Dahl(1987, 300-302) 참조.

제도를 복원시킬 수 있었다(Aldcroft 1977, 112-13; Hildebrand 1975, 103). 1924년 금본위제도로 복귀한 후 국제수지는 급격한 변동상황을 연출했다. 이 상황에 대해 스웨덴 경제는 놀라운 적응력을 보여주었다. 그것은 자본집약적인 스웨덴의 산업구조를 효과적으로 합리화함으로써 효율성을 증대시킨 결과였다(Jörberg and Krantz 1976, 422-423). 그러나 과대평가된 통화가치를 유지하기 위해 지속해야 했던 디플레이션 정책으로 인해 스웨덴 경제는 지속적인 성장세에도 불구하고 만성적인 고실업에 시달려야 했다.

노르웨이는 금본위제도로 복귀하기 위해 스웨덴이나 다른 유럽 국가들에 비해 더 많은 시간과 비용을 들여야 했다(Hodne 1983, 29). 노르웨이의 금본위제도 복귀는 1928년에 이루어졌다. 이를 위해 노르웨이 정부는 특히 1924년 이후 엄격한 긴축정책을 일관되게 시행해야 했다. 1920년 노르웨이은행(Norges Bank) 총재에 취임했던 리그(Nicolai Rygg)가 디플레이션 정책 수행에서 중심적인 역할을 수행했다. 그는 1920년대 노르웨이 소수내각들이 극도로 짧은 지속 기간을 보이며 빈번하게 교체되는 가운데 중앙은행 총재직을 유지하면서 국가경제의 흐름에 막강한 영향력을 행사했다(Hodne 1983, 30-32; Derry 1973, 305-308). 1920~22년 사이 노르웨이에 닥쳤던 경기침체를 리그는 금융지출 확대를 통해 극복하려고 했지만 이 시도는 실패로 끝났다. 그 결과 노르웨이 화폐 크로네(*krone*)는 1924년까지 파운드화(貨)에 비해 75%, 달러화(貨)에 비해 93% 평가 절하되었다(Hodne 1983, 31-32). 이처럼 급락했던 통화가치를 회복시켜 금본위제도로 복귀하기 위해 그야말로 가혹한 디플레이션 정책이 시행될 수밖에 없었다. 1928년 마침내 금본위제도로 복귀했을 때 노르웨이 경제는 성장의 지연, 금융과 산업의 전반적인 피폐, 실업률과 개인부채의 급증 등 심각한 어려움에 직면하게 되었다.[5] 그로부터 2년 후 대공황의 충격파가 본격적으로 노르웨이에 휘몰아쳤을 때 노르웨이는 유럽의 다른 국가들보다 훨씬 혹독한 고통을 감내해야 했다.

디플레이션 정책의 주된 희생자는 노동자와 농민이었다. 양국 노동자들은 1920년대 내내 임금삭감과 실업의 위협에 시달려야 했다. 농민들은 줄어드는 소득과 늘어나는 부채로 고통을 받았다. 이처럼 만성적인 어려움을 겪고 있던 노동자와 농민들을 엄습한 대공황은 그야말로 이들의 멍든 다리를 몽둥이로 내리치는 격이었다.

보수당과 자유당 정부의 고용정책은 실업률과 임금수준의 반비례 관계에 관한 자유주의적 확신에 기초하고 있었다. 이들은 정부가 개입하는 것보다 노동자들이 임금삭감에 동의하는 것이 일자리를 늘리는 지름길이라고 믿고 있었다(Jörberg and Krantz 1976, 436). 물론 양국 정부가 1920년대에 늘어나는 실업에 대응하는 조치를 전혀 취하지 않은 것은 아니다. 노르웨이는 1906년에 이미 자발적인 실업보험제도를 도입했다. 이 보험에 대한 공공부담 비율은 1915년까지 절반 수준에 도달해 있었다. 그러나 보험 가입에 강제성이 없었기 때문에 대부분의 노동자들은 이 제도의 혜택을 받지 못했다. 스웨덴은 사회민주 지배체제가 확립될 때까지 실업보험제도를 도입하지 않았다. 그 대신 자유・사민 연립정부는 1916년 실

5) 1924~27년 사이 연간 기업파산 규모는 866건에서 1,292건으로 늘었다. 또 같은 기간 담보대출 상환 불이행으로 농지를 은행에 넘겨 준 사례 역시 연간 12,575건에서 15,614건으로 늘었다. 1927년 실업률은 25%에 이르렀다. 1919~30년 사이 사(私)금융기관의 수는 195개에서 145개로 줄어들었다. Galenson(1949, 166)과 Hodne(1983, 32) 참조.

업자 구제를 위한 공공사업 대책을 마련했는데, 이 대책이 이때 이후 스웨덴 정부 실업정책의 근간이 되었다. 따라서 1920년대에 늘어나는 실업자들에게 스웨덴 정부가 제공해 주었던 것은 공공구제사업이었다. 그러나 우파정부들은 유연한 노동시장 상황을 필요로 했던 도시와 농촌의 고용주들을 위해 공공구제사업 규모를 억제했을 뿐 아니라 그 임금수준을 민간 노동시장에 비해 훨씬 낮게 책정했다. 사민당은 지속적으로 사업규모를 늘리고 임금수준을 높이라고 요구했지만 우파 소수내각은 들으려 하지 않았다. 1921년과 24년 두 차례 들어섰던 사민당 소수내각 역시 고용정책을 둘러싼 의회 내 분쟁으로 각각 2년을 채 넘기지 못하고 붕괴했다.6)

자유당과 보수당 내각의 실업에 대한 소극적 대응은 고용주들의 적극적인 임금삭감 노력과 맞물려 양국 노동자들을 만성적 실업과 임금하락이라는 궁지로 몰아넣었다.7) 그 결과 장기적인 파업과 직장폐쇄의 물결이 이 시기 양국 노사관계의 특성이 되었다. 사실 이 투쟁 덕택에 노동자들은 실질임금을 방어해 낼 수 있었다. 1920~30년 사이 산업노동자들의 시간당 실질임금은 스웨덴과 노르웨이에서 각각 21%와 17% 상승했다(Galenson 1949, 18; Galenson 1952b, 287).

사실 임금보다는 실업이 양국의 노동조합과 개별 노동자들을 갈수록 힘들게 만들었다. 대공황은 고용사정을 극한상황으로 몰고

---

6) 스웨덴과 노르웨이 고용정책의 발달과정에 관해서는 Kuhnle(1981)과 Alber(1981) 참조. 고용정책을 둘러싼 양국 정당 간의 갈등에 관해서는 특히 Söderpalm(1975, 262-263) 참조.

7) 노르웨이의 명목임금은 1920~31년 사이 40% 감소했다. 스웨덴의 명목임금은 1920~30년 사이 26% 감소했다(Galenson 1949, 174; Galenson 1952b, 287).

갔다. 1930년 12월 노르웨이와 스웨덴의 조직노동자 중 25.5%와 22.3%가 실업상태에 있었다. 실업률이 가장 높았던 1932년 12월 그 비율은 42.4%와 31%에 달했다(Björgum 1974, 257). 정확한 통계자료는 존재하지 않지만 미조직노동자의 실업률은 분명 훨씬 더 높았을 것이다(Derry 1973, 309). 이처럼 살인적인 실업상태에서 허덕이던 노동계급의 고통이야말로 양국 사민주의 정당으로 하여금 마침내 정통 사회주의 노선을 포기하게 만들었던 주된 요인이었다.

1920년대 말 스웨덴과 노르웨이가 겪었던 농업위기는 대공황의 엄습과 함께 재앙의 수준으로까지 악화했다. 당시 포화상태에 도달했던 세계 농업시장 상황이 그 구조적인 원인이었다면, 양국의 우파 내각이 지속했던 디플레이션 정책은 농민들을 파산상태로 몰고 갔다(Aldcroft 1977, 218-38; Kindleberger 1986, 70-94).

신대륙에서 생산된 값싼 곡물의 수입이 늘어나자 양국의 양곡생산자들은 심대한 타격을 입었다. 한편 축산품과 낙농제품의 국내 생산은 늘어났지만 이에 대한 해외수요는 오히려 격감했다. 그 결과 농가소득은 급락하고 부채는 격증했다.

1925~34년 사이 노르웨이가 해외에서 밀과 귀리를 수입한 규모는 연간 35~41만 톤에 달했다. 스웨덴의 밀과 귀리 수입 역시 1927년 이후 급증해 1929년에는 38만 2천 톤에 이르렀다(Pedersen 1974, 177). 1925~31년 사이 국내 옥수수 값은 노르웨이와 스웨덴에서 각각 66%와 24% 떨어졌다(Pedersen 1974, 190).

축산농가의 어려움도 경작농가 못지않았다. 축산품과 낙농제품의 해외수요는 격감했다. 스웨덴 낙농제품의 수출비중은 1929~32년 사이 48%에서 25%로 감소했다. 영국과 독일에 대한 낙농제품 수출규모가 절반 이하로 줄어든 탓이었다. 노르웨이 낙농제품의 해외시장 의존도는 스웨덴만큼 크지는 않았지만 1932~35년 사이 수출비중은 13.5%에서 2%로 급락했다(Pedersen 1974, 175, 191). 대외 수출 격감은 내수시장의 가격하락을 부추길 수밖에 없었다. 예컨대 1925~32년 사이 버터 가격은 노르웨이와 스웨덴에서 각각 59%와 40% 하락했다(Pedersen 1974, 191).

농업 이외의 1차산업 역시 과잉생산과 가격하락에 따른 위기에서 벗어날 수 없었다. 노르웨이 수산업계는 세계 수산물시장의 호황을 적극 활용하기 위해 전쟁 기간과 그 직후에 어선과 어획장비에 막대한 투자를 집중시켰다. 그 결과 노르웨이 수산업은 1920년대 내내 만성적인 과잉생산 상태에 빠졌다. 1921년 노르웨이가 주류(酒類)의 수입을 금지하자 남유럽의 포도주 생산국들은 이에 대한 보복으로 노르웨이 수산물의 수입을 금지했다. 1920~30년 사이 노르웨이의 어획고는 2배로 늘었지만 수산물의 금전 가치는 오히려 줄어들었다(Hodne 1983, 48-50).

농산물의 과잉생산과 가격폭락은 농가소득의 감소와 부채의 급증으로 이어졌다. 노르웨이 중농(中農)의 순소득은 1919년 에이커당 230.18크로네에서 1927년 에이커당 0.76크로네로 격감했다. 1927~32년 사이 이들의 순소득은 0.76크로네에서 30.12크로네 사이에 머물러 있었다(Derry 1973, 309). 1914~32년 사이 노르웨이 농민의 총부채비율은 72% 증가했다. 1932년 노르웨이 중농과 소농의 총부채는 각각 농가자산의 44.5%와 50%에 달했다. 중 · 소농의 24%는 부채규모가 자기 자산의 75%를 상회했다. 부채규모가 자기 자산가치를 넘어섰던 농민도 전체 중 · 소농의 10%를 넘었다(Hveding 1979, 326-327). 이들 중 상당수는 자신의 농지를 강제로 팔아넘겨야 했다. 담보로 잡힌 농지의 강매 규모는 1923년 2천 건에서 1927년 3천 건으로, 다시 1932년에 7천 건으로 늘어났다(Derry 1973, 308; Hodne 1983, 77). 스웨덴의 상황 역시 노르웨이와 크게 다르지 않았다. 1933년 스웨덴 농민의 부채규모는 전체 농업자산의 41.6%에 이르렀으며 부채의 64.4%가 농지를 담보로 잡힌 상태였다(Pedersen 1974, 179).

과대평가되었던 화폐가치를 유지하기 위해 우파 내각이 디플레이션 정책을 지속하지만 않았다면 양국 농민의 이와 같은 고통은 훨씬 완화될 수 있었을지도 모른다. 양국 농업은 이처럼 엄청난 위기상황에 빠져들었지만, 보수당과 자유당 내각은 "유능한 농민은 가격하락에 잘 대처할 수 있어야 한다며 자구(自救)의 복음만을 설교했다"(Derry 1973, 308). 양국 보수당 내각이 농업위기에 대응해 몇 가지 제한된 조치를 취하기는 했다. 그러나 그 조치는 다른 정당의 반대로 무산되었거나 그렇지 않으면 효과가 극히 일시적이었던 응급처방에 불과했다. 예컨대 1929년 스웨덴 보수당 내각은 설탕에 대한 수입관세를 도입하려 했지만 사민당과 자유당의 반대로 무산되었다. 보수당 내각은 그 다음 해 곡물에 대한 수입관세 부과를 시도했지만 역시 좌절했다. 보수당 내각이 타협책으로 간신히 관철시킬 수 있었던 조치는 모든 제분소로 하여금 수입 곡물을 제분할 때 일정량의 국산 귀리와 밀을 의무적으로 섞도록 한 것이었다(Rustow 1955, 99-100; Söderpalm 1975, 266).

노르웨이의 보수당 내각은 농민당과 힘을 합쳐 1926년 곡물에 대해 제한된 수입관세를 부과했다. 또 전시에 임시로 채택했던 정부의 양곡거래 독점권을 전쟁 이후에도 지속시키는 한편 국산 곡물을 수입 곡물보다 비싼 가격에 매입해 주었다. 그러나 이 조치는 농가의 비용을 국가재정으로 삭감해 주었던 것이 아니라 도시소비자의 부담으로 전가시키는 조치였다(Dahl 1987, 302). 1930년 노르웨이 보수당 내각은 농업협동조합에 국산 농산품에 대한 독점거래권을 부여했다(Hodne 1983, 77). 농업위기에 대한 노르웨이 보수당의 대응방식은 이처럼 농민의 자구노력을 지원하되 농민의 고통 일부를 도시소비자에게 전가시킴으로써 디플레이션 정책의 근간을 허물어뜨리지 않으려고 했다. "정부관료들은 농업의 수익성에 관해 설왕설래했지만 정작 농민들에게 절실했던 것은 정부의 보조금이나 이전금이었다"는 호드네(Hodne 1983, 53)의 언급은 당시 보수당 정부가 사태의 심각성을 제대로 파악하지 못하고 있었음을 지적한 것이다. 농민들이 원했던 것은 부채를 줄여 줄 수 있는 정부의 조치였지만 보수당과 자유당은 이를 완강하게 거부했다. 마침내 1929년부터 노르웨이 노동당은 농가부채 탕감을 요구하는 농민당의 투쟁에 가세했다. 1932년에는 자유당마저 이에 동참했다. 그러나 이 무렵에는 혹독한 농가부채 때문에 프롤레타리아 상태로 전락했던 소농들이 빠른 속도로 노동당과 결속하고 있었다(Hveding 1979, 328-331).

위기에 처한 농민들의 첫 대응은 자구(自救)를 위한 조직을 강화하는 것이었다. 스웨덴에서는 1917년 농업생산을 증진하고 농가이익을 보호할 목적으로 조직되었던 범스웨덴농업협회(Sveriges allmänna landbrukssällskap)가 1929년 대대적인 조직혁신을 단행한 다음 대토지 소유주의 이익을 보호하기 위해 투쟁을 개시했다(Pedersen 1986, 184-185). 범스웨덴농업협회가 재조직되기 불과 사흘 전에는 전국농민연맹(Riksförbundet Landsbygdens Folk)이라는 새로운 전국 조직이 결성되어 중·소농의 이익 보호를 결의했다(Pedersen 1986, 195-196; Carlsson and Rosén 1980, 525). 전국농민연맹은 결성 당시부터 강하게 지역의 노동조합과 연대해서 투쟁하려는 경향을 보여주었다(Söderpalm 1975, 272-273). 1930년대 초에는 각 지역 단위의 협동조합이 빠른 속도로 연합해 도(道) 단위 조직과 전국 조직을 결성했다. 1932~33년 사이 양계, 낙농, 축산, 임업 협동조합이 각각 전국 조직 결성을 완료했다(Pedersen 1986, 181-182; Carlsson and Rosén 1980, 515). 그 결과 스웨덴 농민들은 대단히 포괄적이며 강력한 이익집단 조직을 갖추게 되었으며, "그들의 단결과 의식수준은 오직 노동운동에만 견줄 수 있었다"(Söderpalm 1975, 269).

노르웨이의 단위 농업협동조합도 1929년 이후 신속하게 전국 조직을 결성해 갔다. 1930년대 초 축산 및 유제품, 양계, 과일, 야채 농협이 각각 전국 규모 조직을 완료했다(Pedersen 1986, 181-182; Hodne 1983, 77-78). 전술한 바와 같이 프롤레타리아화한 소농과 그 조직체인 노르웨이소농연합(*Norsk bonde-og småbrukarlag*)은 빠른 속도로 노동당과 결속했다. 1932년 강제로 매각되었던 농지의 90%는 소농 소유 농지였다. 소농이 노동당과 유달리 강하게 결속해 있었던 노르웨이 동부에 농지 강매는 집중되었다(Hodne 1983, 77).

노르웨이에서 일부 중농(中農)의 분노는 좋지 않은 방향으로 분출되었다. 1931년 농민위기구조대(Bygdefolkets Krisehjelp)라는 조직이 비교적 부유한 농민을 중심으로 결성되었는데, 불과 2년 만에 1만 2천 명의 회원을 끌어들였다. 1933년 총선에서 농민위기구조대는 퀴슬링(Vidkun Quisling)이 이끌었던 노르웨이 파시스트 정당인 민족연합(Nasjonal Samling)의 농촌 조직기반이 되어 주었다(Derry 1973, 320-323). 이 사건은 농민당과 농민연합(Norges Bondelag) 내부에 민족연합과의 제휴 여부를 둘러싸고 심각한 긴장과 갈등을 조성했지만, 결과적으로 농민당과 노동당의 연대를 촉진시켰다.

이처럼 스웨덴과 노르웨이의 농업위기는 농민조직을 강화시켰지만, 정작 중요한 변화는 오히려 농민들의 머릿속에서 일어나고 있었다. 농민들은 자신들의 물질적 이익이 도시소비자들의 이익과 긴밀하게 얽혀 있음을 깨달아 가고 있었다. 특히 수출지향적인 낙농업과 축산업에 종사하던 농민들은 이미 과포화상태에 이른 해외시장을 포기하고 거의 전적으로 국내소비에 의존할 수밖에 없는 상황이었다. 이들이 도시소비자들의 구매력에 관심을 집중시키게 된 것은 어쩌면 당연한 결과였다. 전국 규모의 조직을 갖춘 농업협동조합이 특히 도시소비자들의 구매력을 증진시켜야 한다는 주장에 갈수록 귀를 기울였다(Söderpalm 1975, 268-269). 그 결과 농민과 도시노동자 사이에 조성돼 있던 오랜 적대감이 점차 누그러졌다. 그러나 농민과 노동자 사이의 불신을 완전히 걷어내고 새로운 연대의식을 심어 주기 위해서는 이들이 당면한 고통을 동시에 해소시켜 줄 수 있는 구체적인 해결책이 필요했다. 이 해결책은 양국 사민정당이 정통 사회주의 노선을 대체할 이념적 · 전략적 돌파구를 찾지 않는 한 제시될 수 없었다.

제2절 전략적 돌파구와 노농연합

사회민주 정당이 정통 사회주의 노선을 고집하는 한 노동자의 지지를 극대화할 수 없을 뿐 아니라 다른 계급과의 연합 역시 근본적으로 불가능했다. 따라서 사회민주 정당이 사회화와 계획경제라는 정통 사회주의 원칙을 표방하던 모든 민주국가에서 그들은 노동계급의 실제 규모와는 무관하게 예외 없이 소수정당으로 남을 수밖에 없었다. 스웨덴과 노르웨이 사민정당 역시 사회화에 집착하는 한 농민과 노동자의 지지를 결합시킬 수 없었다. 이미 전술한 바 있듯이 노르웨이 노동당과 스웨덴 사민당은 각각 1902년과 1911년에 일찌감치 중소 규모의 가족농을 사회화의 대상에서 제외시켰다. 그러나 사민정당이 사회구조의 근본적인 변혁을 추구하는 한 재산과 사회적 지위에 대한 농민의 불안감을 씻어 줄 수 없었다. 정통 사회주의 노선을 포기하지 않고는 노동계급의 정치적 동원도 계급 연합도 불가능했다. 1920년대의 좌절을 거치면서 양국 사민정당은 이 사실을 통절하게 깨달았다. 1920년대의 좌절이 그들에게 무엇을 포기해야 할지 가르쳐 주었다면, 대공황과 경제적 고통은 그들에게 사회민주 지배체제로 나아갈 방향을 제시해 주었다.

1. 스웨덴

스웨덴 사민당은 1920년대 세 차례 소수내각을 구성했다. 1920년 3월에 구성했던 첫 단독 내각은 그 해 총선에서 사회화를 공약으로 제시했던 사민당이 패배함에 따라 7개월 만에 막을 내렸다. 사민당의 두 번째 내각(1921~23)과 세 번째 내각(1924~26)은 고용정책을 둘러싼 우파정당과의 충돌로 붕괴했다(Tingsten 1973, 250-52, 259-262).

1920년 총선에서 패배한 이후 사민당은 의도적으로 사회변혁을 요구하는 목소리를 낮추고 보수당과 자유당 내각의 디플레이션 정책으로 고통받는 노동자들의 당면문제에 관심을 집중시켰다. 그러나 사민당이 의회 내에서 소수세력으로 머물러 있는 한 노동계급의 고통을 경감해 주기 위해 실제로 할 수 있는 일은 거의 없었다. 그럼에도 불구하고 사민당이 노동자들이 당면한 물질적 문제에 관심을 기울였다는 사실만으로도 1921년과 24년 총선에서 도시노동자들의 동원에 힘입어 의석을 늘릴 수 있었다(<표 1-2> 참조).

1920년대 중반 스웨덴 사회주의 진영에 두 가지 중요한 변화가 일어났다. 1917년 사회민주좌파당을 결성해서 이탈했던 급진세력 상당수가 사민당으로 복귀했으며 사민당 리더십에도 중요한 변화가 일어났다. 1921년 사회민주좌파당 다수가 코민테른의 지시에 따라 당명을 공산당으로 바꾸자 당내 온건파들은 1923년 사민당으로 복귀했다. 이때 이후 공산당은 내부에서 격화된 노선 갈등으로 당력이 쇠퇴해 갔고, 또 많은 온건한 지도자들이 공산당을 떠나 속속 사민당으로 복귀했다(Rustow 1955, 87-88). 한편 1925년 사민당의 1세대 지도자였던 브란팅(Hjalmar Branting)과 토르손(Fredrik Thorsson)이 사망함에 따라 당내의 보다 젊고 보다 개혁적인 지도자들이 당의 전면에 나서게 되었다. 산들러(Rickard Sandler), 한손(Per Albin Hansson), 위그포르스(Ernst Wigforss), 운덴(Östen Undén), 묄러(Gustav Möller) 등이 그들이었다(Scott 1977, 485). 1세대 지도자들은 자유당과 연대해 정치적 민주주의를 쟁취했다. 이후 이들은 당 노선을 정통 사회주의에 고정시키고 부르주아 정당과 비타협적인 투쟁을 지속해 왔지만 당은 무기력한 소수세력으로 남아 있을 수밖에 없었다. 1920년대 중반 전면에 등장한 새 지도자들에게 전략적 돌파구를 찾아서 지배체제를 확립할 과제가 주어졌다.

그러나 사민당은 1920년대 후반까지 정통 사회주의를 대체할 새로운 사회경제 정책노선을 찾지 못하고 있었다. 당의 새 지도자 한손(Per Albin Hansson)은 1927년 "실업은 현재의 생산양식과 그 유일한 대안인 사회화를 진지하게 검토할 것을 요구한다"며 정통 사회주의 노선에 대한 변함없는 신뢰를 공식 표명했다(Tingsten 1973, 264에서 재인용). 그 결과 사회화를 둘러싼 오랜 대결이 1928년 총선에서 재연되었다. 이 총선이야말로 스웨덴에서 정통 사회주의 노선이 정통 자유주의 노선과 정면으로 충돌한 마지막 정치적 결전장이었다. 사민당은 이 선거에서 숲과 광산, 폭포 등 천연자원의 사회화와 상속세율의 대폭 인상, 산업민주주의 확립, 금융기관의 국유화 등 부르주아 정당과 결코 타협할 수 없는 요구사항을 내걸었다(Tingsten 1973, 273). 좌·우 양 진영의 정면충돌과 열띤 선거운동 덕분에 투표율은 이전의 53%에서 67.4%로 증가했다(Flora 1983, 142). 선거는 사민당의 완패로 끝났다. 이 선거에서 사민당의 득표율은 4% 이상 감소했으며 의석은 14석이나 줄었다(<표 1-2> 참조). 사민당의 패배는 과거 지지 세력이 등을 돌린 때문이 아니었다. 사민당의 노동계급 지지·동원능력이 부르주아 정당의 유산계급 지지·동원능력에 훨씬 미치지 못했던 것이 패배의 주된 원인이었다.[8)]

1928년 총선에서 패배한 후 사민당은 본격적으로 전략적 돌파구의 모색에 나섰다. 같은 해 당 지도자 한손은 '인민의 집'(*folkhem*)이라는 새로운 이념을 제시했다. 이 새 이념은 사회주의 이상을 표방

8) Särlvik(1974, 391)의 추정에 의하면 사회 상류층과 중류층 남성의 투표참여율은 84.7%와 75.7%에 달했으며, 여성의 투표참여율도 각각 83.4%와 66.9%에 달했다. 이에 반해 노동계급의 투표율은 남성 69.4%와 여성 58.1%에 머물렀다.

했지만 사회화에 관해서는 침묵을 지켰다. 오래지 않아 이 이념은 민주주의를 사회적 영역으로 확산시키려는 사민당의 노력으로 구체화되어 갔다(Tingsten 1973, 280; Hentilä 1978). 이듬해 린드스트룀(Richard Lindström)은 당 기관지(Tiden)에 발표한 논문에서 당의 사회적 기반을 노동계급보다 더 넓혀 득표력의 도약을 이루어야 한다고 주장했다(Tingsten 1973, 279). 그러나 스웨덴 사민당은 대공황이 발발하고 나서야 비로소 선략적 돌파구를 찾을 수 있었다.

공황은 사민당 내부에 경제위기의 본질과 이에 대한 당의 대응 방향을 둘러싸고 격렬한 논쟁을 불러일으켰다.

> 작금의 위기는 정녕 자본주의의 사망이 임박했음을 알리는 징후인가? 자본주의가 위기에 봉착했지만 붕괴하지는 않을 것인가? 만약 자본주의가 붕괴하지 않는다면 우리의 적극적인 위기 대응정책이 오히려 자본주의의 수명을 연장시키는 데 기여하지 않겠는가?

당내 논쟁의 초점은 사민당이 자본주의 붕괴를 목표로 정통 사회주의 노선을 강화시켜야 할 것인지, 아니면 노동계급이 직면한 고통을 완화시켜 주기 위해 적극적으로 위기대응 정책을 추진해야 할 것인지에 맞춰졌다(Tingsten 1973, 285-286). 두 주장의 타협점은 발견되지 않았지만 최소한 한 가지 관점은 공유하고 있었다. 즉 두 주장 모두 정통 자유주의에 입각한 디플레이션 정책에는 반대했다. 당 노선을 둘러싼 논쟁은 실업으로 인한 노동자들의 고통이 절정에 달했던 1931년 후반까지 계속되다가 마침내 원(原)케인즈주의 노선이 마르크스주의 노선을 제압했다. 그 해 가을 사민당은 경제위기 극복을 위한 구체적인 정책을 입안하기 위한 위원회를 발족

시키고 위원장에 위그포르스(Ernst Wigforss)를 임명했다(Tingsten 1973, 286).9)

1932년 스웨덴 사민당이 발표했던 위기대응 프로그램은 "긴축하고자 하는 일반적 강박관념이 위기를 호전시키기는커녕 오히려 위기를 악화시키고 있다"(Tingsten 1973, 306에서 재인용)는 위그포르스의 확신에 기초하고 있었다. 사민당 프로그램은 국가가 적극적으로 공공사업 프로그램을 확대해서 고용을 자극하고 구매력을 증대시킬 것을 제안했으며, 그 경비는 국채 발행과 세수 증대를 통해 충당하도록 했다. 농업위기에 대한 사민당 프로그램은 수입 농산품에 대한 고율관세 부과는 상대적으로 부유한 농민들에게만 혜택이 돌아가므로 반대하는 대신 중·소농을 지원하기 위한 현금대여 확대를 제안했다. 프로그램은 특히 모든 계층의 농민들에게 노동자와 농민이 상대방의 구매력 증가에 물질적 이익을 크게 의존하고 있다는 사실을 인식시키는 데 주력했다(Tingsten 1973, 286-290; Söderpalm 1975, 267).

사민당의 위기대응 프로그램 발표는 스웨덴 정당정치의 분수령이 되었다. 그것은 좌·우 정당 간의 대결구도를 정통 사회주의 노선과 정통 자유주의 노선 간의 비타협적인 대결에서 개입주의적 경기부양 정책과 시장 자유주의적 긴축정책 간의 대결로 바꾸어 버렸다. 1932년 총선은 이 새로운 정책대결 구도를 바탕으로 치러졌다. 사민당의 득표전략은 당 대표 한손의 다음과 같은 발언에 명료하게 표출되었다.

---

9) 스웨덴 사민당의 이념과 정책노선의 역사에서 위그포르스가 차지하는 위상에 관해서는 특히 Tilton(1979) 참조.

우리 자신감의 근거이자 우리 승리의 원동력은 이제 더 이상 급진적 연설이나 요란한 호소가 아니다. 우리는 이제 인민의 일상생활 속에 관심사로 제기된 문제에 대한 실질적인 해결책을 제안하고자 한다(Tingsten 1973, 289에서 재인용).

이 선거에서 사민당은 잃었던 의석 14석을 되찾았으며 득표율은 41.7%로 상승했다. 농민당의 의석 역시 36석으로 증가했다. 이로써 농민당은 의석규모 면에서 원내 제3당이 되었다. 따라서 선거결과는 보수당과 자유당이 펼쳤던 디플레이션 정책에 대한 유권자들의 심판의 성격을 띠었다. 선거에서 승리한 사민당이 또다시 소수내각을 구성했을 때 정치환경은 1920년대 상황과 사뭇 달랐다. 달라진 정치환경의 중심에는 물론 사민당의 정책노선 전환에 따른 정당 간 대결구도의 변화가 자리 잡고 있었다. 사민당 프로그램의 근본적인 논리는 노동자와 농민의 이익이 상호 보완적일 수 있다는 것이었다. 즉 정부가 적극적인 고용 프로그램을 실시해 도시노동자의 구매력을 늘려 준다면 농산물에 대한 내수시장의 규모 역시 덩달아 늘어나리라는 것이었다. 위그포르스의 언급처럼 "사민당과 농민당이 경제위기 대응방향으로 합의한 것은 경기부양을 위한 팽창주의 정책노선을 실업문제뿐 아니라 농업문제 역시 해결할 수 있는 방향으로 관철시키는 것이었다"(Tingsten 1973, 311에서 재인용).

전술한 바 있듯이 전국 단위로 조직을 강화한 농업협동조합이 이 정책논리를 적극적으로 받아들였다. 농민당 내부에서는 1932년 선거 이후 원내 집단의 압도적 다수를 차지했던 젊은 의원들이 사민당의 이와 같은 설득에 적극 동조했다. 농업위기에 대한 부르주아 내각의 무관심 혹은 소극적인 처방에 실망하고 분노했던 이들은 올슨(Olof Olsson)이 이끄는 당내 보수적인 노장파들의 반대를 무릅쓰고 사민당과의 협상에 들어갔다. 스코네(Skåne) 농협의 젊은 지도자 페르손(Axel Pehrsson)과 웨스트만(K.G. Westman) 교수가 농민당 협상 팀을 이끌었다(Carlsson and Rosén 1980, 555).[10)]

'암소교역'(*kohandeln*)이라는 별칭이 붙은 역사적 합의는 1933년 5월 27일 성사되었다. 스웨덴 농민과 노동자를 정치적으로 대표하던 농민당과 사민당이 적대관계를 청산하고 적록동맹에 합의함으로써 사민당 지배체제 확립을 향한 길은 열렸다. 사민당 정부는 정규 노동시장 미숙련노동자의 임금수준에 맞먹는 임금을 지급하는 공공근로사업을 대폭 확장해 노동자의 실업문제를 해결하겠다고 제안했으며 농민당은 이에 동의했다. 이 동의에 대한 대가로 사민당 정부는 농산물가격을 유지하기 위한 다양한 조치를 도입하고 또 농가보조금을 즉시 지출하겠다고 약속했다. 또 비록 내키지는 않았지만 사민당 정부는 부유한 농가의 불만을 달래기 위해 수입곡물에 대한 관세장벽을 강화하는 데 동의했다(Tingsten 1973, 309-312).[11)]

1934년 열렸던 농민당 전당대회는 거의 만장일치로 페르손을 당의 새 지도자로 선출함으로써 사민당과의 적록동맹을 적극 추인했다(Hadenius 1978, 128; Rustow 1955, 106). 이때 이후 "시간이 거듭될수록 사민당 정부는 농작물가격에 대한 규제를 더욱 확대하고 또 스

10) 사민당과 농민당이 벌인 협상에 관한 자세한 서술은 특히 Lewin (1985, 179-184) 참조.

11) 스웨덴의 밀과 귀리의 수입규모는 1932년 22만 톤에서 이듬해 5만 5천 톤으로 줄었다(Pedersen 1986, 177).

웨덴 농민들이 내수시장을 독점할 수 있도록 농업정책을 조정하고 새로운 조치를 내놓았다"(Tingsten 1973, 312). 이처럼 적극적인 농업정책을 통해 농민과 농민당의 지지를 굳건히 다진 사민당은 노동계급의 고통을 덜어 주고 또 정치적으로 이들의 지지를 확대하고 강화하기 위한 일련의 정책을 과감하게 집행했다. 공공근로사업을 적극 확충하고, 1934년에는 의무적 실업보험제도를 도입했다. 1935년에는 노령연금 액수를 대폭 인상했으며, 1936년에는 농업노동자의 노동시간을 규제하는 법률을 채택했다(Carlsson and Rosén 1980, 557-558).

1933년 여름 이후 스웨덴 경제는 급속하게 침체에서 벗어났다. 1929~32년에 스웨덴의 GDP는 연평균 3.8% 하락했으나, 1932~36년 사이 GDP는 반전해서 연평균 6.9% 상승했다. 실직자는 1933년 16만 4천 명에서 1936년 3만 6천 명으로 줄었다(Flora 1987, 393; Tingsten 1973, 311). 물론 이와 같은 경기회복은 사민당 정부의 적극적인 경제회복 정책이 주효했다기보다는 국제경기의 전반적인 회복세에 더 힘입은 결과였다.12) 그러나 경제회복의 실제 원인이 무엇이었든 그 정치적 과실은 고스란히 사민당의 몫으로 돌아갔다. 1936년 총선거에서 사민당의 득표율은 45.9%로 늘었고 원내의석은 230석 중 112석으로 늘어났다. 주목할 만한 것은 농민들의 사민당에 대한 지지가 급증했다는 점이다.

레윈의 추정에 의하면 1936년 선거에서 농민 표의 절반은 농민당으로 갔다. 그 나머지 중 절반은 놀랍게도 사민당으로 갔으며, 보

12) 1930년대 초 사민당 정부가 펼친 경제정책의 특성과 그 효과에 관한 논의는 Gustafsson(1973), Winch(1966), Uhr(1973) 참조.

수당과 자유당은 남은 4분의 1을 나누어 가졌다. 사민당에 대한 농민의 지지가 보수당과 자유당에 대한 지지를 압도했던 것이다. 또 선거에 참여했던 농업노동자는 거의 모두 사민당에게 표를 주었다. 종합적으로 농촌인구의 80% 이상이 노동연합과 사민당 정권을 지지했던 것으로 추정된다(Lewin 1972, 144). 따라서 "우리 당이 스웨덴 농촌을 점령했다"(Söderpalm 1975, 276)는 사민당수 한손의 선거결과에 대한 평가가 과장된 것만은 아니었다.

1936년 총선 이후 결성된 사민·농민 연립내각은 사민당 지배체제를 노동자와 농민의 굳건한 사회적 지지기반 위에 올려놓았다. 1940년과 44년 총선에서 사민당은 원내 절대다수 의석을 확보함으로써 스웨덴 정치경제에 대한 배타적 지배력을 더욱 강화할 수 있었다.

2. 노르웨이

노르웨이의 노동연합 역시 노동당이 정통 사회주의 노선을 포기해야만 성립할 수 있었다. 정통 사회주의 노선의 정치 동원력 한계를 심각하게 느끼고 있었던 노르웨이 노동당은 격심한 경제위기와 노동계급의 고통을 목격하고 마침내 노선전략을 근본적으로 수정하기로 결심했다. 노르웨이 노동당의 노선전환은 스웨덴 사민당보다 더 폭이 컸고 또 그만큼 더 많은 시간이 필요했다(Björgum 1974, 271-273).

1927년 사회민주노동당이 노동당과 다시 합당함으로써 노르웨이 사회주의 진영의 3분 상태는 일부 봉합되었다. 노동당은 이미

당 강령에서 '프롤레타리아 독재'라는 구절을 삭제함으로써 사실상 혁명적 사회주의 노선을 포기했다. 그러나 자본주의 사회의 전면적 변혁은 여전히 노동당의 핵심 프로그램으로 남아 있었다(Galenson 1949, 68). 그 해 선거에서 노동당은 36.8%를 득표하고 원내의석 수를 두 배 이상 늘렸다. 노동당의 약진은 사회주의 진영의 통합에 기인한 바 컸다. 그러나 보다 큰 이유는 보수당과 자유당 내각의 긴축정책으로 고통받던 노르웨이 중·소농들이 정치적 지지를 대폭 농민당과 노동당으로 옮긴 데 있었다(Derry 1973, 313).

총선이 끝난 후 농민당과 다른 우파정당 간의 불화로 인해 우파 내각의 구성은 불가능했다. 그 결과 원내 최다수 의석을 장악한 노동당이 최초로 단독내각을 구성할 기회를 얻었다. 절대다수의 적대세력에게 둘러싸인 채 불안한 권좌에 올랐던 노동당 내각은 출범하자마자 강력한 사회주의 개혁법안을 의회에 제출했다. 그러자 보수·자유·농민 3당은 모처럼 힘을 합쳐 노동당 내각을 불신임 해버렸다. 이로써 노르웨이 노동당의 첫 내각은 18일 만에 붕괴했다(Rokkan 1966, 82).

이후 3년 동안 노동당은 당 노선을 둘러싸고 치열한 분파투쟁에 돌입했다. 당내 급진세력은 혁명을 통한 사회주의 실현을 고수했고 온건세력은 의회주의 노선을 옹호했다. 급진파는 엄격한 노동계급 동원전략을 고수했고 온건파는 지지기반 확대전략을 주장했다(Rokkan 1966, 82). 3년에 걸친 투쟁은 일단 급진파의 승리로 끝이 났다. 1930년 채택한 노동당 강령은 이에 따라 "소위 민주주의는 19세기부터 전승된 미신에 불과하다"(Bull 1956, 71에서 재인용)고 선언했다.

1930년 노르웨이 총선은 노동당의 혁명적 사회주의 노선과 부르주아 정당의 시장자유주의 노선의 최후 결전장이었다. 계급대립을 자극하는 치열한 선거운동의 결과 투표율은 보통선거 도입 이래 가장 높이 치솟았다(Flora 1983, 138). 이 선거에서 노동당의 득표율은 31.4%로 하락했고 12개 의석을 잃었다. 1928년 스웨덴 총선에서 사민당이 패배했을 때와 마찬가지로 노동당의 패배는 노동계급의 지지 확산 실패에 기인했다(Rokkan 1966, 82).

스웨덴 사민당이 그러했던 것처럼 1930년 총선 패배 후 노르웨이 노동당은 본격적으로 전략노선의 새 돌파구를 찾아 나섰다. 혁명적 사회주의 노선은 노동계급에게 좌절과 환멸만 심어 줄 뿐이라고 확신했던 당 지도부는 당 노선과 프로그램의 근본적인 재정립을 위해 의식적인 노력에 착수했다(Lorenz 1974, 12-14). 그리고 노동당으로 하여금 정통 사회주의 노선을 포기하고 개입주의 경기회복 정책을 채택하도록 한 것은 스웨덴 사민당의 경우처럼 대공황이었다. 노동당이 대공황이 초래한 참상에 직면해 당 노선을 수정할 수밖에 없었던 이유에 관해 당 소속 역사가 불(Edvard Bull)은 다음과 같이 기록하고 있다.

> 조직노동자의 42%가 일자리를 잃었고, 수천 명의 농민이 부채를 갚지 못해 크고 작은 농지를 강매당했으며, 생선과 목재 가격이 급락해 어민과 벌목 노동자들이 일용할 양식을 제대로 조달하지 못하게 되었을 때 노동계급 운동은 무엇보다 이 위기에서 빠져 나오는 길을 찾는 데 집중해야 했다. 노동당과 노동조합이 이러한 위기상황에 직면해서 이 어려움은 자본주의 체제가 가져다준 것이며 사회주의는 어느 장밋빛 미래에 이 모든 위기를 해소해 줄 것이라고 고상한 이론을 늘어놓는다는 것은 아무 소용없는 짓이었다. 노동운동

이 노동자들의 신임을 얻고 이들로부터 더 많은 지지를 얻으려면 위기로 인해 고통받고 있던 실업자와 다른 모든 이들을 구제할 수 있는 구체적이고 현실적인 방법을 지체 없이 찾아내야만 했다(Bull 1956, 72-73).

노르웨이 노동당의 새로운 정책노선의 골격은 스웨덴 사민당에 의해 이미 세시되어 있었다. 노동당은 특히 한손의 '인민의 집'(*folkhem*) 이념과 위그포르스의 구체적인 위기대응 프로그램에 이끌렸다(Lorenz 1974, 15, 52-55). 1932년 노르웨이 노동당과 LO가 "위기에 대한 노동자들의 요구사항"을 작성했을 때 그들은 스웨덴 사민당의 프로그램을 모방해 대규모 공공근로사업 시행과 소농에 대한 구제책을 요구했다. 이를 위해 그들은 3천 5백만 크로네에 달하는 특별예산 마련을 요구했고 또한 그 비용은 국방예산의 삭감, 환율인하, 조세확대, 국채발행 등으로 충당하라고 요구했다.13)

1933년 개최되었던 노동당 전당대회는 노동계급이 당면한 문제를 해결하기 위한 투쟁을 정당화한 새로운 행동강령을 채택했다. 이 전당대회는 노동당 노선을 결정적으로 혁명에서 개량주의로 전

13) 노동당과 LO의 프로그램은 3천 5백만 크로네를 다음과 같이 할당했다. 즉 도로와 철도 건설공사에 750만 크로네, 실업구제를 위한 다른 공공사업에 6백만 크로네, 소농을 위한 새 농지 조성사업에 650만 크로네, 영세 농어민의 부채규모와 이자부담을 덜어 주는 데 1천만 크로네, 청년들의 노동과 교육을 위해 150만 크로네, 건강보험 지원확대를 위해 150만 크로네, 그리고 선원들을 위해 150만 크로네를 할당했다. 따라서 이 프로그램이 지원대상으로 삼았던 계급은 노동자, 소농, 그리고 어민이었다. Lorenz(1974, 39-41) 참조.

환시켰다. 새 행동강령은 자본에 대한 규제와 통제를 강조했지만, 재산소유권에 대한 직접적인 언급을 회피함으로써 정통 사회주의 노선을 교묘하게 포기했다. 그 대신 행동강령은 적극적인 개입주의 정책을 통해 불경기에 대처하고 부르주아 정당의 긴축정책에 대항하겠다고 선언했다(Lorenz 1974, 16-17; Galenson 1949, 69).

1933년 총선거는 노동당의 적극적인 개입주의 정책노선과 보수·자유진영의 시장자유주의 노선이 대결하는 구도로 치러졌다. 이 선거에서 노동당이 내세웠던 선거구호 "모든 인민에게 일자리를!" (*Helle folket i arbeid!*)이야말로 당 노선의 근본적인 전환을 상징해 주었다. 노동당은 40.1%를 득표했고 하원의석 150석 중 69석을 획득했다. 당의 새 정책노선은 노동계급과 프롤레타리아화한 소농들의 지지를 효과적으로 동원해 냈다(Lorenz 1974, 40). 그러나 노동당이 획득했던 의석은 원내 전체 의석의 과반수에 미치지 못했으므로 정권을 장악해 개입주의 정책을 안정적으로 펼치기 위해서는 농민당의 지지가 또한 절실했다.

1차산업의 위기가 심화됨에 따라 프롤레타리아화한 영세어민과 영세소농들이 1920년대 말부터 노동당에 대한 지지를 확대해 가자 농·어민층 지지에 대한 노동당의 관심 또한 이에 비례해서 높아졌다(Rokkan 1966, 83-84). 노동당의 젊은 이론가 랑에(Halvard Lange)는 "계급이냐 인민이냐"(*Klasse eller folk*)와 "당과 농민"(*Partiet og bøndene*)이라는 중요한 논문 두 편을 각각 1930년과 32년 발표해 강하게 농촌과 농민에 대한 노동당의 관심을 촉구했다(Lorenz 1974, 13-14).

전술한 바 있듯이 노동당은 1929년부터 이미 농민당의 농가부채탕감투쟁에 가세해 왔다. 1934년 양당은 부채청산 방식에 관한 구체적인 합의안을 마련했으며, 이를 토대로 보다 포괄적이고 지속적인 연대의 가능성을 열었다(Hveding 1979). 이 무렵 노르웨이 농촌의 위기는 절정에 달해 중농과 영세소농의 구분 자체가 무의미할 지경에 이르렀다. 그 결과 농민당 소속 의원들 대다수가 노동당의 위기대응 프로그램과 농가부채 감소정책에 동조하게 되었다. 농민당 당수 훈드세이드(Jens Hundseid)는 "위기가 초래한 문제에 대처함에 있어 노동당과 근접점(*tilknytningspunkter*)이 존재한다"(Lorenz 1974, 40에서 재인용)고 밝힘으로써 농민당 내부의 정서를 대변했다. 이때부터 농민당수 훈드세이드와 노동당수 니야르스볼드(Johan Nygaard-svold)를 중심으로 대단히 조심스럽고 또 비공개적인 양당 협상이 시작되었고, 그 결과는 1935년 노르웨이 판(版) 역사적 대타협으로 결실을 맺었다.

주로 중농의 이익을 겨냥한 농업보조금 지급과 농산물 수입규제를 노동당이 약속해 준 대가로 농민당은 1935년 3월 노동당의 집권에 동의했다. 양당은 또 3천만 크로네에 달하는 위기예산 지출에 합의했다. 양당은 그 후 후속협상을 통해 노동당 정부로 하여금 농업, 임업, 수산업에 대한 추가지원 예산 3천 4백만 크로네를 집행하도록 했다(Lorenz 1974, 40-41; Derry 1973, 324). 노르웨이 합의의 핵심 내용은 스웨덴의 '암소교역'과 크게 다르지 않았다. 그리고 이 합의 역시 노르웨이에서 소수내각 시대를 청산하고 사민주의 지배체제의 시대를 열었다.

스웨덴이 그러했던 것처럼 노동당 내각이 펼쳤던 개입주의 정책이 노르웨이 경제회복에 미친 영향은 대체로 미미했다(Hodne 1983, 93-96; Hanisch 1978, 150-155). 그러나 호드네의 언급처럼 "경제가 전부는 아니었다. 심리적 측면에서, 그리고 보다 긴 시각에서 볼 때

니야르스볼드 내각은 진실로 분수령이었다. 개입주의 국가가 정부 역할에 관한 오래된 자유주의적 관념을 대체했던 것이다"(Hodne 1983, 97).

1936년 총선에서 노동당은 "인민을 위한 노르웨이!"(*Norge for folket!*)를 구호로 내걸었다(Lorenz 1974, 54). 노동당의 득표율은 42.5%로 늘었고 의석 역시 150석 중 70석으로 늘어났다. 농민당은 노동당과 제휴한 대가로 5석을 잃었다. 그러나 농민당이 확보했던 18석은 노동당 내각이 안정적으로 사회경제정책을 펼쳐나가는 데 충분했다. 농어민에 대한 정부보조금은 1935년 2천 8백만 크로네에서 1939년 5천 9백만 크로네로 늘어났다(Hodne 1983, 96). 노동당 내각은 또 농수산업협동조합의 권한을 대폭 늘려 주었다. 축산품 가격은 도시소비자들의 희생을 무릅쓰고 높은 수준에서 유지시켰다. 1938년부터 가공되지 않은 모든 생선류의 판매를 어민들이 독점했다(Derry 1973, 327).

이처럼 적극적인 농어민 지원정책을 통해 농어촌의 안정된 지지를 확보했던 노동당 내각은 노동계급의 삶을 향상시키기 위한 다양한 사회정책을 집행했다. 의료보험 적용범위가 대폭 확대되었고 노령연금 또한 대폭 늘어났다. 8시간 노동제를 농업노동자에게도 확대 적용하도록 했으며 산업노동자를 위한 의무적인 실업보험제도를 도입했다. 노동당 내각은 집권 4년 만에 국가예산에서 사회적 지출이 차지하는 규모를 2배로 늘렸다(Lorenz 1974, 49-52).

제2차 세계대전이 발발하고 노르웨이가 독일에게 점령당함에 따라 총선은 1945년까지 치러지지 않았다. 독일 강점기간 동안 런던에서 활동해야 했던 노동당 망명정부는 다른 정당과 긴밀히 협력하면서 독일과의 투쟁을 이끌었다. 마침내 1945년 독일이 물러나고 5개월간의 대연정 끝에 11월에 치른 전후 첫 선거에서 노동당은 원내 절대다수 의석을 획득했다. 노동당 지배체제는 이때 이후 1961년까지 굳건하게 유지되었다.

제3절 결 론

스웨덴과 노르웨이에서 1930년대 이루어졌던 적록동맹과 사회민주 지배체제 출현은 혹독한 경제위기 국면에서 양국 사민정당이 표방했던 경제회복을 위한 개입주의 정책노선이 부르주아 정당의 시장자유주의에 입각한 긴축정책과 비타협적인 대결을 벌인 역사적 결과물이었다. 이 대결에서 사민정당이 승리를 거둘 수 있었던 것은 정부의 적극적인 개입정책을 통해 국내 구매력을 강화하려는 혁신적인 경제논리를 개발했고, 또 이를 기초로 농민과 노동자의 물질적 이익을 성공적으로 조화시켰기 때문이다. 노동자와 농민을 결합시킨 혁신적인 계급연합은 그러나 양국 사민정당이 정통 사회주의라는 이념의 족쇄를 풀어 버리지 않는 한 성취될 수 없었다. 이들이 낡은 이념을 포기하고 새로운 전략적 돌파구를 마련했던 것은 정통 사회주의 노선으로는 계급연합은커녕 노동계급의 지지조차 제대로 동원할 수 없다는 것을 뼈저리게 자각했고, 또 대공황에 따른 하층계급의 고통을 목격했기 때문이다. 스웨덴 사민당과 노르웨이 노동당은 1930년대에 전략노선 수정을 단행하기 이전에 10년 이상 정통 사회주의 노선, 심지어 혁명적 사회주의 노선을 추구했다. 이 기간 동안 비사회주의 진영은 만성적인 분열과 불화상태에 놓여 있어 안정된 반사회주의 연합을 결성하는 데 실패했다. 게다가 보수당과 자유당 내각이 지속했던 긴축정책은 하층 농민과 노동자를 엄청난 경제적 고통 속으로 밀어 넣었다. 바로 이런 상황이 사민정당에게 계급연합과 지배체제 확립을 향한 전략적 돌파구를 마련할 기회와 가능성을 제공해 주었던 것이다.

스칸디나비아 노농연합과 사회민주주의 정권 출현에 관해 이 책과 분석의 관점을 달리하는 대표적인 것은 루버트(Luebbert 1987; Luebbert 1992)의 주장이다. 그에 따르면 스칸디나비아에서 노농연합이 가능했던 이유는 "사민정당이 당시 전략적 요구사항을 보다 잘 확보했기 때문이 아니라 그들이 농촌 프롤레타리아를 조직하려 하지 않았기 때문이다"(Luebbert 1987, 461-462). 스칸디나비아 사민정당이 채 기회를 잡기도 전에 농업노동자는 다른 정당에 의해 동원되었으며, 그 결과 사민정당은 농촌에서 계급투쟁에 휩싸이지 않고 중농들과 자유롭게 협상해 적록동맹을 결성할 수 있었다는 것이다.

루버트의 이와 같은 주장은 경험적 근거가 취약하다. 농업노동자들이 이 시기 노르웨이 노동당 전체 득표의 10%에 머물렀고 또 스웨덴 사민당 득표의 13%에서 25% 수준에 머물렀다는 그의 추정을 받아들인다 하더라도,[14] 이 추정에 근거해서 당시 농업노동자

14) 사실 이 추정도 받아들이기 쉽지 않다. 그의 추정치는 1920년대와 1930년대 노르웨이 농민들의 노동당 지지에 대한 로칸(Rokkan 1967, 429)의 분석에 의존하고 있는데 그는 사실 로칸의 농민층 분류를 잘못 해석하고 있다.

들이 다른 정당을 더 지지했다고 결론을 내리기는 쉽지 않다. 이 당시 노르웨이와 스웨덴 선거를 분석한 많은 문헌은 대다수의 농업노동자가 투표에 불참했다고 결론내리고 있다(Lewin 1972; Särlvik 1974; Rokkan 1967; Valen and Katz 1966). 특히 농업위기가 극심해지는 가운데 갈수록 사민정당이 하층농민들의 정치적 지지에 관심을 갖게 되었고, 또 이들이 위기해소를 위한 구체적인 정책을 제시함에 따라 양국 농업노동자들의 사민정당에 대한 지지는 1932년과 33년 선거에서 대폭 늘어났다. 스웨덴과 노르웨이에서 각각 치러졌던 이들 선거는 모두 적록동맹이 양국 사민당과 농민당에 의해 정식 체결되기 이전에 치러졌다.

스칸디나비아 농민과 그 정치적 대표조직이 사민정당과 연대한 것은 루버트의 주장처럼 이들이 농업노동자의 지지를 동원하려 하지 않았기 때문이 아니었다. 1930년대 양국 농촌에 밀어닥쳤던 경제위기는 사실상 영세소농과 농업노동자의 계급구분 자체를 무의미하게 만들었다. 사민정당이 내놓았던 혁신적인 위기관리 정책은 양국의 일반 농민과 농업노동자의 계급적 간극을 대폭 약화시켜 주었다. 따라서 1930년대 초 특수한 역사적 국면에 출현했던 경제위기의 특수한 성격과 이에 대한 대응으로 스칸디나비아 사민정당이 제시했던 위기관리 프로그램의 구체적인 내용이 결합해 농민과 노동자의 계급연합을 가능하게 했다는 것이 보다 타당한 결론이다.

제4장
사회민주 정치경제체제

스칸디나비아 사회민주 지배체제는 집권 사민당의 정치경제체제에 대한 배타적 지배권(exclusive mandate)을 핵심적 요소로 한다. 배타적 지배권이란 한 정당이 장기 집권하는 동안 국가의 경제운용과 사회조정의 기본정책을 일관되고 체계적으로 집행함으로써 그 국가의 정치경제체제를 확립하고 또 이를 유지하는 권한을 지속적으로 독점한다는 것을 의미한다. 정치경제체제에 대한 배타적 지배권이 약화될 때 지배체제는 쇠퇴한다.

한 국가의 정치경제체제는 경제운용과 사회조정에 관한 일련의 핵심정책, 정책을 결정하고 집행하는 양식, 그리고 국가·노동·자본의 조직적 특성과 이들 간의 힘의 균형 등을 기본요소로 한다. 정치경제체제의 지속성은 정치적 지배체제의 지속성에 달려 있다. 만약 특정 정당이 민주적 방식으로든 비민주적 방식으로든 장기 집권하면서 정치경제체제를 구축하고 그 운용에 대한 배타적 지배권을 유지할 수 있다면 그 정치경제체제의 지속성은 확보된다. 정치적 지배체제는 무엇보다 지배정당의 안정되고 지속적인 집권능력을 기반으로 구축된다. 안정된 집권력을 바탕으로 정치경제체제에 대한 배타적 지배력을 확립하기 위해 지배정당은 그 이념과 정책노선을 제시하고, 이 노선을 지지해 줄 사회적 지지세력을 선정하고, 또 이 지지세력을 동원할 전략을 수립해서 시행해야 한다. 즉 지배정당이 안정된 집권력과 배타적 지배력을 확립하기 위해서는 이념, 전략, 지지기반이 유기적으로 조율되어야 한다.

스칸디나비아에 확립되었던 사회민주 지배체제 외에도 제2차 세계대전 후 일본과 이탈리아에 확립되었던 보수 지배체제 역시 정치적 지배체제의 전형을 보여주었다. 일본의 자유민주당과 이탈리아의 기독민주당은 반세기에 이르는 장기 집권체제를 구축한 후 사회민주 정치경제체제와 확연하게 구별되는 보수적 정치경제체제를 구축하고 이에 대한 배타적 지배력을 행사했다(Kim 2007). 한편 양차 세계대전 사이 독일과 이탈리아에서 출현한 파시스트 지배체제와 정치경체체제는 비민주적 지배체제의 한 전형이었다고 할 것이다.

정치경제체제에 대한 배타적 지배력을 확립한 정치적 지배체제는 대체로 중대한 역사적 국면(historical juncture)에 출현했다. 보수 지배체제가 제2차 세계대전 직후의 특수한 국면에서 확립되었다면, 파시스트 지배체제와 사회민주 지배체제는 대공황이 초래했던 특수한 국면에서 출현했다. 앞 장에서 보았듯이 사회민주 지배체제는 사민정당의 이념과 전략의 근본적 혁신, 이를 통한 안정된 계급연합의 구축을 바탕으로 확립되었다. 이 장에서는 사회민주 지배체제가 확립했고 배타적 지배력을 행사했던 정치경제체제의 특성을 분석해 보겠다.

제1절 사회주의의 수정

사회민주 지배체제는 사민정당이 정통 사회주의 노선을 포기함으로써 확립할 수 있었다. 따라서 사회민주 지배체제가 구축한 사회민주 정치경제체제는 수정된 사회주의를 그 이념적 기반으로 하고 있었다. 집권 사민당은 개혁적인 사회경제정책을 지속적으로 추진하는 한편 이를 정당화하고 또 이에 대한 지지를 동원할 수 있는 이념체계를 확립해 나갔다. 이들이 발전시킨 수정된 사회주의는 '자본의 사회적 특성'과 '생산의 민주적 통제'를 기반으로 하고 있었다.

'자본의 사회적 특성'은 제2차 세계대전 이후 노르웨이 노동당의 사회경제정책 수립을 주도했던 브로포스(Erik Brofoss)에 의해 다음과 같이 정리되었다.

> 경제민주주의에 관한 노동당의 견해는 '자본의 사회적 특성'에 근거한다. 사기업의 소유주라고 해서 사적인 법률적 권한을 배타적으로 행사하고 자신의 사유재산을 제멋대로 관리해서는 안 된다. 그는 우리 사회의 생산적 자본을 위임받았다. 경제발전과 사회의 번영, 그리고 노동자들의 경제적 미래가 바로 이 자본에 달려 있다(Leiserson 1959, 2에서 재인용).

만약 사적 자본이 이처럼 사회적 재산으로 간주될 수 있다면 중요한 것은 누가 '소유'하느냐가 아니라 누가 '통제'하느냐였다. 사회민주주의는 자본이 행사하는 핵심적 기능에 대한 통제권을 사적 소유주로부터 사회로 이관시키려 했다. 스웨덴 사민당의 정책 혁신을 주도했던 위그포르스의 표현을 빌리자면, 사회민주 정치경제체제가 목표로 한 것은 "자본가들이 지닌 특권의 점진적 축소, 즉 은밀한 사회화(creeping socialization)이다.…… 왜냐하면 중요한 것은 형식적 소유권이 아니라 실질적 통제력이기 때문이다"(Tilton 1979, 515에서 재인용).

이러한 관점에 따를 경우 자본주의에서 사회주의로 이행하기 위해 반드시 사유재산권을 폐지할 필요는 없다. 사회화는 단지 사유재산에 대한 통제력을 개별 소유주로부터 작업장이나 정부 내에 민주적으로 선출된 대표기구에 점진적으로 이관시킬 것을 요구한다(Stephens 1981, 26). 따라서 사회화는 새로운 의미를 부여받는다. 사회화는 이제 더 이상 소유의 사회화를 뜻하지 않고 소득과 소비의 사회화, 그리고 사유재산에 대한 통제권의 사회화를 의미한다. 이처럼 수정된 사회화는 국가가 포괄적인 사회개혁과 경제개혁, 그리고 노동시장에 대한 적극적인 개입을 통해 성취해야 할 목표가 되었다(Sainsbury 1981, 287; Stephens 1981, 51-53). 소비의 사회화와 통제의 사회화는 또 민주주의의 원리를 각각 사회와 경제의 영역에까지 확대시켜 사회적 민주주의와 경제적 민주주의의 확립을 지향한다. 자본가들의 전통적 특권과 역할을 이처럼 점진적으로 박탈해 이를 민주적 통제방식으로 대체시키려는 사회민주 지배정당의 전략을 에스핑-안델센은 '살라미 전술'(Esping-Andersen 1985, 23)이라고 불렀다. 스웨덴 사회민주주의에 관한 또 다른 이론가 칼손은 이를 '기능적 사회주의'와 '민주적 사회화'라고 규정하고 그 지향점을 다음과 같이 밝혔다.

> 우리는 자본가를 우리가 스칸디나비아 국왕을 보아 왔던 것과 동일한 시각으로 보아야 한다. 100년 전 국왕은 막강한 권력의 소유자였다. 50년 전만 해도 국왕은 상당한 권력을 행사했다. 오늘날 우리 헌법에 의하면 국왕은 여전히 1백 년 전과 다름이 없는 형식적 권력을 지니고 있다. 그러나 우리는 그의 권력에 수반되던 모든 기능을 박탈해 버렸다. 그 결과 국왕은 사실상 아무런 권력도 가지고 있지 않다. 우리는 이것을 어떤 위험스럽고 분열적인 내부 분쟁을 치르지 않고 성취했다. 우리가 만약 전면적인 사회화를 추구하려 한다면 훨씬 더 위험한 내분을 각오해야 할 것이다. 우리는 이 내분을 국왕의 경우와 마찬가지의 방법으로 회피해야 한다. 자본가가 행사하고 있는 소유권 기능을 하나씩 하나씩 박탈해 나가자.…… 수십 년이 지난 후 그들은 아마도 국왕과 마찬가지로 여전히 형식적으로 존재하게 될 것이다. 그러나 그들은 지난시절 사회의 저급한 발전단계를 표상하는 벌거벗은 상징물에 불과하게 될 것이다 (Adler-Karlsson 1969, 101-102).

그러나 사회민주 정치경제체제는 자본주의 생산양식을 완전히 제거하려 하지 않는다. 따라서 사회민주주의는 시장과 일정 수준 타협할 수밖에 없다. 밀너의 표현을 빌린다면 사회민주 정치경제체제는 평등과 분배의 가치를 효율성과 성장의 가치와 조화시켜야 한다는 뜻이다(Milner 1989, 1-21). 스웨덴 사회민주 정치경제체제를 그는 '단합적 시장경제체제'(solidaristic market economy)로 규정했는

데, 이 표현은 지나치다. 또 그가 사회민주 정치경제체제의 목표를 "시장의 힘을 약화시키려는 것이 아니라 경쟁적인 산업이 미시적인 시장 속에서 활력을 발휘하기에 적합한 환경을 창조하는 것"(Milneer 1989, 38)이라고 규정한 것은 시장에 대한 사회민주주의의 근본적인 시각을 다소 왜곡하고 있다.

전술한 바 있는 보수적 정치경제체제의 경우 경제행위에 대한 국가의 개입은 조직된 시장의 효율적인 기능에 순응하는 것이어야 하며, 그 목표는 보수적인 정부와 자본 간의 긴밀한 협력을 통해서 달성된다(Kim 2007). 이에 반해 사회민주 정치경제체제에서는 시장이 사회민주적 경제운용의 최고 목표인 '단합'(solidarity)과 '평등'(equality)에 순응해야 하며, 사민당 정부가 경제활동에 개입하는 목표는 무엇보다도 이 목표에 부응하도록 시장기능을 통제하는 것이다. 따라서 사회민주 정치경제체제에서 국가는 더 이상 자본주의 질서 유지를 위한 도구가 아니다. 오히려 국가는 "노동을 조직하고 소득을 분배함에 있어 보다 강력한 단합을 이룰 수 있는 여러 조건을 창조해 내기 위한 수단"(Johansson 1982, 122)이다. 단합과 평등은 시장을 국가의 계획으로 대체하는 것이 아니라 시장을 정치에 복속시킴으로써 달성된다. 협상과 타협은 분명히 정치의 핵심적 요소이다. 그러나 법률 제정의 실질적 권한이 집권 사민당의 수중에 있는 한 정치적 협상은 사회민주적 우선성을 관철시키는 방향으로 진행될 수밖에 없다. 따라서 시장은 단합과 평등을 강화시킬 수 있는 방향으로 통제되어야 하며, 사회민주 지배체제가 선거를 통해 규칙적으로 그 정당성을 유지하는 한 시장기능에 대한 이와 같은 정치적 통제는 민주적인 것으로 정당화된다.

사회민주 정치경제체제에서 정치에 대한 시장의 복속이 가장 두

드러지는 영역은 노동시장이다. 노동시장 문제에 대한 사민정당의 기본적인 신념은 시장을 사회로부터 완전히 제거할 수 없다면 최소한 노동자와 그들의 생계를 시장의 횡포로부터 해방시켜 주어야 한다는 것이다. 이를 위해서는 무엇보다 노동자의 조직력이 극대화되어야 한다. 또 노동자의 소비능력은 완전히 자신들의 노동력과 노동시장 상황에 좌우되어서는 안 되며 사회적으로 보호되어야 한다. 노동자와 그들의 노동은 더 이상 시장에 내맡겨진 상품이어서는 안 된다는 것이다(Esping-Andersen 1985, 30-36; Esping-Andersen and Korpi 1984, 183-185). 노동조직의 구조와 기능, 그리고 사민당 정부의 사회경제정책은 이 목표에 부응해야 한다.

스웨덴과 노르웨이에 확립된 사회민주 지배체제는 자본과 사회화, 그리고 시장과 정치에 관해 이처럼 근본적으로 새로운 시각을 발전시켰고, 또 이 관점에 입각해 사회주의에 새로운 의미를 부여했다. 이처럼 수정된 사회주의 이념에 입각해서 제2차 세계대전 이후 스웨덴과 노르웨이에 점진적으로 구축된 사회민주 정치경제체제는 다음과 같은 기본적인 특징을 공유했다.

첫째, 노동조합 조직의 일관성과 집중성 강화를 통한 노동운동의 조직력과 결속력의 극대화.

둘째, 공공정책 결정과 집행의 과정에 노동조합의 준주권적 지위 인정.

셋째, 제도적 복지국가 확립을 목표로 보편적이며 계급단합적인 사회정책 집행.

넷째, 완전고용의 달성과 유지를 최우선적 목표로 한 거시경제 운용.

다섯째, 중앙집중적 단체협약 혹은 명시적 소득정책을 통한 계급 단합적 임금정책 시행.

이제 사회민주 정치경제체제의 이러한 특성이 스웨덴과 노르웨이에서 어떻게 구체화되었는지 살펴보도록 하겠다.

제2절 노동운동의 조직력

사회민주 정치경제체제에서 노동계급의 단합력과 조직력의 성장은 노동조합 조직률의 눈부신 성장, 조직의 일체성과 일관성의 강화, 그리고 노동조합 권위체계의 집중성 강화 등에서 특히 두드러진다.

<표 4-1>에서 보듯이 사회민주 지배체제의 지속은 스웨덴과 노르웨이 양국에서 노동조합 조직률의 눈부신 성장을 수반했다. 로트스테인은 특히 스웨덴 노동조합 조직력의 지속적인 성장요인으로 사민당 정부의 성공적인 노동시장정책을 꼽는다. 그는 특히 사민당 정부가 1930년대에 확립했던 두 가지 노동시장제도에 주목한다. 그 하나는 1934년 도입해 노동조합이 직접 관리하도록 한 실업보험제도인 겐트(Ghent)시스템이다. 이 제도는 노조에 가입하지 않은 노동자가 실업수당을 취득하는 데 불리한 여건을 조성함으로써 노동자의 노조 가입을 촉진시키는 효과를 가져왔다.

〈표 4-1〉 비농업노동자의 노동조합 조직률, 1930-1995 (단위: %)

년도	스웨덴	노르웨이	기타*
1930	35	21	29
1940	56	42	35
1950	69	54	51
1960	73	62	47
1970	87	67	50
1985	86	58	48
1995	88	55	41

*기타는 오스트리아, 벨기에, 덴마크, 핀란드, 프랑스, 독일, 이탈리아, 네덜란드, 스위스, 영국의 평균. 오스트리아의 비민주 시기(1940)와 독일, 이탈리아의 비민주 시기(1930, 40)는 제외.

출처: 1930~70년에 관해서는 Stephens(1986, 116). 1985년에 관해서는 Rothstein(1990, 336). 1995년에 관해서는 Visser(2000, 14). 소수점 이하는 반올림한 수치.

다른 하나는 1939년 고용위원회(Unemployment Commission)를 대체해서 설립한 국립노동시장국(Arbetsmarknadsstyrelsen: AMS)이다. 노동시장국은 구제근로사업, 직업훈련, 지역 산업정책, 교환근무, 청소년 직업훈련, 이사수당, 장애인 취업알선 등 노동시장의 주요한 업무를 노동조합 관할 하에 두었다. 이 두 제도는 노동과 자본 간의 힘의 균형에 의미 있는 변화를 가져다주었을 뿐 아니라 노조 미가입 노동자의 무임승차 혜택을 대폭 박탈해 버림으로써 노동조합 조직률을 급상승시키는 데 결정적인 기여를 했다(Rothstein 1990, 317-345; Rothstein 1985, 153-165).

로트스테인의 연구는 양국 노동조합 조직률이 같은 사회민주 지배체제 속에서 적지 않은 격차를 보여준 이유를 잘 설명해 준다.

반면 1960년 이후 노르웨이 노동조합 조직률 성장이 상대적인 정체를 보였던 것은 급증하고 있던 화이트칼라 계급을 노르웨이 LO가 효과적으로 조직해 내지 못했다는 것을 암시한다. 이 점은 스웨덴 화이트칼라 계급이 독자적인 연맹체 산하에 효과적으로 조직되어 간 사실과 뚜렷한 대조를 이룬다. 1960년대 이후 특히 두드러지기 시작한 양국 노동조합 조직률의 격차는 제도적 요인도 있었지만, 이 시기부터 확연해진 양국 사회민주 지배체제의 상이한 궤적과도 밀접하게 연관되어 있다.

노르웨이 노동조합의 조직률은 비록 스웨덴에는 미치지 못했지만 조직적 일원성과 권위의 집중성은 스웨덴뿐 아니라 오스트리아를 제외한 모든 서유럽 국가 노동조직을 능가했다.15) 노르웨이 노동운동은 1899년 노르웨이 노동조합총연맹이 결성된 이래 줄곧 일원적 조직체계를 유지해 왔다. 이에 반해 스웨덴에서는 1930년대에 화이트칼라 노동조합의 독자적인 조직화가 시작되었다. 1931년 DACO라는 조직으로 출발했던 스웨덴 화이트칼라의 독자적 노동조직은 1944년 봉급생활자 중앙조직(Tjänstemännes Centralorganisation: TCO)의 결성과 함께 완전히 정착했다. 그 결과 스웨덴 노동운동은 LO를 정점으로 하는 블루칼라 노동조직과 TCO를 정점으로 하는 화이트칼라 노동조직으로 양분되었다.16)

15) 이에 관해서는 특히 슈미터(Schumitter 1981, 294)가 매긴 순위를 참조할 것.

16) 1946년과 47년에는 국가고용자전국연맹(SR)과 전국전문노동자연합(SACO)이라는 또 다른 화이트칼라 전국조직이 결성되었다. 이들은 1974년 조직을 합쳐 SACO-SR을 출범시켰다. 그 결과 스웨덴 노동운동은 세 개의 정상조직을 갖게 되었다. 1975년 현재 LO, TCO, SACO-SR

그러나 스웨덴 육체노동자 대부분을 산하 노조원으로 거느리고 사회경제정책 전반에 걸쳐 사민당과 긴밀한 협력체계를 구축하고 있는 LO가 스웨덴 노동운동의 중심 세력이라는 데는 이론의 여지가 없다. 다만 화이트칼라 계급의 급속한 팽창과 함께 증강되어 온 TCO의 조직력에 발맞추어 사민당과 LO는 TCO와의 유대와 협력을 지속적으로 강화해 왔다. TCO는 비록 공식적으로는 정치적 중립을 표방해 왔지만 사민당 집권기간 동안 대체로 사민당의 정책 전반에 협조적인 태도를 유지해 왔다. 소득재분배 문제를 둘러싸고 LO와 TCO 사이에 입장 차이와 그에 따른 긴장이 지속되어 온 것은 사실이다. 그러나 이들은 단체협상과 정책협의 과정에 대표성을 유지하려는 공통의 목표를 가지고 있었고 이들의 관계는 대체로 협조적이었다.

노르웨이 노동조합의 조직적 일원성은 노동당 지배체제의 지속과 무관하지 않다. 노동당 정부는 LO와 긴밀한 정책조율 체제를 구축하고 노동자에게 돌아갈 정책적 혜택을 LO와의 조율체제로 집중시킴으로써 노동조직의 분열 가능성을 차단했다. 스웨덴 화이트칼라 노조는 사민당 정부가 LO와 그와 같은 조율체제를 구축하기 이전에 독립해 버렸던 것이다.

한편 양국 LO의 조직적 일관성은 1940년대 중반 산업별 조직체계를 완비함으로써 실질적으로 완성되었다. 이 무렵 스웨덴과 노르웨이 LO 산하 조합원의 90%와 85%가 산업별 조직체계에 편입

은 각각 전체 조직 노동자의 63.2%, 21.3%, 5.4%를 확보하고 있었다. 스웨덴 화이트칼라 노동운동의 성장에 관해서는 특히 Wheeler(1975, 19-37) 참조.

되어 있었다(Galenson 1952a, 125-128).

노르웨이 LO의 권위체계는 조직 출범 당시부터 이미 높은 수준의 중앙집중도를 보였지만, 스웨덴 LO의 권위는 사민당이 집권한 이후 비로소 강화되기 시작했으며 1941년 연맹 규약의 수정을 통해 완전히 확립되었다(Galenson 1949, 38-50; Galenson 1952a, 13-32; Korpi 1977, 209-236). 양국 노동조합이 이처럼 권위를 중앙 집중화함에 따라 자본 역시 중앙조직을 강화할 수밖에 없었고, 그 결과 노동과 자본은 노사관계 전반에 관한 포괄적인 타협을 이끌어 낼 수 있었다. 1935년 노르웨이 LO와 고용자연맹(NAF) 간에 체결된 '주요합의'(*Hovedavtalen*)와 1938년 스웨덴 LO와 고용자연맹(SAF) 간에 체결된 '살트쉐바덴(*Saltsjöbaden*) 기본합의'가 그것이다(Galenson 1949, 192-197; Galenson 1952a, 134-137; Martin 1984, 198-200). 그 결과 대단히 중앙 집중화된 단체협약과 광범위한 산업평화가 특히 제2차 세계대전 이후 양국 노사관계의 특징으로 자리 잡게 되었다(<표 4-2> 참조).

〈표 4-2〉 노사분규로 인한 노동손실일수 (단위: 1,000명/년)

국가	1919-38	1946-76
스웨덴	1,440	430
노르웨이	1,853	90
기타*	456	257

*기타는 오스트리아, 벨기에, 덴마크, 핀란드, 프랑스, 독일, 이탈리아, 일본, 네덜란드, 스위스, 영국의 평균.

출처: Korpi(1983, 165).

1930년대 양국의 노동과 자본을 대표하는 정상조직이 이와 같이 이루어 내었던 소위 '대타협'은 사실 사회민주 지배체제의 출현으로 변할 수밖에 없었던 노동과 자본 간의 세력균형을 반영한 것이었다. 자본으로서는 새로 조성된 불리한 정치상황 속에서 소유권과 경영특권을 유지하기 위해 조직노동에 일정 수준 양보하고 또 타협하지 않을 수 없었다. 노동운동은 그 동안 노동시장에서의 힘겨운 투쟁을 통해 자본의 양보를 얻어낼 수 있었지만 이제 그보다 훨씬 효과적인 입법권을 장악하게 되었다. 노동은 바로 이 정치적 우위를 바탕으로 노동시장 운용에 관한 타협을 자본으로부터 이끌어 냈다. 사실 전후 스웨덴과 노르웨이에 만개했던 산업평화는 노동시장에서의 지위에 대한 양국 노동계급의 높은 만족도를 내변해 준다고 할 수 있고, 또 그것은 사회민주 지배체제가 가져다 준 힘의 우위에 따른 결과였다.[17] 결국 사회민주 지배체제는 스웨덴과 노르웨이 노동운동의 전반적인 세력 향상에 결정적으로 기여했고, 또 이처럼 성장한 노동운동의 조직력은 다시 사회민주 지배체제를 강력하게 떠받쳐 주었다.

제3절 정책결정 방식

사회민주 지배체제는 사회정책과 경제정책 결정과정에 강력한

17) 스웨덴과 노르웨이에 제2차 세계대전 이후 만개한 산업평화에 관해서는 특히 Hibbs(1978)와 Korpi and Shalev(1980) 참조.

노동계급 조직에게 '준주권적'[18] 지위를 부여했다.

사회민주 정치경제체제에서 조직노동은 사회정책과 경제정책의 입안, 토의, 채택, 집행의 전 과정에 걸쳐 중심적인 역할을 수행한다. 그 결과 주요한 사회정책과 경제정책 결정과정에 노동계급의 이익이 우선적인 고려의 대상이 된다. 물론 주요 정책의 결정과정에 자본의 입장과 이익이 완전히 무시된다는 것은 결코 아니다. 오히려 자본은 정책결정과정상 정당한 참여자의 지위를 확고히 지닌다. 양국의 정치경제체제는 공공정책 결정과정의 핵심적 기제로 정교한 공식적 집단협의체제를 발전시켰다.[19] 또한 수상을 위시한 행정부의 고급관리와 노동, 자본, 농업을 대표하는 지도자들 간의 비공식적인 협의 역시 양국 정책협상의 보편적인 방식으로 자리 잡았다. 그것을 '집합적 다원주의'(corporate pluralism)(Rokkan 1966)라 부르든, '구조화된 협의'(structured consultation)(Heclo and Madsen 1987, 15)라 부르든, '하프순드 민주주의'(Harpsund democracy)[20]라 부르든, 혹은 '민주적 코포라티즘'[21]이라 부르든 사회민주 정치경제체제에

---

18) 이것은 루버트(Lubbert 1991, 267)의 표현을 차용한 것이다.

19) 스웨덴, 노르웨이의 공공정책에 관한 공식적인 집단협의 방식인 'commission'(*utredning*) 및 'committee'(*kommitté* 혹은 *komité*)의 발전에 관해서는 Kvavik(1970) 및 Helco and Madsen(1987, 12-15) 참조.

20) 엘란더(Tage Erlander) 수상 재임 시(1946-1969) 스웨덴에서 수상과 해당 부처 장관들이 하프순드(Harpsund)에 위치한 수상의 별저에서 노동·자본·농업조직의 지도자들과 주기적으로 비공식적인 회동을 하여 주요 정책사안을 협의하던 관행을 지칭하는 표현이다. 이에 관해서는 Carlsson and Rosén(1980, 598)과 Söderpalm(1975, 91) 참조.

21) 이 책은 사회민주 정치경제체제의 정책결정 방식을 민주적 코포라티즘으로 규정하는 데 유보적인 입장을 취한다. 그것은 이 개념이 20년

서 제도화 혹은 준제도화된 정책결정 방식은 해당 정책 사안에 영향을 받게 될 어떠한 사회집단도 결정과정에서 배제시키지 않는다.

그러나 사회민주 지배체제 하에서 집합적 협의에 참여하는 집단 간의 세력관계에는 근본적인 불균형이 존재할 수밖에 없다. 물론 주요한 사회정책과 경제정책에 대한 협의과정에 유관 경제집단은 모두 참여할 수 있다. 그러나 정작 협의해야 할 의제의 선택권은 사실상 집권 사민당과 조직노동이 독점한다. 즉 중요한 사회정책과 경제정책에 관한 일차적인 제안은 거의 예외 없이 사민당과 조직노동으로부터 나온다. 이에 반해 자본은 거의 주요 정책에 대해 이니셔티브를 취할 수 없다. 결국 자본은 노동 측이 제안한 정책 안을 시행할 경우 자본이 입을 피해를 최소화하기 위해 집합적 협의에 임하는 경우가 대부분이다.

따라서 사회민주 정치경제체제의 정책결정 방식은 비록 협의에 의한 방식을 취하지만 본질적으로 불균형 협상의 성격을 띤다. 이러한 불균형성은 조직노동의 공세적 정책제안이 특히 두드러졌던 스웨덴에서 더욱 심했다. 헤클로와 맷센이 지적한 것처럼 "합의(consensus)라는 것은 대체로 사회민주적 헤게모니가 초래한 피상적 현상에 불과할 뿐, 스웨덴의 정책과 정치가 작동하는 방식을 설명해 주지는 못한다"(Heclo and Madsen 1987, 30).

가까이 학문적 유행을 거치면서 극도로 개념정의의 난맥상을 보여 왔을 뿐 아니라 그 개념의 오용과 남용 역시 심각한 수준에 이르렀기 때문이다. 사회민주 정치경제체제에 이 개념을 적용할 경우 노동과 자본 간 타협의 측면을 지나치게 강조하게 되고, 또 양자 간 역학관계에 관해 자칫 그릇된 오해를 심어 줄 가능성이 있기 때문이다.

제4절 사회정책과 제도적 복지국가

사회민주 지배체제는 보편적·계급단합적 사회정책을 지속적·포괄적으로 시행해 제도적 복지국가(institutional welfare state)를 확립했다.

제2차 세계대전 이후 복지국가는 모든 선진 산업국가의 공유물이 되었다. 심지어 일본처럼 장기간 보수적 지배체제를 바탕으로 강력한 신자유주의 정치경제체제를 구축한 국가조차 사회복지 지출규모를 엄청나게 팽창시켰다. 따라서 선진산업 민주국가의 정치경제체제를 구분하는 기준은 사회복지 개혁정책의 유·무가 아니라 복지정책의 구체적인 목표와 성격이다. 이 기준에 입각해 사회민주적 복지국가를 자유주의적 복지국가와 보수주의적 복지국가로 구별하고 그 근본적 차별성을 체계적으로 제시한 에스핑-안델센의 분석은 대단히 주목할 만하다(Esping-Andersen and Korpi 1984; Esping-Andersen 1985, 145-178; 1990, 9-34). 여타의 복지국가가 사회의 부문이나 집단별로 각각 상이한 복지 프로그램을 개발함으로써 사회구성원을 분열시키는 성향을 띤 데 반해, 사회민주적 복지국가는 사회구성원 전체를 하나의 단위로 통합할 수 있는 보편적 정책을 제도화하려는 제도적 복지국가를 지향한다.22) 다시 말해 자유

---

22) 제도적 복지국가는 사회정책을 제도적 유형과 주변적 유형으로 나눈

주의적 복지국가와 보수주의적 복지국가가 계급 분열적임에 반해 사회민주적 복지국가는 계급단합과 계급연합을 강화시켜 줄 수 있는 사회환경의 창조를 모색한다. 그리하여 사회민주 정치경제체제의 사회정책 프로그램은 그 규모와 적용범위가 보편적 · 전국적인 성격을 띤다. 이처럼 보편적이며 계급단합적인 사회정책은 편협한 집단주의와 개인주의를 폭넓은 사회적 연대로 치환시키는 것을 중요한 목표로 삼고 있다. 이와 같은 원칙과 목표에 입각해서 확립된 스웨덴과 노르웨이의 제도적 복지국가는 구체적으로 정액연금제와 누진세제를 결합함으로써 소득재분배를 극대화하고, 포괄적인 사회적 필요에 대응한 집합적 사회사업을 확대하고, 복지 수혜의 자격과 재정적 기여와의 연결고리를 차단하며, 모든 시민을 시장에서의 위치나 고용상태와 무관하게 보편적인 사회보장체계로 포괄함으로써 노동자, 농민, 화이트칼라의 경제적 지위를 균등화하고자 노력한다(Esping-Andersen 1985, 145-178; Hecksher 1984).

이와 같은 모든 시도는 '인민의 집'(*folkhem*)을 구축하고 '사회적 시민권'을 확립하려는 사회민주 지배체제의 수정된 이념과 정책노선에 전적으로 부합할 뿐 아니라 동시에 그것은 계급연대와 계급연합의 강화를 통해 사회민주 지배체제를 더욱 공고히 하려는 전략적 고려의 산물이기도 하다. 헤클로와 맷센이 지적한 바와 같이 "사회민주적 사회정책을 단지 정치적 지지기반 구축을 위한 수단으로 간주해 버린다면, 그것은 지나치게 냉소적인 해석일 것이다. 그러나 사민당이 좋은 정책이라고 규정한 것은 거의 예외 없이 조

코르피의 분류에 입각한 개념이다. Korpi(1980)과 Korpi(1983, 188-192) 참조.

직적 지지기반을 확산시킬 수 있는 좋은 정치였다는 점 또한 사실이다"(Heclo and Madsen 1987, 157).

제5절 경제정책과 임금정책

사회민주 지배체제는 경제운용의 최우선 목표를 완전고용의 달성과 유지에 두며, 그 외의 거시경제지표는 이 목표에 맞추어 조율한다. 사민당 정부와 노동조합은 또 단합적 임금정책을 일관되게 시행해 노동자의 계급적 연대를 강화시킨다.

경제정책과 임금정책의 이와 같은 근본적인 목표를 스웨덴 사민당과 노르웨이 노동당은 명백히 공유하고 있었다. 그러나 제2차 세계대전 후 이 목표를 성취하기 위해 양당이 선택했던 구체적인 정책내용은 서로 달랐다. 이 차이로 인해 두 나라 정당정치의 특성 또한 달라졌으며 사회민주 지배체제의 동태적 변화 역시 뚜렷한 차이를 보여주었다.

제2차 세계대전 직후 게르하르드센(Einar Gerhardsen) 영도 하의 노르웨이 노동당 정부는 완전고용, 경제성장, 그리고 소득의 균등화를 경제정책의 3대 목표로 설정했다(Bergh 1977, 21-27; Hodne 1983, 141). 경제운용의 최고 우선성을 완전고용의 달성에 둠으로써 노동당은 1934년 이후 당의 공식적 슬로건이 된 '전 인민의 취업'(*Hele folket i arbeid*)을 실현시키기 위한 실질적인 노력을 시작했던 것이다(Bergh 1977, 21). 또한 완전고용은 전후 스웨덴에서도 사민당 정부의 최고 정책목표가 되었다(Lindbeck 1974, 23; Hecho and Madsen 1987, 49-51).

양국 사민당 정부의 이러한 정책목표가 노동조합의 전폭적인 지지를 획득했던 것은 물론이다. 헤클로와 맷센의 평가처럼 완전고용이야말로 사민당과 노동조합을 이어 주는 핵심적 연결고리였다(Heclo and Madsen 1987, 49). 완전고용은 노동권의 실질적인 보장을 의미했을 뿐만 아니라 노동운동의 조직력 및 사본가에 대한 협상력을 대폭 강화시켜 줄 것이었기 때문이다. 이처럼 강화된 노동계급의 조직역량은 다시 사회민주 지배체제를 강화시켜 주리라는 것을 사민당 지도자들은 분명히 인식하고 있었다. 또한 1920년대와 30년대 초 양국 노동자들이 겪어야 했던 혹독한 경기침체와 실업에 대한 기억 역시 고용을 전후 사민당 정부의 핵심적인 경제적 의제로 만드는 데 기여했다. 사실 정부의 적절한 개입이 없을 경우 대규모 불황과 대량실업이 닥칠 수 있다는 경고는 전쟁 직후 양국 경제학자들로부터 동시에 터져 나왔다(Bergh 1977, 22; Lindbeck 1974, 26-27). 헤클로와 맷센의 적절한 지적처럼 "처음에는 양차 세계대전 사이에 노동자들이 겪었던 실업상황으로 돌아가지 않으려는 절실한, 그러나 불명확한 염원에 불과했던 것이 완전고용에 대한 확고한 신념으로 진화해 갔다"(Heclo and Madsen 1987, 51).

완전고용의 달성에 대한 자신감은 케인즈주의의 수요관리에 입각한 경제 개입주의를 지지한 양국의 많은 경제학자들에 의해 표출되었다. 노르웨이에서는 라날 프리쉬(Ragnar Frisch)가 이끌었던 오슬로학파가 브로포스(Erik Brofoss), 아우크루스트(Kjell Aukrust), 스카우그(Arne Skaug), 뵈(Gunnar Bøe), 볘르베(Peter Jakob Bjerbe) 등 잘 훈련된 경제학도들을 노동당 정부에 조달했다(Bergh 1977, 41-47;

Hodne 1983, 146-148). 스웨덴에서는 위그포르스, 뮈르달(Gunnar Myrdal), 렌(Gösta Rehn), 메이드너(Rudolf Meidner) 등이 사민당과 LO의 공동 경제정책 안을 작성하는 데 중심적인 역할을 수행했다(Lindbeck 1974, 25-49). 이들은 모두 사민당과 노조의 완벽한 지지에 힘입어 완전고용을 전후 양국 경제정책 최고의 목표로 설정하는 데 중요하게 기여했다. 문제는 이 목표를 어떻게 성취할 것인가, 그리고 이것을 또 다른 경제적 목표, 특히 성장 및 물가안정과 어떻게 조화시킬 것인가였다. 바로 이 문제에 대한 오슬로학파의 처방은 스웨덴의 사민당 정부가 궁극적으로 선택했던 처방과 대단히 달랐다. 바로 이 차이는 노르웨이와 스웨덴 경제정책의 본질적인 차이를 의미했을 뿐 아니라 양국 사민당 지배체제의 상이한 동태적 변화에 커다란 영향을 미쳤다.

1. 노르웨이

제2차 세계대전 직후 노동당 정부의 경제정책은 적자재정 편성과 팽창적 통화정책에 입각한 케인즈주의 수요관리 정책을 기조로 하고, 여기에 정부의 광범위한 통제정책과 포괄적인 경제계획을 결합시키는 것이었다. 이러한 정책을 주도했던 것은 행정부 내의 경제부처에 대거 포진해 있었던 오슬로학파 계열의 경제학자 집단이었으며, 이들을 영도했던 인물은 전후 25년 동안 재무장관(1945~47), 통상장관(1947~54), 중앙은행장(1954~70)을 잇달아 역임했던 브로포스였다.[23] 전쟁 직후 노동당 정부는 1945년 타가르드법(Lex Thagaard)과 1947년 브로포스법(Lex Brofoss)을 잇달아 제정하며 상품생산, 소비, 가격에 대한 정부의 엄격한 통제체제를 확립했다. 이 통제경제체제는 서서히 경제계획체제로 대체되어 갔다. 1953년에 이르면 경제계획체제가 노르웨이 경제를 완벽하게 이끌게 되었다. 이 당시 노동당 정부가 확립한 경제계획체제는 유럽에서 오직 프랑스의 유명한 '지표경제계획'(indicative planning)과 비견될 수 있을 정도로 포괄적이었으며, 그 제도적 장치는 노동당 집권기간 동안 지속적으로 확장되었다.24)

전쟁으로 피폐해진 경제상황과 시급한 경제재건의 필요성이 노동당 정부로 하여금 전후 엄격하게 통제경제를 실시하고 또 계획경제를 도입하도록 이끌었다. 그러나 노동당 정부가 이 정책노선을 채택했던 이념적 근거 또한 명백했다. 제2차 세계대전 직후 노동당은 의회에서 절대다수 의석을 장악했지만 포괄적 사회화 같은 정통 사회주의 정책을 시행할 의도는 전혀 없었다. 1949년 노동당이 채택했던 새 프로그램 '원칙과 지침'(*Grunnsyn og retningslinjer*)은 민주적 사회주의를 생산의 특수한 조직양식이나 특수한 사회체계로부터 절연시켰다. 이처럼 수정된 사회주의는 모든 인민에게 보다 풍요롭고 풍족한 삶을 대등하게 누릴 수 있는 조건을 제공하기 위한 지속적인 사회개혁을 의미했다. 한마디로 민주적 사회주의는 '계획에 의한' 사회발전을 의미했던 것이다.25)

---

23) 1950년 현재 노동당 정부는 약 80명의 경제학자를 경제부처에 포진시키고 있었다. 노동당 정부가 대규모로 경제학자를 충원한 경위와 과정에 관해서는 Bergh(1977, 42-44) 참조.

24) 노르웨이 경제계획에 관한 간명한 논의는 Bergh(1978) 참조. 1945~52년 노르웨이 통제경제의 전개과정에 관해서는 Hodne(1983, 130-179)와 Bergh(1977, 30-33) 참조.

그러나 노르웨이의 경제계획은 일본과 프랑스가 제2차 세계대전 이후 도입했던 신자유주의적 경제계획과 근본적으로 달랐다. 보수 지배체제가 지속된 이들 국가와 달리 사회민주 지배체제 하의 노르웨이는 케인즈주의 요소를 경제운용에 적극적으로 도입했으며 또 경제계획을 수립하는 과정에 정부와 주요 경제 세력의 민주적 의사결정구조를 확립시켰다. 이 의사결정구조는 피라미드 형태의 집합적 조정양식을 구축했는데, 그 최상층부에 정부와 주요한 전국 규모의 이익집단 조직의 대표들로 경제조정협의회(Economic Coordination Council)를 구성하고 그 밑에 각 산업별 협의회를, 또 그 밑에 각 기업체 단위의 생산위원회를 구성했다(Hodne 1983, 140-143; Bergh 1977, 37-41). 케인즈주의 수요관리정책, 포괄적인 사회개혁, 그리고 집합적 의사결정구조 등이 노르웨이 사회민주적 경제계획의 핵심요소가 되었다. 보다 정확히 이야기하자면 그것이 노동당 정부의 원래 의도였다.

그러나 점차 경제계획 기구의 규모가 방대해지고 또 계획수립 자체가 갈수록 고도의 전문성을 필요로 하게 됨에 따라 노르웨이 경제계획은 갈수록 사민당과 당료의 이념적 정향보다는 경제부처 내부에 포진해 있던 경제학자들의 합리적 계산에 경도되어 갔다. 특히 오슬로학파의 경제적 사고의 바탕이 된 실용적 합리주의는 경제계획을 세우는 데 시장원리에 대한 순응도를 높여 가게 했으며, 또 경제성장이 경제정책 전반에 차지하는 비중을 키워 갔다.[26]

---

25) 노르웨이 노동당 이념의 재정립과 1949년 프로그램에 관해서는 Lorenz(1974, 106-110)과 Bergh(1977, 47-50) 참조.

26) 노르웨이 경제계획 수립과정에 정치인에 비해 경제학자의 영향력이

이 경향은 경제조정협의회가 1954년 활동을 중단하고 또 노르웨이 경제가 자유주의 국제경제체제에 대한 의존성을 높여 감에 따라 더욱 가속화되었다. 그 결과 갈수록 노동당 정부의 최우선적 정책 목표였던 완전고용의 달성 및 유지 자체를 경제성장에 의존시키게 되었다. 이러한 추세를 호드네는 다음과 같이 요약하고 있다.

> 바로 얼마 전에 겪었던 대량실업이 (전후) 경제계획에 대한 사회적 절박성을 강화시켰으며, (계획 도입의) 자신감은 정부가 완전고용을 책임질 의무와 능력을 동시에 지니고 있다는 경제학자들의 확신에 기초하고 있었다. 경제성장은 애당초 계획의 목표가 아니었다. 그러나 갈수록 성장은 고용과 소득평준화라는 목표를 달성하기 위한 촉진제로 간주되게 되었다(Hodne 1983, 146).

이러한 노동당 정부 경제정책의 변화는 1960년대 이후 사회민주 지배체제의 쇠퇴와 직결되는 몇 가지 심각한 결과를 초래했다.

첫째, 경제정책 결정에 정치인보다 경제학자의 영향력이 증대되어 감에 따라 경제운용에 관한 정파 간의 대립보다 합의가 강화될 가능성이 커져 갔다. 오슬로학파 경제학자들이 견지했던 실용적 합리주의는 본질적으로 계급 중립적이고 정치 중립적이었다. 베르크의 언급처럼 "오슬로학파 경제학자들을 지배했던 한 가지 원칙은 자유경제냐 사회주의냐를 둘러싼 논쟁과 같은 소모적인 정치적 논쟁에 휩쓸리지 않는다는 것이었다. 그들은 경제계획에 대

상대적으로 확대되는 과정, 이념성보다 합리성이 우위를 잡아 가는 과정, 그리고 경제성장이 비중을 늘려 가는 과정 등에 관해서는 특히 Bergh(1978) 참조.

한 자신들의 기여를 다분히 기술적인 것으로 간주했다. 그들은 원칙적으로 어떤 정부이든 다양한 정치적 · 사회적 조건 속에서 활용할 수 있는 실용적인 정책을 구상했다"(Bergh 1978, 85). 그 결과 노동당 정부의 경제운용에 사회민주적 색채는 엷어져 갈 수밖에 없었고 경제정책 전반에 대한 정파 간의 합의가 폭넓게 확산될 수 있는 소지가 마련되었다. 이러한 추세는 필연적으로 국가경제 운용에 대한 노동당의 배타적 지배력을 약화시켰을 뿐 아니라 계급균열의 정치적 비중 역시 현저히 약화시켜 노동당에 대한 노동자들의 계급적 결속력을 심각하게 이완시켰다.

둘째, 경제정책에 대한 오슬로학파의 발언권이 커져 감에 따라 경제운용 전반에 대한 노동조합의 영향력은 축소될 수밖에 없었다. 이에 따라 사회민주 지배체제와 사회민주 정치경제체제를 지탱해 주어야 할 중요한 기반이 흔들리게 되었다. 물론 LO의 의견을 전적으로 무시한 주요 경제정책의 입안이란 있을 수 없는 일이었다. 그러나 노르웨이 LO는 전반적으로 노동당 정부에 포진해 있던 경제학자들의 정책적 이니셔티브에 끌려갔으며, 이것은 전후 핵심적인 사회경제정책 입안의 주도권을 LO가 줄곧 장악해 왔던 스웨덴의 사례와 명백한 대조를 이룬다. 이러한 현상은 노르웨이의 임금정책 부문에 확연히 드러났다.

시간이 갈수록 경제성장 지향성을 강하게 띤 경제계획을 통해 완전고용을 유지하려 했던 노동당 정부는 이러한 정책이 불가피하게 초래할 인플레이션 압력을 완화하기 위해 거의 전적으로 LO의 자발적인 임금인상 억제에 의존했다(Leiserson 1959, 41-79; Bergh 1978, 35-41). 즉 완전고용과 지속적 경제성장이라는 목표를 물가안정과 조화시키기 위해 노동당 정부는 상당히 광범위한 소득정책

(incomes policy)을 채택했고, 또 필요하다면 임금결정 과정에 대한 정부의 강압적인 중재도 서슴지 않았다.[27] 결국 경제계획의 전반적인 성패를 LO의 자발적인 임금억제와 이에 대한 기층 노동계급의 순응에 크게 의존했던 것이다.

노동당 정부의 이러한 소득정책에 LO는 놀라울 정도로 협조적인 자세를 견지했다. 쉬웨린의 논평처럼 노르웨이의 LO는 제2차 세계대전 이후 "계급투쟁의 담당자로부터 거시적 경제계획에 대한 온순한 협조자"(Schwerin 1981, 17)로 탈바꿈했다.[28] 임금인상 요구수준을 철저히 생산성향상 범위 이내로 한정시켰던 LO의 협조에 힘입어 노동당 정부는 사기업의 이윤수준을 축소하려는 어떠한 시도도 하지 않았다. 정부는 오히려 지속적인 경제성장에 절대적으로 필요했던 재투자가 높은 수준에서 이루어질 수 있도록 사기업의 이윤을 부추기는 자세를 취했다(Leiserson 1959, 37). 임금인상은 주로 저임금계층에 집중시키는 한편 고임금 노동자의 인상은 가급적 억제했다. 노동당 정부와 LO는 이 방법을 통해 전반적인 임금수준을 평준화시키고 단합적 임금정책(*solidariske lønnspolitikk*)을 실현하려고 했다. 그러나 고임금 노동자의 불만을 감안해 정부와 LO

27) 임금에 대한 정부의 의무중재(compulsory arbitration)는 1945년부터 52년까지 지속되었다. 이후 10년 동안(1953~62) 노동당 정부는 LO와 노르웨이고용자연맹(NAF) 간의 임금타결을 소극적으로 조정하는 역할에 머물렀다. 그러나 1960년대 중반 인플레이션 압력이 심해지자 노동당 정부는 또다시 임금타결에 적극 개입해 들어갔다. Schwerin(1981, 28)과 Michels and Slomp(1990, 21-35) 참조.

28) 제2차 세계대전 이후 노동당 정부의 경제정책에 대한 LO의 적극적 협력에 관해서는 특히 Lorenz(1974, 114119) 참조.

는 임금부유(wage drift)를 어느 정도 묵인해 주었다(Schwerin 1981, 67).

노동당의 이러한 정책은 사실 순수하게 경제적인 측면에서는 성공적이었다. 완전고용, 균등소득, 지속적 경제성장이라는 노동당 정부의 정책목표는 LO의 지속적인 협력과 기층노동자들의 전반적인 순응에 힘입어 별다른 인플레이션 압력을 받지 않는 가운데 달성할 수 있었다(Schwerin 1981, 70-71) 생활수준의 지속적인 향상은 분명 1950년대와 60년대의 우호적인 국제경제 환경에 힘입은 바 컸다. 그러나 노동당 정부가 적극적으로 펼쳤던 포괄적인 사회정책 역시 노동자들의 삶을 크게 개선시켜 주었고 노동자들은 자발적 임금억제로 이에 보답했던 것이다(Kuhnle and Solheim, 1981, 26-32).

결국 정부, 노동, 자본 간의 삼자 협의주의(tripartite consensualism)가 사회민주 지배체제 하의 노르웨이 산업관계를 특징지었다. 그리고 케인즈주의를 합리적이고 실용적인 경제계획과 결합시켰던 경제정책은 궁극적으로 경제운용의 기본원리에 대한 정당 간의 광범위한 합의기반을 조성해 주었다. 그 결과 노동당 지배 하의 노르웨이 정치경제체제는 강력하게 케인즈주의적 성향을 띠었던 반면 사회민주적 특징의 발현은 크게 억제될 수밖에 없었다. 사실 노르웨이 노동당의 경제정책과 임금정책은 스웨덴 사민당의 정책에 비해 노동계급이 져야 할 부담은 더 컸던 반면 자본가들에게는 덜 가혹했던 편이었다. 노동당 지배체제가 사실상 막을 내렸던 1979년 노동당의 역사가 불(Edvard Bull)이 가한 다음과 같은 비판은 이와 관련해서 특히 주목할 만하다.

> 사회주의를 경제성장과 맞바꾸어 버림으로써 노동당 정부는 자신의 사회주의적 전통을 배신했다. 당과 노동조합의 지도자들은 빵 위에 좀 더 많은 잼을 바르려는 유혹에 굴복하고 말았다. 그리하여 그들의 이념과 계획에도 불구하고 그들은 계급단합과 여타의 전통적 가치를 회생시켜 오히려 조직된 자본주의의 궁극적인 승리를 촉진시켰다(Hodne 1983, 182-183에서 재인용).

바로 이와 같은 연유로 노동당 정부가 비록 경제운용 목표를 대체적으로 성취했음에도 불구하고, 노동당과 LO에 대한 노동자들의 계급 결속력은 점차 이완되어 갔고 사회민주 지배체제는 그와 함께 쇠퇴해 갈 수밖에 없었다.

2. 스웨덴

제2차 세계대전 이후 스웨덴 사민당 최초의 경제정책 노선은 LO와 공동으로 작성한 '노동운동의 전후계획'(*Arbetarrörelsens efterkrigs-program*)과 '전후 경제계획수립 특별위원회'(*Kommissionen för ekonomisk efterkrigsplanering*: 별칭 뮈르달 위원회) 보고서를 통해 발표되었는데, 그 골격은 노르웨이 노동당과 마찬가지로 케인즈주의에 입각한 팽창정책을 계획경제와 접목시키려는 것이었다. 이와 같은 정책노선의 목표는 완전고용을 달성하고 생산조직의 효율성과 합리성을 제고하기 위해 국가의 경제개입을 강화하는 것이었다(Lindbeck 1974, 25-27; Lewin 1985, 212-226; Hadenius 1978, 179-180). 그러나 노르웨이의 경우와 달리 계획경제를 도입하려던 사민당의 정책노선은 다른 정당의 완강한 저항에 직면했다. 사민당의 좌측에 포진한 공산당은 주요 기간산업의 무조건적인 국유화를 요구했으며, 그 우측의 보수당과 자유당은 비록 케인즈주의 고용정책은 수용했지만, 계획경제 도입을 사민당의 우회적인 사회화 전술로 간주하고 이에 격렬하게 저항했다. 따라서 1948년 총선거에서 사민당이 부분적인 패배를 당한 후 계획경제 도입 안을 정식으로 포기할 때까지 경제계획을 둘러싼 첨예한 대립과 논쟁이 제2차 세계대전 직후 스웨덴 정치를 지배했다(Lewin 1967; Lewin 1975; Lewin 1985, 204-260).

이 무렵 스웨덴 경제는 전후의 경기침체와 대량실업 사태에 대비해 사민당 정부가 적극 시행했던 팽창적인 경제정책의 결과 심각한 인플레이션 국면에 진입해 있었다.[29] 그리하여 사민당 정부는 1947~49년 사이 상품가격, 건설, 수입에 대한 통제를 강화하는 한편 통화와 재정운용을 소극적인 방향으로 선회해 인플레이션을 억제하려고 했다(Linbeck 1974, 25-36). 사민당 정부는 또 LO의 마지못한 동의를 얻어 1949년과 50년 2년 동안 임금을 동결시키는 소득정책을 폈다(Martin 1984, 202-203).

1940년대 말의 경제상황과 이에 대한 사민당 정부의 대응이 이렇게 나오자 경제운용에 관한 관심과 논쟁의 초점은 더 이상 계획경제 도입 여부에 맞춰지지 않았다. 문제의 초점은 완전고용을 어

29) 사민당 정부는 수요를 촉진하는 한편 복지를 확대하기 위해 유아수당 제도를 도입하는 한편 노령연금을 대폭 인상했다. 한편 스웨덴 실업률은 1938년 10.9%에 달했는데, 1946년에는 3.2%로 줄었고 1948년에는 2.8%에 머물렀다. 반면 소비자물가는 1945~48년 사이 연평균 8%씩 상승했다. Lindbeck(1974, 12, 30) 참조.

떻게 물가안정과 조화시킬 것인가에 맞춰졌다. 그리고 이 논쟁을 이끌었던 것은 스톡홀름학파 내의 주도적인 경제학자들이었다.

이 논쟁에서 자유주의적 입장을 대표했던 올린(Bertil Ohlin)과 륀드베르이(Erik Lundberg)는 고용수준 감소를 위한 통화억제 정책을 주장했지만, 그것은 사민당과 LO로서는 결코 받아들일 수 없는 제안이었다. 한편 뮈르달은 여전히 거시경제적 균형을 유지하기 위한 포괄적 경제계획의 도입을 주장했다. 이에 비해 한센(Bent Hansen)은 노동자들의 임금요구를 가격안정이라는 목표와 조화시키기 위해 적극적인 소득정책 도입이 필요하다고 역설했다. 따라서 만약 사민당이 뮈르달과 한센의 제안을 결합한 정책을 채택했더라면 스웨덴 경제정책의 기조는 노르웨이 노동당의 정책기조와 근본적으로 일치했을 것이다. 그러나 이 논쟁에서 궁극적으로 승리함으로써 스웨덴 특유의 사회민주 정치경제체제의 기초를 놓은 인물은 뮈르달도 한센도 아닌 LO 소속의 경제학자 렌(Gösta Rehn)과 그의 동료 겸 제자 메이드너(Rudolf Meidner)였다(Lindbeck 1974, 37-49).

1951년 LO의 공식적인 정책노선으로 채택된 '렌모델'은 완전고용, 물가안정, 단합적 임금, 그리고 산업 합리화라는 여러 가지 목표를 동시에 달성하려는 대단히 과감하고도 포괄적인 일련의 정책이 정교하게 결합된 정책체계였다. 이 모델은 사민당 정부의 경제정책과 임금정책은 노동계급의 연대성과 LO 지도 하에 있는 노동조합의 일체성을 결코 약화시켜서는 안 된다는 노동운동의 근본적인 요구사항을 바탕에 두고 있었다. 따라서 노동자의 자발적인 임금억제에 기초한 소득정책은 기층 노동자의 불만을 누적시켜 끝내는 폭발적인 임금상승을 가져올 것이므로 배제되어야 했다. 또한 노동시장의 모든 부문에서 노동력에 대한 수요가 팽배한 가운데 실시되는 소득정책은 반드시 상당한 수준의 임금부유(wage drift)를 유발시켜 단합적 임금정책을 저해하게 될 것이므로 이 정책은 결코 수용할 수 없다는 것이었다. 그리하여 렌은 임금억제를 지향하는 소득정책 대신 LO로 하여금 대단히 공격적인 단합적 임금정책을 구사할 것을 제안했다. 즉 임금인상의 일반적 수준을 성공적인 산업부문의 수준에 일치시킴으로써 시장요인에 의한 임금부유를 극소화하는 한편 노동조합 간의 경쟁적인 임금인상이 유발할 수도 있는 잠재적 인플레이션을 방지하자는 것이었다. 인플레이션은 또한 재정지출 억제를 통해서도 통제되어야 한다고 렌은 주장했다. 그런데 이처럼 긴축적인 재정정책과 공격적인 임금정책을 펼치면 기업의 이윤은 극도로 제한될 것이었다. 이 문제에 대해 렌모델은 대단히 차가운 대응책을 제시했다. 즉 이윤을 제대로 내지 못하는 기업은 합리화를 통해 스스로 효율성을 제고하거나 그렇지 못하면 도태될 수밖에 없으며, 오직 스스로의 노력으로 강한 경쟁력을 갖춘 기업만 살아남으리라는 것이었다. 이때 문제가 되는 것은 사양산업의 폐쇄에 따라 발생하는 실업이었다. 이에 대한 렌의 해법은 렌모델의 핵심 정책으로 자리 잡게 될 적극적 노동시장정책이었다. 그에 의하면 일자리를 잃은 인력은 정부의 적극적인 노동시장정책에 의해 직업 재교육을 받아 새로운 산업에 배치해야 한다는 것이었다. 즉 완전고용은 수요측면에서의 팽창정책을 통해 유지될 것이 아니라 실업이 발생하는 현장을 겨냥한 적극적인 노동시장정책에 의해 유지되어야 한다는 것이었다. 바로 이러한 방식을 통해 완전고용과 인플레이션, 완전고용과 경제성장의 직접적인 연결고리를 끊어 버릴 수 있다고 렌은 주장했다(Martin 1984, 202-218; Lindbeck 1974, 39-49).

이러한 내용의 렌모델은 사회민주 지배체제가 농민당의 지지에 의존하고 있었던 1957년까지는 채택되지 못하다가, 사민당이 전략적 계급연합 세력을 농민에서 화이트칼라로 전환하기 시작한 1950년대 말부터 사민당 경제정책의 기본원리로 정착했다. 이 모델의 특징은 무엇보다 노동계급의 이익을 국가경제 운용의 중심에 확고하게 위치시켰다는 점이다. 또 이 모델은 경제에 대한 국가의 개입목표를 노동시장에 대한 시장의 지배를 강력하게 억제하는 데 두었다. 즉 렌모델은 노동의 탈상품화라는 사민당의 정책목표를 적극적 노동시장정책을 통해서 실현하려고 했던 것이다.

1950년대 말부터 사민당 정부의 적극적 노동시장정책 집행의 중심역할을 맡게 된 기구는 1939년 설립했다가 1948년 대대적인 조직 개편을 단행한 국립노동시장국(Arbetsmarknadsstyrelsen: AMS)이었다. 1970년대에 AMS는 실업자 지원, 채용보조금, 직업훈련, 재취업알선, 이사비용 지원 등의 사업에 연간 GNP의 2% 이상을 집행하면서 스웨덴 노동시장을 관장하는 중추기관으로 성장했다. 1980년대 초 현재 AMS는 전국에 24개 지역위원회와 300개가 넘는 취업지원사무소를 두고 있었다. AMS 최고의결기구인 15인 집행위원회에 스웨덴고용주전국연합(SAF)은 불과 3명의 대표만 보낼 수 있었다. 반면 LO와 TCO의 몫은 합쳐서 과반수를 점유했다(Milner 1989, 115-125; Rothstein 1985).

한편 렌모델에 의해 스웨덴의 사기업은 오직 적자생존의 냉혹한 법칙만이 지배하는 경쟁체제로의 돌입을 강요당했다. 그 결과 부단한 산업합리화는 스웨덴 기업경영의 핵심적인 규범으로 자리 잡게 되었고, 사민당 정부는 엄청난 수준의 기업집중 현상을 슬며시 묵인해 주었다. 사실 제2차 세계대전 이후 스웨덴에서 소수의 거대기업으로 노동력과 생산이 대규모로 집중되는 현상은 사민당 정부

집권기간 내내 지속되었다. 1959년 70건을 기록했던 기업합병은 1970년 무려 340건을 기록했다. 또 1963년 현재 고용규모를 기준으로 한 100대 사기업이 전체 산업노동력의 43%를 고용하고 있었으며, 생산규모를 기준으로 한 100대 사기업이 사적 산업생산의 46%를 담당하고 있었다. 이러한 수치는 미국과 독일을 능가하는 것이었다. 한편 1975년 <포춘>지는 미국 이외 지역의 500대 기업에 25개 스웨덴 기업을 포함시킨 바 있는데, 스웨덴보다 많은 수의 기업이 포함된 국가는 일본, 영국, 독일, 프랑스 캐나다 5개국에 불과했다(Commission on Industrial and Economic Concentration 1976, 31; Scott 1977, 519-520). 그러나 이러한 기업의 집중은 궁극적으로 사민당 정부로 하여금 자본에 대한 국가 혹은 사회의 통제를 더욱 강화시키게 만드는 요인이 되었다.

기업이윤의 억제가 초래하게 될 사적 자본형성 부족현상에 대처하기 위해 렌은 투자재원 마련을 위한 공공저축의 증대를 제안했다(Lindbeck 1974, 43-44; Martin 1984, 207). 공공적 혹은 집합적 자본형성 방안이라 명명된 이 제안은 1950년대 말 부르주아 정당과 자본가 집단의 완강한 저항을 무릅쓰고 도입되었던 보조연금제도 및 이를 바탕으로 조성되었던 소위 ATP기금에 의해 실천에 옮겨졌다.[30] 사민당과 LO는 연금 도입을 통해 노동자의 물질적 조건을 향상시키려는 노동운동의 목표, 화이트칼라와의 계급적 연대를 강화하려는 사민당의 정치적 목표, 그리고 사적 자본형성의 부족을 집합적 자본형성을 통해 보전하려는 경제적 목표를 동시에 달성하려고 했던 것이다.

---

30) 이에 관한 자세한 논의는 제7장 참조.

그리하여 1950년대 말 이래 사민당의 경제정책은 사회정책과 불가분의 관계를 형성하게 되었다. 렌모델로부터 ATP기금 도입을 거쳐 1970년대 말에 임금수령자기금(Löntagarfonder)의 도입을 제안하는 단계에 이르기까지 사민당과 LO의 일관된 목표는 자본의 기능을 공적 통제에 복속시키려는 것이었다. 따라서 렌모델은 ATP기금과 임금수령자기금을 둘러싸고 사민당과 부르주아 정당, 그리고 노동과 자본 간에 벌여야 할 일대 격돌을 이미 예비하고 있었다고 볼 수도 있을 것이다. 그 결과 노르웨이와는 완전히 대조적으로 제2차 세계대전 이후 스웨덴 정치는 경제운용과 사회조정을 둘러싼 정당 간, 계급 간의 반복적인 대립과 투쟁이 주류를 이루었다. 스웨덴 사민당의 사회정책과 경제정책이 통상적인 케인즈주의 수준을 얼마나 넘어 사회민주주의 이상에 근접했는가에 관해서는 다양한 해석이 존재할 수 있을 것이다. 그러나 이러한 사민당과 LO의 공세적인 정책노선은 스웨덴의 정치세력 및 사회세력 간에 경제운용의 일반적 원리에 관해 합의가 조성되는 것을 상당 기간 억제할 수 있었으며, 사회경제정책을 둘러싼 반복적인 계급투쟁의 국면을 의도적으로 조성함으로써 노동계급의 사민당에 대한 높은 결속력을 유지해 낼 수 있었다.

제6절 종 합

지금까지의 논의를 바탕으로 스웨덴과 노르웨이가 구축한 사회민주 지배체제와 사회민주 정치경제체제의 특징을 요약해 보겠다.

우선 사회민주 지배체제는 수정된 사회주의를 이념적 기반으로 했다. 정통 사회주의가 소유의 사회화를 추구했던 반면 수정된 사회주의는 소비의 사회화와 통제의 사회화를 지향했다. 소유의 사회화를 포기함으로써 수정된 사회주의는 자본주의 시장경제를 인정하되 시장을 정치에 복속시키려고 했다. 또 민주주의의 외연을 정치적 차원에서 사회적 차원과 경제적 차원으로 확장시키려 했는데, 이 목표는 각각 소비의 사회화 및 통제의 사회화와 부합한다.

사회민주 지배체제를 확립하고 유지하기 위한 전략은 계급연합 전략이 핵심이었다. 사회민주 정당은 노동계급의 정치적 지지를 극대화하는 한편 다른 전략적 연합세력과의 연대를 추구했다. 전략적 연합세력은 계급구조의 동태적 변화에 따라 농민에서 화이트 칼라로 변했다.

이와 같은 이념과 전략을 바탕으로 스웨덴 사민당과 노르웨이 노동당은 사회민주 지배체제를 확립했고 양국 정치경제체제에 대한 배타적 지배력을 장기간 행사했다. 스웨덴 사민당은 1932년부터 76년까지 44년간 지속적으로 집권했으며 노르웨이 노동당은 1935년부터 65년까지 30년간 연속 집권했다.

이들이 구축했던 정치경제체제는 기본적인 특성을 공유했지만 중요한 차이점 역시 두드러진다.

국가, 노동, 자본의 역학관계를 살펴보면 노동조직력의 극대화가 사회민주 정치경제체제의 가장 두드러진 특징이었다. 스웨덴 노동조합은 조직일원성 측면에서 노르웨이 노동조합에는 못 미쳤지만 조직률 측면에서는 노르웨이를 압도했다. 노동조직력의 강화는 자연스레 자본의 대응조직화를 유도했다. 그 결과 양국 자본 역시 권위를 집중시킨 효과적인 조직체를 구축했다. 사회민주 지배체제에서 국가가 자본보다 노동에 우호적인 이상 역학관계는 일단 노동에 유리하다. 다만 스웨덴과 노르웨이 경제 역시 세계 자본주의 질서에 노출되어 있는 만큼 세계화와 자유화가 강화될수록 이 역학관계는 역전될 수밖에 없었다.

정책결정 양식은 양국 모두 국가, 노동, 자본의 3자협의 혹은 여기에 농업을 포함시킨 4자협의가 두드러졌다. 다만 스웨덴의 경우 중요한 사회경제정책 협의의 주도권은 대체로 노동을 대표한 LO가 행사해 왔다. 반대로 노르웨이의 경우 국가 내에 포진해 있던 합리적이고 실용적인 경제학자들이 정책 주도권을 행사해 왔다.

수정된 사회주의 이념이 추구하는 소비의 사회화는 노동의 탈상품화와 사회적 시민권 확립을 지향했는데, 이 목표는 무엇보다 보편적 복지정책 집행을 통해 달성하려고 했다. 임금정책 역시 계급 단합적인 정책을 추구했지만, 스웨덴의 임금정책이 기본적으로 자본에 대해 공세적이었던 반면 노르웨이 노동당의 소득정책은 종종 노동자에게 더 큰 양보를 요구하기도 했다. 노르웨이 노동당 정부의 경제정책은 합리적 계획경제와 케인즈주의 수요관리정책을 결합시키는 것을 골자로 했다. 이 정책노선은 갈수록 노르웨이 정치경제체제의 사회민주주적 특성을 약화시켰으며 이에 대한 노동당의 배타적 지배력 역시 약화시켰다. 반면 스웨덴 사민당이 핵심 경제정책 노선으로 채택했던 렌모델은 스웨덴 사회민주 정치경제체제를 케인즈주의 체제와 확연하게 차별화시켰으며, 경제운용을 둘러싼 정당 간, 계급 간 대립을 격화시킴으로써 정치경제체제에 대한 사민당의 배타적 지배력을 강화시켰다.

〈그림 4-1〉 사회민주 지배체제와 정치경제체제

<table>
<tr><th></th><th></th><th>스웨덴</th><th>노르웨이</th></tr>
<tr><td rowspan="3">지배
체제</td><td>이념</td><td colspan="2">▪ 수정된 사회주의
- 소유의 사회화 포기⟶ 정치에 대한 시장의 복속
- 소비의 사회화 ⟶ 사회적 시민권 확립
- 통제의 사회화 ⟶ 경제 민주주의</td></tr>
<tr><td>전략</td><td>▪ 계급연합 전략
- 노동연합
- 임금수령자 연합</td><td>▪ 계급연합 전략
- 노동연합
- 임금수령자 연합 실패</td></tr>
<tr><td>집권
기간</td><td>1932-1976
1982-1991
1994-2006</td><td>1935-1965 1971-1972
1973-1981 1986-1989
1990-1997 2000-2001
2005-</td></tr>
<tr><td rowspan="5">정치
경제
체제</td><td>국가-노동-자본</td><td>- 노동운동 조직력 극대화
- 노동의 상대적 우위</td><td>- 노동운동 조직력 극대화
- 3자 간 힘의 균형</td></tr>
<tr><td>정책결정
양식</td><td>- 3자협의 양식
- LO 내의 전문가 주도
- 자본의 소극적 · 방어적 참여</td><td>- 3자협의 양식
- 국가 내의 실용적 경제학자 주도</td></tr>
<tr><td>경제정책</td><td>렌모델</td><td>실용적 경제계획
케인즈주의적 수요관리</td></tr>
<tr><td>사회정책</td><td>보편적 복지정책</td><td>보편적 복지정책</td></tr>
<tr><td>임금정책</td><td>계급단합적 · 공세적 임금정책</td><td>계급단합적 임금정책</td></tr>
</table>

〈표 4-3〉 주요 경제지표, 1950-1999 (단위: %)

년도	GDP*	실업률**	소비자 물가*	실질 임금*
스웨덴				
1950-59	3.4	1.7	4.8	3.8
1960-67	4.4	1.6	3.8	4.1
1968-73	3.9	2.2	6.0	3.5
1974-79	1.8	1.9	9.8	1.2
1979-89	2.0	2.5	7.9	0.4
1989-99	1.5	6.5	3.5	1.3
노르웨이				
1950-59	3.2	1.0	6.1	2.6
1960-67	4.4	1.0	3.9	3.5
1968-73	4.1	1.0	3.9	3.5
1974-79	4.9	1.8	8.7	3.6
1979-89	2.7	2.8	8.3	1.0
1989-99	3.3	4.8	2.4	2.0
OECD-유럽				
1950-59	4.4	2.9	n.a.	n.a.
1960-67	4.6	2.7	3.7	n.a.
1968-73	4.9	3.4	6.2	n.a.
1974-79	2.4	5.4	11.4	3.8
1979-89	2.3	9.4	7.3	1.4
1989-99	1.9	10.5	3.3	1.1

*연간성장의 백분율.

**전체 노동인구의 연간 백분율.

출처: 1960-82년에 관해서는 OECD(1984, 39, 44, 83, 90). 1979-1999년에 관해서는 OECD(2000, 42, 48, 86). 1950-59년의 GDP와 실업률에 관한 자료는 Maddison(1976, 478-9); 스웨덴의 소비자물가와 실질임금에 관한 자료는 Martin(1984, 344); 노르웨이 소비자물가와 실질임금에 관한 자료는 Heidar(1983, 321-322, 330) 참조.

사회민주 정치경제체제의 이러한 특성은 양국이 기록한 거시경제 성과에 반영되었다. <표 4-3>에서 보듯이 1980년대 초까지 스웨덴과 노르웨이는 실업을 억제하는 데 가장 큰 성공을 거두었다. 양국의 실업률은 제2차 세계대전 이후 이때까지 줄곧 OECD 평균을 크게 하회했다. 반면 스웨덴의 경제성장률은 같은 기간 내내 OECD 평균을 밑돌았다. 노르웨이의 성장률은 1970년대 이후 OECD 평균을 능가했다. 1970년대 노르웨이의 경제성장은 물론 북해유전 개발에 크게 힘입었지만, 갈수록 성장 지향성을 강화시켰던 경제계획의 효과는 1960년대 후반 노르웨이의 경제성장률이 스웨덴을 앞서기 시작했을 때 이미 감지되었다. 한편 양국의 물가상승률 역시 비교적 완만했는데, 고용과 물가안정을 조화시키려고 했던 사회민주 정부의 노력이 주효했음을 알 수 있다. 반면 1950년대와 60년대에 스웨덴은 실질임금의 높은 상승에도 불구하고 노르웨이보다 효과적으로 물가인상을 억제했다. 이 시기 실질임금 인상률의 차이는 명백히 두 나라 임금정책의 차이를 반영하고 있었다. 1970년대 후반 노르웨이의 실질임금 인상률이 스웨덴의 세 배에 달했던 것은 오일쇼크 시기에 북해유전에서 거두어들였던 막대한 달러 덕분이었다.

사회민주 지배체제의 경제적 성취도는 전반적으로 탁월한 것으로 평가할 수 있을 것이다. 그러나 사회민주 지배체제의 지속과 쇠퇴는 경제적 성과에 좌우되지 않았다. 이제 양국 사회민주 지배체제가 1960년대 이후 그리게 되는 상이한 궤적을 살펴보도록 하자.

제5장
사회민주주의의 쇠퇴: 개관

제1절 사회민주정당 내각의 부침

1936년 3개월간 지속했던 스웨덴 농민당 내각과 1963년 4주에 그쳤던 노르웨이 부르주아 연립내각을 고려하지 않는다면, 스웨덴 사민당은 1932년부터 76년까지 44년간, 그리고 노르웨이 노동당은 1935년부터 65년까지 30년간 연속으로 집권했다. 노르웨이의 경우 1960년대 초부터, 스웨덴의 경우 1970년대 초부터 사회민주 지배 체제는 쇠퇴의 조짐을 보이기 시작했다. 노르웨이 노동당은 1965년부터 90년까지 25년 중 정확히 절반인 12년 반 동안 권력을 부르주아 정당에게 내주었다. 반면 스웨덴 사민당이 이 기간 중 권력을 잃었던 것은 6년에 불과했다. 이후 노르웨이 노동당은 17년 중 7년간 야당 생활을 했으며, 스웨덴 사민당은 4년 동안 권좌에서 물러나 있었다. 결국 지난 70년 동안 스웨덴 사민당이 권력을 잃은 것은 10년에 불과했고, 노르웨이 노동당은 대략 20년 동안 야당 생활을 한 셈이다.

1945~61년 사이 노르웨이 노동당은 의회의 절대다수 의석을 장악한 명실상부한 지배정당(predominant party)이었으며 '정당 중의 독수리'(Seip 1963)였다. 그러나 1961년 노동당 정부의 외교정책을 둘러싸고 당 내분이 격화했고 당내 소수 급진세력이 이탈해 사회주의인민당(Socialistisk Folkeparti)을 창당했다. 사회주의인민당은 1963년 부르주아 정당과 합세해 노동당 소수내각을 불신임했다. 그 결과 노동당은 4주 동안 권력을 상실했다.[1] 1965년에는 부르주아 4당 연립정부가 노동당 내각을 대체해서 구성되었다. 노르웨이에 민주주의가 수립된 이후 최초로 결성되었던 우파 다수 연립내각이었던 1965년 내각은 중앙당(Senterpartiet) 당수 보르텐(P. Borten)의 영도 아래 6년 동안 권력을 유지했다. 1971년 다시 노동당 소수내각이 들어섰으나 불과 1년 지속했고, 이듬해 보수당을 제외하고 구성된 중도우파 소수내각 역시 단명했다. 1973년 총선에서 노동당의 득표율은 EC 가입 여부를 둘러싸고 핵심 지지층이 분열함에 따라 40년 만에 40% 미만으로 내려앉았다. 노르웨이 의회 전체 155석 중 불과 62석만을 확보했던 노동당은 16석을 획득한 사회주의인민당의 지원에 힘입어 1981년까지 두 차례나 수상을 교체해 가면서

---

1) 1961~63년 사이 노동당 내각은 대단히 역설적이지만 보수당과 자유당의 의회 내 지지에 의지해야 했다. 이 시기 노동, 보수, 자유 3당은 의회 내에서 노르웨이의 EC 가입을 찬성하는 연합세력을 형성하고 있었다. Rokkan(1966, 70-73, 88-89) 참조.

불안한 소수내각을 지속해야 했다. 1981년 노동당은 다시 권력을 잃었고 1986년까지 부르주아 연립내각이 노동당을 이끌었다. 특히 1985년부터 2005년까지 구성되었던 모든 내각은 소수내각이었다. 사실 1971년 이후 노르웨이 정치는 1920년대의 소수내각 시대를 재현하고 있었다. 다만 1920년대 우파 소수내각은 단일 정당에 의한 것이었음에 비해 1970년대 이후 소수내각은 노동당 소수내각 아니면 우파정당의 연립에 의한 소수내각이었다. 노동당은 독일 강점기 런던에서 망명정부를 이끌었던 시기를 제외하고 결코 연립내각을 구성한 적이 없었다. 그러나 2005년 총선 직후 노동당은 사회주의좌파당과 중앙당을 포괄하는 다수 연립내각을 출범시킴으로써 오랜 전통에 종지부를 찍었다.

1960년대는 명백히 노르웨이 정당정치의 분수령이었으며 30년간 지속되었던 사회민주 지배체제가 결정적인 쇠퇴국면을 맞는 시기였다. 세입(Seip 1963)이 이름 붙였던 '일당국가체제'(ettpartistat)(Seip 1963)가 종식되는 시기였다. 발렌의 지적대로 "1965년 이후 노르웨이 유권자들은 정부를 차지하기 위해 경쟁하는 두 대안과 마주하게 되었는데, 부르주아 연립내각과 사회주의좌파의 지원을 받는 노동당 단독 소수내각이 그것이었다"(Valen 1990, 279). 특히 1965~ 71년 사이 부르주아 4당 연립내각은 커다란 사회적 혼란이나 경제적 부작용 없이 노르웨이 정치경제체제를 운용할 수 있음을 입증했다. 그 결과 부르주아 연립정부는 노동당 정부를 대신할 수 있는 당당한 대안정부로 인정받게 되었다. 1970년대 초 이후 노르웨이 정치는 지배정당체제로부터 경쟁적 정당체제로 본격 전환했다. 이때부터 정당 간 경쟁은 사회경제정책보다 외교정책, 낙태, 단기적 경제업적 등 단기적인 과도적 이슈의 영향을 보다 강하게 받게 되었고, 정당 투표의 유동성과 불안정성 역시 커져 갔다.

노동당 지배체제가 정확히 막을 내린 시점이 언제부터인가는 관점에 따라 달라질 수 있다. 의회 내 절대다수 의석을 상실한 시점을 기준으로 할 경우 노동당 지배체제는 1961년 종식되었다. 헤이다는 이런 관점에서 "노동당은 노르웨이 정치에서 지배정당이었지만 1960년대에 그 지위를 잃었다"(Heidar 2005, 819)고 주장하는 한편, "노동당이 1960년대 초 지배적인 위치를 상실함에 따라 노르웨이 정당체계는 지배정당체계에서 온건다당체계로 전환했다"(Heidar 2005, 823)고 주장한다. 사회민주 지배체제의 존속 여부를 정치경제체제에 대한 배타적 지배력 유지 여부를 기준으로 판단하는 이 책의 관점에 입각할 경우 주목해야 할 보다 중요한 시기는 1960년대 후반의 부르주아 연립정부 시기이다. 이들의 성공적인 경제운용 결과 정치경제체제에 대한 노동당의 배타적 지배력은 크게 훼손되었고, 그 결과 사회민주 지배체제의 쇠퇴는 노르웨이에서 1970년대 이후 거스를 수 없는 대세가 되었다.

제2차 세계대전 직후 스웨덴 사민당 지배체제는 표면적으로 노르웨이 노동당 지배체제보다 훨씬 취약해 보였다. 1951년부터 57년까지 사민당 정부는 농민당과의 연립에 의해 지탱될 수 있었다. 이때 이후 1968~70년 2년간을 제외하면 사민당 정부는 공산당(좌파사회당)의 의회 내 지지에 의존해야 했다. 특히 1998년부터 2006년까지 8년 동안 사민당 정부는 좌파사회당뿐 아니라 녹색당의 지원에 의존해야 했다. 1970년 이후 스웨덴 유권자들 역시 부르주아 연립내각과 사민당 소수내각 중 하나를 선택해야 하는 상황을 맞게 되었다. 1976년과 79년 두 차례 총선에서 스웨덴 유권자들은 부르주아 연립내각을 선택했다.

그러나 1965~71년 노르웨이 부르주아 연립정부와 달리 1976~82년 스웨덴 부르주아 연립정부의 실험은 참담한 실패로 막을 내렸다. 6년 동안 부르주아 3당은 내각을 네 차례나 교체함으로써 정국 안정에 실패했을 뿐 아니라 이 시기 스웨덴에 몰아닥친 사회경제적 위기에 효과적으로 대처하는 데도 실패했다. 그 결과 1960년대 후반의 노르웨이 부르주아 정당과 달리 스웨덴 부르주아 정당은 그 10년 후에도 스웨덴 정치경제체제의 성공적 운용능력을 입증하는 데 실패했다. 동정적인 관점에서 본다면 이들은 불운하게도 집권 시기를 잘못 골랐다. 이들은 하필 스웨덴 경제가 대공황 이후 가장 극심한 위기에 빠져들었을 때 정권을 잡았던 것이다. 그러나 부르주아 연립내각이 실패했던 보다 근본적인 이유는 다른 데서 찾아야 한다. 스웨덴 사민당이 구축해 놓은 사회민주 정치경제체제는 내분과 갈등으로 혼란 상태에 빠져 있던 부르주아 정당이 효과적으로 다룰 수 있는 대상이 아니었다. 이 실패는 사회민주 정치경제체제에 대한 스웨덴 사민당의 배타적 지배력을 사실상 재확인시켜 주었다. 이에 따라 스웨덴 사회민주 지배체제와 정치경제체제는 노르웨이보다 지속기간을 좀 더 연장할 수 있었다. 또 스웨덴 사회민주주의의 쇠퇴는 노르웨이보다 훨씬 적대적인 좌·우 정당 대립구도와 노동·자본 대립구도 속에서 진행되게 되는데, 그것은 어쩌면 사민당의 이념과 전략노선의 '성공'이 초래한 위기 탓인지도 모른다.

제2절 선거와 정당체계

1969년부터 89년까지 노르웨이 노동당의 득표율은 마치 널뛰기를 하듯이 선거 때마다 40%대와 30%대를 오락가락했지만, 득표율의 전반적인 하락 추세는 확연했다. 1989년 이후 노동당의 득표율은 한 번도 30%대를 넘어서지 못했다. 이 시기 노동당의 득표력은 1920년대 소수내각 시대의 수준으로 떨어졌다. 특히 2001년 총선에서 노동당이 얻은 24.3% 득표율은 1924년 이후 최악의 기록이었다. 물론 노동당이 득표율과 의석점유율 면에서 한 차례도 다른 정당에게 수위 자리를 내준 적은 없었다. 그러나 1980년대 이후 노동당은 노르웨이 정치를 주도하던 힘을 상실했다. 헤이다의 평가처럼 "정당 중의 독수리였던 노동당은 중간 규모의 평범한 정당으로 변해 버렸다. 노동당의 이와 같은 변화와 더불어 노르웨이 정치 역시 변했다"(Heidar 2005, 820).

스웨덴 사민당의 득표율 역시 1970년대 이후 눈에 띄게 줄어들었다. 그러나 사민당의 득표력은 노르웨이의 노동당보다 훨씬 양호한 수준을 유지했다. 1944년부터 56년까지 사민당의 득표율은 46.7%에서 44.6%까지 비록 미세하지만 꾸준히 하락했다. 그러나 이 추세는 반전해 1968년 전후 최고 득표율인 50.1%를 기록할 때까지 상승했다. 1970년대와 80년대 치렀던 7차례 총선거에서 사민당의 득표율은 42.7~45.6% 사이에 머물렀다.

〈표 5-1〉 노르웨이 의회(Storting) 선거, 1945-2005

	1945	1949	1953	1957	1961	1965	1969	1973	1977	1981	1985	1989	1993	1997	2001	2005
득표율(%)																
AKP	-	-	-	-	-	-	-	-	0.4	0.6	0.7	0.6	0.8	1.1	1.7	1.2	1.2
NKP	11.9	5.8	5.1	3.4	2.9	1.4	1.0	-	0.4	0.3	0.2	-	0	0.1	0.1	0
SF/SV	-	-	-	-	2.4	6.0	3.5	11.2	4.2	4.9	5.5	10.8	7.9	6.0	12.5	8.8
DNA	41.0	45.7	46.7	48.3	46.8	43.1	46.5	35.3	42.3	37.2	40.8	34.3	36.9	35.0	24.3	32.7
좌파합계	52.9	51.5	51.8	51.7	52.1	50.5	51.0	46.9	47.5	43.1	47.1	45.2	44.9	42.8	38.1	42.7
Ven	13.8	13.4	10.0	9.7	8.9	10.4	9.4	3.5	3.2	3.9	3.1	3.2	3.6	4.5	3.9	5.9
DNF	-	-	-	-	-	-	-	3.4	1.4	0.5	0.5	0	0	0	0	0
KRF	7.9	8.4	10.5	10.2	9.6	8.1	9.4	12.3	12.4	9.4	8.3	8.5	7.9	13.7	12.4	6.8
B/SP	8.1	8.2	9.0	9.3	9.3	9.9	10.5	11.0	8.6	6.7	6.6	6.5	16.7	7.9	5.6	6.5
Høy	17.0	17.7	18.8	18.9	20.0	21.1	19.6	17.4	24.8	31.7	30.4	22.2	17	14.3	21.2	14.1
FRP	-	-	-	-	-	-	-	5.0	1.9	4.5	3.7	13.0	6.3	15.3	14.6	22.1
Coast	-	-	-	-	-	-	-	-	-	-	-	-	-	-	1.7	0.8
기타	0.3	0.7	-	0.2	0.1	-	-	0.5	0.2	0.7	0.4	1.4	2.6	1.5	4.2	1.8
총득표율	100	100	100	100	100	100	100	100	100	100	100	100	100	100	100	100
의석수																
AKP	-	-	-	-	-	-	-	1	0	0	0	0	1	0	0	0
NKP	11	0	3	1	0	0	0	0	0	0	0	-	0	0	0	0
SF/SV	-	-	-	-	2	2	0	16	2	4	6	17	13	9	23	15
DNA	76	85	77	78	74	68	74	62	76	66	71	63	67	65	43	61
좌파합계	87	85	80	79	76	70	74	79	78	70	77	80	81	74	66	76
Ven	20	21	15	15	14	18	13	2	2	2	0	0	1	6	2	10
DNF	-	-	-	-	-	-	-	1	0	0	0	0	0	0	0	0
KRF	8	9	14	12	15	13	14	20	22	15	16	14	13	25	22	11
B/SP	10	12	14	15	16	18	20	21	12	11	12	11	32	11	10	11
Høy	25	23	27	29	29	31	29	29	41	53	50	37	28	23	38	23
FRP	-	-	-	-	-	-	-	4	0	4	2	22	10	25	26	38
Coast	-	-	-	-	-	-	-	-	-	-	-	-	-	-	1	0
기타	0	0	0	0	0	0	0	0	0	0	0	1	-	1	0	0
총의석수	150	150	150	150	150	150	150	155	155	155	157	165	165	165	165	169

AKP(마르크스·레닌주의당); NKP(공산당); SF/SV(사회주의인민당: 1973년에는 사회주의선거연합); DNA(노동당); Ven(자유당); DNF(자유국민당); KRF(기독국민당); B/SP(농민당/중앙당); Høy(보수당); FRP(1973년은 Anders Lange당, 1976년부터는 진보당); Coast(연안당).

출처: Valen(1981, 24, 27); Valen(1986, 179); Valen(1990, 278); 노르웨이 통계청(www.ssb.no).

〈표 5-2〉 스웨덴 의회(Riksdag) 선거(하원), 1944-2006

득표율(%)									
년도	V	SAP	MP	C	FP	KD	M	기타	합계
1944	10.5	46.7	-	13.6	12.9	-	15.9	0.4	100
1948	6.3	46.1	-	12.4	22.8	-	12.3	0.1	100
1952	4.3	46.1	-	10.7	24.4	-	14.4	0.1	100
1956	5.0	44.6	-	9.4	23.8	-	17.1	0.1	100
1958	3.4	46.2	-	12.7	18.2	-	19.5	0.0	100
1960	4.5	47.8	-	13.6	17.5	-	16.5	0.1	100
1964	5.2	47.3	-	13.4	17.1	1.8	13.7	1.5	100
1968	3.0	50.1	-	15.7	14.3	1.5	12.9	2.6	100
1970	4.8	45.3	-	19.9	16.2	1.8	11.5	0.4	99.9
1973	5.3	43.6	-	25.1	9.4	1.8	14.3	0.5	100
1976	4.8	42.7	-	24.1	11.1	1.4	15.6	0.3	100
1979	5.6	43.2	-	18.1	10.6	1.4	20.3	0.8	100
1982	5.6	45.6	1.7	15.5	5.9	1.9	23.6	0.2	100
1985	5.4	44.7	1.5	9.9	14.2	2.5	21.3	0.5	100
1988	5.8	43.2	5.5	11.3	12.2	2.9	18.3	0.7	99.9
1991	4.5	37.7	3.4	8.5	9.1	7.1	21.9	7.7	99.9
1994	6.2	45.3	5.0	7.7	7.2	4.1	22.4	2.3	100
1998	12.0	36.4	4.5	5.1	4.7	11.7	22.9	2.6	99.9
2002	8.4	39.9	4.6	6.2	13.4	9.1	15.3	3.1	100
2006	5.8	35.0	5.2	7.9	7.5	6.6	26.2	5.7	99.9
의석수									
년도	V	SAP	MP	C	FP	KD	M	기타	총의석수
1944	15	115	-	35	26	-	39	0	230
1948	8	112	-	30	57	-	23	0	230
1952	5	110	-	26	58	-	31	0	230
1956	6	106	-	19	58	-	42	0	231
1958	5	111	-	32	38	-	45	0	231
1960	5	114	-	34	40	-	39	0	232
1964	8	113	-	36	43	0	33	0	233
1968	3	125	-	39	34	0	32	0	233
1970	17	163	-	71	58	0	41	0	350
1973	19	156	-	90	34	0	51	0	350
1976	17	152	-	86	39	0	55	0	349
1979	20	154	-	64	38	0	73	0	349
1982	20	166	-	56	21	0	86	0	349
1985	19	159	-	43	51	0	76	0	349

	의석수								
년도	V	SAP	MP	C	FP	KD	M	기타	총의석수
1988	21	156	20	42	44	20	66	0	349
1991	16	138	0	31	33	0	80	25*	349
1994	22	161	18	27	26	18	80	0	349
1998	43	131	16	18	17	16	82	0	349
2002	30	144	17	22	48	17	55	0	349
2006	22	130	19	29	28	19	97	0	349

*ND(New Democracy).

V(좌파당/공산당); SAP(사민당); MP(녹색당); C(중앙당/구 농민당); FP(자유당); KD(기독민주당); M(온건당/구 보수당).

출처: Hadenius(1978, 306-309); Wörlund(1989, 80, 82); 스웨덴 통계청 (www.scb.se).

1957년 사민당이 농민당과의 역사적인 연대를 공식적으로 끝낸 후 1980년대 말까지 치렀던 11차례 총선거에서 사민당과 공산당이 합쳐서 원내 과반수 의석을 확보하지 못했던 것은 1976년과 79년 두 차례였고, 그 결과 사민당은 6년 동안 정권을 부르주아 연립정당에 내주어야 했다.

이처럼 스웨덴 사민당의 득표력은 1980년대 말까지 40%를 넘는 수준에서 비교적 안정적으로 유지되었다. 최소한 득표력과 의석 장악력 측면에서 사민당은 여전히 지배정당으로 일컬을 만했다. 그러나 1990년대 이후 상황은 바뀌었다. 1991년 사민당의 득표율은 1928년 이후 처음으로 30%대로 주저앉았다. 비록 이 다음 선거에서 한 차례 40%대를 회복했지만 이후 치렀던 3차례 선거에서 모두 30%대를 기록했다. 1991년부터 2006년까지 치른 5차례 총선에서 사민당의 평균 득표율은 38.8%였다. 이 기록은 1930년대의 43.8%에 미치지 못하며 1920년대의 38.4%에 근접한 기록이다(<그

림 3-2> 참조). 결국 스웨덴 사민당 역시 1990년대 이후 최소한 득표력 면에서 볼 때 1920년대 소수 연립내각 시대로 회귀했다.

스웨덴과 노르웨이 사민정당 득표력의 이와 같은 변화는 양국 정당체계의 변화와 밀접하게 맞물려 있다. 스칸디나비아 정당체계의 공통된 특징이라 할 수 있는 5당 정당체계는 특히 스웨덴에서 제2차 세계대전 이후 상당 기간 안정적으로 유지됐다. 1964년 결성된 기독민주당(Kristen Demokratisk Samling)은 1980년대 후반에 이르기까지 5당 정당체계의 안정성을 흔들지 못했다.[2] 스웨덴의 정당체계는 1981년 녹색당(Miljöpartiet de gröna)의 창당과 함께 본격적으로 변하기 시작했다. 1988년 총선에서 녹색당은 5.5%라는 놀라운 득표율로 원내 20석을 확보함으로써 결정적으로 5당 정당체계를 변화시켰다(Bennuf and Holmberg 1990, 165-184). 또 1991년에는 기독민주당이 7.1% 득표율을 기록하며 좌파사회당을 제압하고 원내 제5당으로 뛰어올랐다. 그 결과 스웨덴의 5당 정당체계는 1990년대에 7개 정당이 경쟁하는 체제로 변했다. 이 시기는 사민당의 득표력이 30%대로 급락한 시기와 정확히 일치한다.

제2차 세계대전 이후 노르웨이의 정당체계는 스웨덴보다 훨씬 불안정한 모습을 보여주었다. 우선 좌파의 경우 앞에서도 언급한 것처럼 1961년 사회주의인민당이 창당되었다. 1972년 노르웨이의 EC 가입을 둘러싼 내분으로 노동당은 또다시 당내 급진세력을 상실했다. 그리고 그 해 마르크스・레닌주의를 표방한 노동자공산당(Arbeidernes Kommunistparti)이 창당되었다. 그 결과 1970년대 중반 이후 노르웨이 좌파는 4개의 정당조직을 갖게 되었다. 다만 신・구

2) 기독민주당의 창당에 관해서는 Hadenius(1978, 251-252) 참조.

두 공산당은 원내의석을 확보하지 못한 채 불임정당으로 남았다.

부르주아 진영에서 당 조직이 가장 불안정했던 정당은 자유당이었다. 1933년에 이미 기독인민당(Kristelig folkeparti)이 자유당에서 이탈해 독자조직을 구축했다. 그로부터 40년 후인 1973년 EC 가입을 둘러싼 갈등으로 자유당 조직은 또다시 분열했다. 자유당 내 EC 가입을 지지하는 세력은 당을 이탈해 신인민당(Det nye folkeparti)을 창당했다. 19세기와 20세기 초 노르웨이의 민주화를 이끌었던 위대한 자유당(Venstre)은 거듭된 분열 끝에 군소정당으로 전락해 버렸으며, 1985년과 89년 총선에서는 한 개의 의석도 얻지 못하는 수모를 겪었다. 노르웨이 특유의 종교 문화적 자유주의는 제2차 세계대전 이후 일찌감치 기독인민당이 대표하고 있었다.

보수당(Høyre) 조직 역시 당내 우파의 분리운동으로 심각한 손상을 입었다. 보수당이 갈수록 케인즈주의 정치경제체제에 경도되어 가고 특히 1965~71년 집권기간에 적극적인 감세정책을 주도하지 못한 데 불만을 품고 탈당한 세력이 1973년 새 정당을 결성했다. 당 지도자의 이름을 따라 안델스랑에당(Anders Langes parti)이라 불린 신생 정당은 노르웨이 사회민주 정치경제체제의 혹독한 누진적 조세정책에 반발해 조직된 저항정당(protest party)이었다. 1976년 랑에 사망 후 당명은 진보당(Fremskrittspartiet)으로 바뀌었다. 이때 이후 진보당은 노르웨이에서 가장 강력하게 시장자유주의 경제노선을 옹호하는 정당이 되었다. 특히 1980년대 이후에는 노르웨이가 북해유전에서 벌어들이는 엄청난 자금을 석유가 바닥났을 때 복지예산으로 활용하기 위해 석유기금으로 적립하지 말고 적극적으로 지출해 인민들의 삶을 보다 윤택하게 할 것을 주장하는 등 진보당은 포퓰리즘적 정책 성향을 강화했다. 그 결과 1989년 이후 진보당에 대한 노르웨이 인민의 지지율은 비약적으로 신장했고, 마침내 2005년 총선에서 진보당은 노동당에 이어 원내 제2당의 위치로 성장했다(Sitter 2006). 여기서 주목할 것은 진보당이 비약적 성장을 해 온 시기와 노동당의 득표율이 1920년대 수준으로 후퇴한 시기가 그대로 일치한다는 사실이다.

결국 1957년 당명을 중앙당으로 바꾼 농민당을 제외한 노르웨이 정당정치의 세 주요 정당(노동, 자유, 보수)은 모두 1960년대 이후 치명적인 당 조직 분열을 겪었다.[3] 다음 절에서 논하겠지만 노르웨이 정당체계의 이와 같은 불안정성과 투표의 극심한 유동성은 본질적으로 노동당 집권기간에 정치경제체제 운용에 관해 갈수록 좌·우 정당의 간 합의정치가 강화된 데 기인한다.

1960년대 중반 노르웨이 정당정치의 대표적인 전문가 발렌은 "현재의 다당제는 양당제로 대체될 것"(Valen and Katz 1966, 40)이라고 예측한 바 있다. 그러나 노르웨이 정당체계는 사회민주 지배체제의 쇠퇴와 발을 맞추어 갈수록 분절화해 왔다. 헤이다는 제2차 세계대전 이후 노르웨이 정당정치의 특징과 변화를 노동당에 의한 지배정당기, 좌우진영 균형기, 분산기의 세 단계로 나누어 분석한다(Heidar 2005). 그의 분석에 따를 경우 1970년대 좌·우 이념적 진영 간에 균형이 이루어졌던 시점에 노동당 지배체제는 끝이 났다고 보아도 무방하다.

---

3) 제2차 세계대전 이후 노르웨이 정당체계의 변화에 관해서는 Valen (1981, 62-68), Heidar(1990), Heidar(2005) 참조.

제3절 계급구조와 계급연합의 변화

절대적인 수치 면에서 스웨덴 도시와 농촌의 노동자는 1960년까지 전체 노동력의 절반을 상회했다. 노르웨이 도시와 농촌의 노동자는 최소한 1970년까지 전체 노동력의 절반 이상을 차지했다(<그림 1-3> 참조). 도시 육체노동자의 비율은 양국에서 최소한 1970년대 말까지 45% 수준을 유지했다. 반면 도시와 농촌 유산계급의 비율은 양국에서 급속하게 감소했다. 1940~70년 사이 스웨덴의 도·농 유산계급의 비율은 전체 노동력의 26%에서 10%로 줄었다. 반면 노르웨이 도·농 유산계급은 1970년대에도 17~19% 수준을 유지했다.

다른 모든 산업민주 국가들과 마찬가지로 화이트칼라 계급의 양적 팽창이야말로 제2차 세계대전 이후 양국 직업구조의 가장 큰 변화였다. 화이트칼라의 성장속도는 스웨덴이 노르웨이보다 더 빨랐다. 그 결과 1970년 현재 스웨덴 화이트칼라 계급이 전체 노동인구의 42%를 차지한 데 비해 노르웨이 화이트칼라 계급의 비율은 31%에 머물렀다.

양국 화이트칼라 계급이 이처럼 급속히 늘어난 것은 무엇보다 공공부문 고용이 크게 늘어났기 때문이다. 또 그것은 양국 사회민주 정치경제체제가 개입경제 제도와 인력을 지속적으로 확충하는 한편 보편적 복지체제를 관리할 공공인력 규모를 대폭 늘려 갔기 때문이다. 1970년 현재 스웨덴과 노르웨이 전체 고용 중 정부에 고용된 인력규모는 각각 20.6%와 16.4%에 달했다. 10년 후 그 규모는 각각 30.7%와 21.8%로 늘어났다.[4] 화이트칼라 계급의 증가 규모는 사적 부문보다 공공부문에서 더 컸다. 1957~77년 사이 노르웨이 사적 부문 화이트칼라 계급은 전체 노동인구의 13%에서 17%로 늘어났지만, 공공부문에서는 9%에서 17%로 늘어났다(Valen 1981, 100). 스웨덴 사기업의 화이트칼라 고용규모는 1960년부터 82년까지 연평균 1.1% 성장했다(OECD 1984, 29). 반면 스웨덴 중앙정부의 화이트칼라 고용규모는 1944~76년 사이 연평균 3.4% 성장했다(Hadenius 1978, 333).

결국 제2차 세계대전 이후 스웨덴과 노르웨이 계급구조의 변화 양상은 노동계급 규모의 지속, 화이트칼라 계급의 급증, 도시와 농촌 유산계급의 급감으로 요약된다. 그 결과 1970년경 스웨덴과 노르웨이 사회는 압도적으로 '임금수령자 사회'가 되어 있었다. 이때 이후 블루칼라와 화이트칼라를 합친 임금수령자 계급의 규모는 스웨덴과 노르웨이에서 각각 90%와 80%를 상회했다. 따라서 블루칼라와 화이트칼라를 결합해 포괄적이며 안정적인 임금수령자 연대를 결성해 낼 수 있었다면 양국 사회민주 지배체제는 난공불락의 사회적 기반을 구축하게 될 것이었다. 1970년대 이후 양국 사회민주 지배체제 쇠퇴의 속도와 규모에 차이가 났던 것은 양국 사민정당이 임금수령자 연합 구축을 위해 세운 전략과 그 성과의 차이 때문이었다.

---

4) 1970년 이후 최소한 10여 년 동안 스웨덴, 덴마크, 노르웨이의 공공부문 고용규모는 OECD국가 중 1, 2, 3위를 독점했다(OECD 1984, 38).

〈그림 5-1〉 정당 지지자들의 사회적 구성

노르웨이 노동당

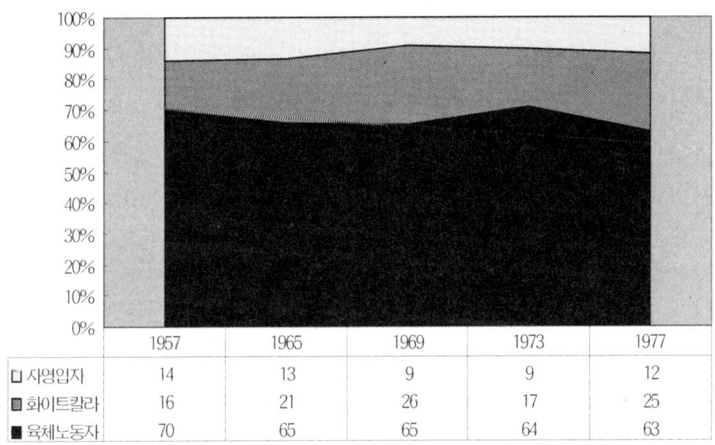

	1957	1965	1969	1973	1977
□ 자영업자	14	13	9	9	12
▨ 화이트칼라	16	21	26	17	25
■ 육체노동자	70	65	65	64	63

스웨덴 사민당

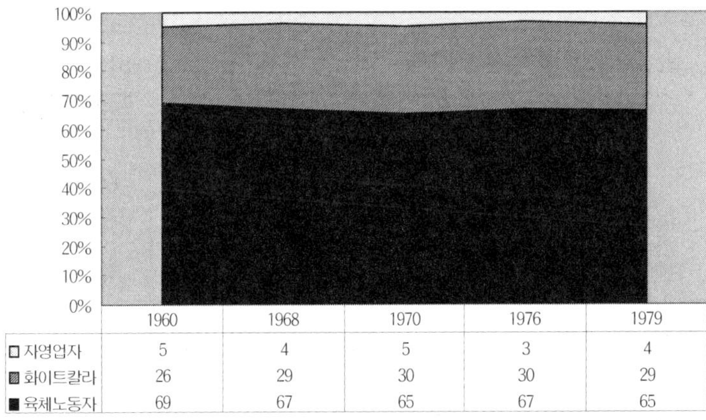

	1960	1968	1970	1976	1979
□ 자영업자	5	4	5	3	4
▨ 화이트칼라	26	29	30	30	29
■ 육체노동자	69	67	65	67	65

출처: Andersen(1985, 128-129).

<그림 5-1>에서 볼 수 있듯이 스웨덴 사민당과 노르웨이 노동당은 제2차 세계대전 이후 지속적으로 노동계급의 정당이었다. 육체노동자는 지속적으로 두 정당 득표율의 3분의 2를 담당해 주었다. 화이트칼라 계급은 스웨덴 사민당의 거의 모든 나머지 득표율을 채워 주었다. 반면 노르웨이 노동당이 받은 표 중 도시와 농촌 자영업자의 구성비는 스웨덴 사민당보다 대략 2배 이상 높았다. 1960년대 중반까지 노동당은 전체 노르웨이 농민 중 약 4분의 1로부터 지지를 받았는데, 이것은 양차 세계대전 사이에 농민들로부터 받은 지지가 변함없이 지속되고 있었음을 의미한다(<표 5-3> 참조). 그러나 노르웨이의 EC 가입에 찬성한다는 입장을 노동당이 공식화한 이후 농민들의 노동당에 대한 지지는 대폭 줄었다. 반면 도시 자영업자들의 노동당에 대한 지지율이 확대됨으로써 농촌 지지율 축소를 상쇄해 주었다. 어쨌든 도농 자영업자들은 1960년대 말 이후 노르웨이 노동당 지지율의 대략 10%를 충당했다.

〈표 5-3〉 노르웨이 노동당과 좌파에 대한 계급별 지지율 1949-1981 (단위: %)

	1949	1957	1965	1969	1973	1977	1981
육체노동자							
합계	74 (83)	76 (78)	68 (76)	69 (74)	54 (68)	64 (70)	59 (64)
노동조합원		(92)	(83)	(84)	(79)	(78)	67 (76)
비노동조합원		(73)	(64)	(63)	(61)	(63)	35 (37)
화이트칼라							
합계		39(40)	36(40)	39(42)	32(41)	34(39)	29(36)
공공		42(42)	36(40)	43(46)	35(46)	36(46)	28(39)

민간		36(37)	32(39)	28(31)	27(34)	31(31)	26(30)
노동조합원		(76)	(76)	(75)	(71)	(58)	33 (44)
비노동조합원		(44)	(25)	(26)	(30)	(36)	25 (28)
농 · 어민							
합계	28(28)	31(31)	23(24)	18(19)	13(14)	12(13)	21(21)
도시 자영업자							
합계	17(20)	28(28)	21(24)	30(31)	25(29)	29(30)	23(1)

*괄호 안의 숫자는 모든 사회주의 정당 지지율 총계.

출처: 1981년에 관해서는 Valen and Aardal(1983)에서 부분 발췌해서 작성. 그 밖의 것은 Valen(1981) 6장과 7장 참조.

<표 5-3>에서 보듯이 육체노동자의 노르웨이 노동당에 대한 지지율은 1940년대와 50년대의 75% 수준에서 1980년대에 60% 수준으로 하락했다. 노동자의 전체 사회주의 진영에 대한 지지율 역시 같은 기간에 약 80% 수준에서 70% 이하로 줄었다. 스웨덴 사민당은 육체노동자의 지지를 지속적으로 확대해 1960년대 75% 수준까지 동원해 냈다. 그러나 노동자의 사민당에 대한 지지는 1970년대에 65% 내지 70% 수준으로 하락했다. 노동자의 사회주의 진영 전체에 대한 지지율 역시 1960년대의 75% 내지 80% 수준에서 1970년대의 70% 내지 75% 수준으로 떨어졌다(<표 5-4> 참조).

종합적으로 육체노동자의 사민정당과 사회주의 진영 전체에 대한 전반적인 지지율은 노르웨이에서 1960년대 말 이후, 그리고 스웨덴에서 1970년대 초 이후 하락했다. 그러나 사민정당에 대한 노동계급의 결속력은 노르웨이보다 스웨덴에서 다소 강하게 유지되었다.

〈표 5-4〉 스웨덴 사민당과 좌파에 대한 계급별 지지율 (단위: %)

	1944	1948	1952	1956	1960	1964	1968	1970	1973	1976	1979	1982
육체노동자												
LE	69 (82)	72 (86)	71 (81)	73 (82)	80 (88)	76 (83)	85 (89)					
Kor				73 (76)	77 (80)	72 (77)	74 (76)	67 (72)	67 (73)	62 (68)	66 (71)	
E-A				74 (77)	77 (81)	75 (81)	77 (79)	70 (75)	69 (75)	68 (73)	66 (71)	
Hol												72 (72)
화이트칼라												
Kor				37 (38)	42 (43)	46 (47)	47 (49)	41 (45)	37 (40)	38 (42)	37 (41)	
E-A				49 (51)	53 (54)	52 (53)	54 (56)	48 (52)	48 (51)	43 (46)	38 (44)	
Hol												34 (40)
농민												
LE	5 (5)	5 (5)	9 (9)	11 (11)								
Kor				14 (14)	7 (8)	7 (7)	6 (6)	5 (5)	9 (9)	9 (9)	6 (6)	
Hol												13 (13)
도시 자영업자												
Kor				21 (21)	19 (20)	21 (21)	32 (33)	28 (29)	21 (23)	21 (22)	20 (22)	
Hol												22 (25)

*괄호 안의 숫자는 모든 사회주의 정당에 대한 지지의 총계.

출처: Lewin(1972); Korpi(1983); Andersen(1985); Holmberg(1984).

노르웨이 노동당에 대한 화이트칼라 계급의 지지율 역시 1950년대와 60년대의 35% 내지 40% 수준에서 1980년대에 30% 미만 수준으로 하락했다. <표 5-4>에 수록된 모든 자료는 스웨덴 사민당에 대한 화이트칼라 계급의 지지가 1960년대 말까지 상승했음을 보여

준다. 1960년대 말 사민당은 화이트칼라 계급 중 절반가량의 지지를 동원할 수 있었으나 1970년대 이후 이 추세는 반전했다. 그럼에도 불구하고 스웨덴 화이트칼라 계급의 약 3분의 1이 1970년대에 사민당을 지지하고 있었다.

쉐보르스키(Przeworski 1986)의 분석과 달리 양국 블루칼라 노동자와 화이트칼라 노동자의 좌파정당에 대한 지지는 상쇄관계를 형성하지 않았다. 양 계급집단의 사민정당에 대한 지지는 두 나라 모두에서 함께 움직이는 경향을 보여주었다. 1970년경 스웨덴 사민당과 노르웨이 노동당은 모두 두 계급의 지지를 잃기 시작했다. 그러나 스웨덴 사민당은 노르웨이 노동당보다 육체노동자의 지지를 좀 더 잘 유지했을 뿐 아니라 화이트칼라의 지지 역시 좀 더 효과적으로 일구어 냈다.

제4절 종 합

지금까지의 논의를 종합하면 다음과 같은 현상이 두드러진다.

첫째, 스웨덴 사민당의 전반적인 득표력은 노르웨이 노동당보다 안정적이었으며 또 득표율 하락도 늦게 시작되었다. 그럼에도 불구하고 양국 사민정당의 1990년대 득표율은 1920년대 소수내각 시대의 수준으로 후퇴했다.

둘째, 양국의 5당 정당체계는 모두 파편화하면서 7, 8개의 정당이 의회 내에 난립하는 상황으로 전환해 들어갔다. 그러나 이 경우에도 스웨덴의 변화 속도가 더 느렸다.

셋째, 노르웨이 노동당은 심각한 내분과 함께 조직 분열을 감수해야 했지만, 스웨덴 사민당은 당 조직이 분열할 정도의 내분을 겪지 않았다.

넷째, 1960년대 이후 양국 사민정당은 정권을 유지하기 위해 대체로 소수 좌파정당의 의회 내 지지에 의존해야 했다. 이 경우에도 스웨덴 사회주의 진영의 협조가 노르웨이 사회주의 진영보다 훨씬 안정적이었다. 이것은 스웨덴 사민당의 전반적인 정책노선이 노르웨이 노동당의 정책노선보다 소수 좌파정당의 구미에 더 맞았다는 것을 암시한다.

다섯째, 스웨덴 사민당은 노르웨이 노동당보다 더 성공적으로 육체노동자의 지지를 유지하고 또 화이트칼라 계급의 새로운 지지를 동원해 냈다. 즉 사민당이 노동당보다 훨씬 효과적으로 임금수령자 계급연합을 이끌어 냈다.

여섯째, 사회민주 정치경제체제에 대한 노르웨이 노동당의 배타적 지배력은 1970년대 들어 상실되었지만, 스웨덴 사민당의 배타적 지배력은 1980년대 초반까지 유지되었다.

일곱째, 스웨덴 사민당은 사회민주 지배체제와 정치경제체제를 노르웨이 노동당보다 더 오래 지속시킬 수 있었다. 그럼에도 불구하고 스웨덴의 사회민주 지배체제 역시 1990년대 이후 명백하게 쇠퇴의 길로 접어들었다. 이제 그 과정을 구체적으로 살펴보도록 하자.

제6장 노르웨이 사회민주주의의 쇠퇴

1945년부터 61년까지 노동당의 노르웨이 정치와 정치경제에 대한 지배력은 절대적이어서 이 시기를 '일당국가'(*ettpartistat*) 시대로 일컫기에 손색이 없다. 의회의 절대다수 의석을 장악한 노동당은 모든 주요 정책을 뜻대로 입안하고 또 집행할 수 있었다. 이 시기 노동당 정부의 경제운용 기조는 케인즈주의에 바탕을 둔 팽창적 개입주의를 미시적 통제와 거시적 계획에 결합시키는 것이었다. 이를 바탕으로 집권 노동당은 경제운용의 세 가지 목표로 설정했던 완전고용, 경제성장, 소득평준화를 실현하기 위해 적극 노력했다. 1930년대에 이미 시동을 걸었던 노동당 정부의 사회입법은 1950년대와 60년대에도 왕성하게 지속되었다. 그 결과 노르웨이는 불과 30년 사이에 서유럽 국가 중 사회복지가 가장 발달하지 않은 나라에서 제도적 복지국가의 선두에 선 국가로 변모했다. 플로라와 알버의 연구에 따르면 1935년 노르웨이 사회보험의 발달 수준은 서유럽 12개 국가 중 11번째였으나 1965년에는 최선두로 올라

셨다(Flora and Alber 1981, 55). 한편 노동당의 외교통상 정책은 노르웨이를 서방 안보체제 내로 편입시켰고 또 경제적으로도 지속적으로 서방 자본주의 체제와의 교류를 확대했다.

이와 같은 정책을 결정하는 과정에 노동당 정부는 대단히 정교한 집합적 협의체제(corporate consultation system)를 발전시켰는데, 이것은 곧 노르웨이의 정책결정 양식으로 제도화되었다. 그러나 이러한 협의체제에도 불구하고 정부, 노동당, LO가 노르웨이 일당국가를 지배하는 '삼두체제'(triumvirate)를 형성했다(Lundestad 1977, 457).

이 삼두체제의 리더십은 노동당 집권기간 내내 놀라울 정도로 안정되어 있었다. 우선 노동당은 1945년부터 65년까지 게르하르드센(Einar Gerhardsen)의 지속적인 영도 하에 있었다. 그는 또 같은 기간의 대부분을 수상의 직위에서 노르웨이를 통치했다. 한편 노르달(Konrad Nordahl)은 1939년부터 65년까지 LO의 위원장직을 지키며 게르하르드센과 긴밀한 협력체제를 구축했다. 정부 내에서 경제운용의 주도권은 브로포스(Erik Brofoss)의 수중에 있었으며, 외교정책은 1946년부터 65년까지 외무상을 역임한 랑에(Halvard Lange)가 주도했다. 1945년 현재 게르하르드센, 랑에, 노르달은 40대의 젊은 나이였으며 브로포스는 불과 37세였다. 삼두체제의 긴밀한 유대와 협력은 LO 출신 인사들이 활발하게 당과 정부에 진출함으로써 강화되었다. 게르하르드센과 랑에는 노조 지도자 출신이었으며 LO 지도자 노르달 역시 이 기간 내내 노동당 중앙집행위원으로 활약했다(Lundestad 1977, 456; Heidar 1983). 노동당 중앙과 지방 지도자의 약 35~40% 가량이 현직 노조 지도자였다(Heidar 1983, 114-115).

노동당 당원 수는 1949년 20만 4천 명에 도달한 다음 점차 감소했다(Heidar 1983, 111-112). 당원 수의 감소와는 대조적으로 LO의 조직원은 급증했다. 1935년 LO 산하 노조에 총 21만 5천 명의 노동자가 조직되어 있었는데, 1946년에 그 숫자는 40만 7천 명으로 불었고 1961년에는 56만 2천 명에 달했다(Heidar 1983, 235-236). 기층노동자는 1950년대 말까지 노동당 정부를 대단히 높은 수준에서 지지했다. 따라서 1957년 총선에서 노동당이 사상 최고의 득표율을 기록했을 때 블루칼라 노조원의 92%와 화이트칼라 노조원의 76%가 좌파를 지지했다(<표 5-3> 참조).

따라서 기층노동자의 강력한 지지를 바탕으로 강력한 유대와 협력관계를 구축한 당과 정부, 노조의 연합 지도부는 전후 노르웨이 사회와 경제를 혁신하는 과업을 대단히 효과적으로 수행해 나갔다. 그 결과 제2차 세계대전이 끝난 지 불과 20년 만에 노르웨이 사회민주 지배체제는 분배적 평등뿐만 아니라 '성장과 번영'(*vekst og velstand*)을 성취해 냈다(Bergh and Pharo 1977). 이 눈부신 업적을 한 노르웨이의 역사가는 다음과 같이 요약하고 있다.

> 제2차 세계대전 이후 노르웨이는 1814년부터 1945년까지 겪은 것보다 훨씬 더 큰 변화를 겪었다. 첫 과제는 전쟁 중 파괴된 것을 복구하는 일이었다. 이 복구의 시기는 엄청난 팽창의 시기로 이어졌다. 대규모 투자와 과잉고용, 국가수입의 급증과 소비의 폭발, 복지국가의 성장, 사회 전 부문에 걸친 포괄적인 개발 프로그램과 국가예산의 급증 등이 이 시대를 특징지었다. 그야말로 불과 한 세대 전만 하더라도 상상할 수 없었던 성장과 진보의 시대였다(Derry 1973, 408).

제1절 합의정치의 성장

사회민주 지배체제가 개척한 성장과 번영의 시대는 거의 모든 정책 영역에서 주요 정당 간에 '합의정치'(*konsensuspolitikk*)가 성행하고 '친선'(*tilnaerming*)의 기운이 가득했다.[1] 독일 점령기 주요 정당이 힘을 합쳐 전개했던 레지스탕스 운동, 전쟁 직후 고양되었던 국민 단합의 기운, 그리고 신속한 재건의 절박성에 대한 공동 인식 등이 합의정치의 기초를 제공해 주었다.[2]

1. 경제정책

특히 경제운용 목표에 관해 모든 정당이 맺은 완전한 합의야말로 전후 빠른 속도로 확대된 합의정치의 진원이 되었다. 1944년 가을 런던에서 모든 정당의 공동선언 형태로 발표된 이 합의는 1945년 6월 "모든 인민에게 일자리를: 정당의 공동 프로그램"(*Arbeid for alle: De politiske partienes fellesprogram*)이라는 제목의 문서로 공식 출

1) 'konsensuspolitikk'와 'tilnaerming'은 Bergh and Pharo(1977)에 실려 있는 모든 문헌을 관통하는 주제이다.

2) 전후 노르웨이에서 합의정치가 성장한 원인에 관한 상세한 논의는 Lundestad(1977, 502-516) 참조.

간되었다.[3] 공동 프로그램은 완전고용, 경제성장, 그리고 소득평준화를 전후 국가 경제운용의 최고 목표로 설정했다. 프로그램은 또 사회정책의 기본방향을 제시했는데, 사회입법은 구빈법체제를 지양해야 하며 모든 사회보장 프로그램을 확대시킬 뿐 아니라 이들을 단일 사회보장제도로 통합할 것을 요구했다(Kuhnle and Solheim 1981, 15). 이처럼 정당 간 이념적 스펙트럼을 넘어서 만들어진 통일된 사회경제 정책노선이 전후 노르웨이의 정치와 경제를 지배했다. 그리고 이 공동 프로그램을 실천하기 위해 보다 적극적인 국가의 역할이 필요하다는 점에 관해서도 각 정당은 일치된 견해를 보였다. 이 합의를 바탕으로 정당은 1945년 타가르드법(Lex Thagaard)과 1947년 브로포스법(Lex Brofoss)을 거의 만장일치로 채택했다. 이들 법은 노동당 정부에게 모든 경제행위를 통제할 수 있는 거의 독재적인 권한을 부여했다.

반면 통제경제의 지속기간에 관해서는 이견이 있었고, 또 모든 게 정상화된 시점에 무엇이 통제경제를 대체해야 할지에 관한 합의도 없었다. 이 문제를 둘러싸고 잠복하고 있던 노동당 정부와 야당의 긴장관계는 1948년 노르웨이가 경제활동의 거의 모든 영역에서 전쟁 이전 수준을 회복하면서 급속히 표면화했다. 그 결과 1940년대 말 특히 노동당과 보수당 사이에 계획경제 도입의 타당성에 관해 제법 격렬한 논쟁이 벌어졌다(Bergh 1977, 51-58).

보수당은 계획경제를 노동당 정부가 추진하려는 '은밀한 사회

3) 공동 프로그램의 상세한 내용과 경제운용 지배원리를 확립한 이 프로그램의 의의에 관해서는 특히 Hodne(1983, 131-132)와 Bergh(1977, 20, 51) 참조.

화'(*sniksosialisering*)(Bergh 1977, 54)라고 해석하고 이를 통해 노르웨이는 차츰 사회주의 사회로 변모할 것이라고 비판했다. 비록 일상적인 정책과 관련한 합의는 유지되고 있었지만 보수당은 이처럼 이념적 · 전략적 측면에서 노동당과 여전히 대립하고 있었다. 그러나 노동당이 내세운 계획경제에 맞설 보수당의 대안에 관한 당내 의견은 대단히 유동적이었고 또 다양했다. 함브로(C. J. Hambro), 닐센(Sven Nielsen), 잉발드센(Bernt Ingvaldsen) 같은 당 지도자들은 공동 프로그램의 합의사항을 좋아하지 않았다. 반면 링(John Lyng), 린데브레케(Sjur Lindebraekke), 스트랑에(Olf Stranger)와 같은 소장 그룹 지도자들은 정통 자유주의보다 국가개입주의에 기울어 있었고, 당 노선을 시대의 새로운 요구에 맞출 태세를 갖추고 있었다. 보수당 대안 마련의 주도권은 소장 그룹에게 돌아갔고, 특히 링은 보수당의 대안을 '사적 계획'(*privat planlegging*)이라는 이름으로 제시했다. 사적 계획은 계획의 주도권과 궁극적인 책임을 국가가 질 것이 아니라 경제정책에 직접 영향을 받아야 하고 또 실무지식을 보유하고 있는 경제단체와 직업단체가 주도권과 책임을 지도록 하자는 것이었다. 결국 보수당 내에서 떠오르고 있던 젊은 지도자들은 계획 자체를 반대했던 것이 아니라 그 주도권을 노동당이 독점하려는 데 반대했던 것이다(Bergh 1977, 54-55).

야당이 어떤 태도와 의견을 보였든 의회의 절대다수 의석을 확보하고 있던 노동당은 1950년대 초 자신의 의도대로 거시경제계획을 실행에 옮겼다. 그리고 정부의 경제계획체제가 성숙해 감에 따라 야당은 정부의 예산안과 장기계획을 차츰 받아들이게 되었다(Bergh 1977, 80). 그 결과 1950년대를 거치면서 거시경제계획은 정통성과 보편적 합의를 획득한 노르웨이의 경제운용 양식으로 자리를 잡았다.

노동당 정부가 경제계획체제를 확립하는 과정에서 일찌감치 확립시켰던 민주적·집합적 협의체제는 합의정치를 강화하는 데 중요하게 기여했다. 그러나 합의정치의 근본적이고 또 지속적인 기반은 다른 데서 찾아야 한다. 제4장에서도 언급했듯이 노동당 정부의 거시경제계획을 주도했던 것은 실용성과 합리성을 앞세운 오슬로학파였는데, 이들은 성장에 바탕을 둔 국가경제 운용을 점진적으로 강화시켰고 또 시장기제의 영향력을 서서히 확대시켰다.4) 이와 같은 이유로 노르웨이 우파정당은 노동당 정부가 시행하는 경제계획을 쉽게 받아들일 수 있었다. 한편 노동당 정부가 펼친 경제정책의 구체적인 성과 역시 반대를 잠재우고 합의정치를 강화하는 데 크게 기여했다. 베르히의 언급처럼 "성장과 번영의 새 공동체는 경제성책 영역에서 놀라운 화해를 이끌어 냈다"(Bergh 1977, 78).

그 화해는 1950년대 모든 우파정당이 단행했던 리더십 교체에 의해 더욱 촉진되었다. 보수당의 리더십은 1954년 함브로(Hambro)로부터 퀘스(Alv Kjøs)로 넘어 갔다가 다시 1950년대 말과 1960년대 초에 링(Lyng)과 린데브레케(Lindebraekke)로 넘어갔다. 농민당의 리더십은 1950년대 중반 프로너(Einar Frogner)와 바트나란드(E. Vatnaland)에서 보르텐(Per Borten)으로 넘어갔다. 자유당에서도 1950년대 초 뮐러(J. Worm-Müller), 로테(Jakob Lothe), 발렌(Neri Valen) 등 노장 지도자들을 대신해서 루이세란드(Bent Røiseland)가 당수가 되었다. 리더십 교체는 기독인민당에서도 이루어졌는데, 1955년 라비

4) 노동당 정부가 1950년대에 시행했던 일련의 경제자유화 조치에 관해서는 Bergh(1977, 79) 참조.

크(Nils Lavik)를 대신해서 위크보리(Erling Wikborg)가 당수가 되었다. 우파정당의 새 지도자들은 모두 공동 프로그램에 보다 우호적이었고 전임 지도자들보다 노동당이 주도하는 개입주의 국가에 대해 용인할 태세를 갖추고 있었다(Lundestad 1977, 507; Heidar 1983, 제3장).

결국 경제운용에 관한 노르웨이 정당의 화해와 합의는 1940년대 말과 50년대 초 집권 노동당과 우파정당이 단행했던 정책과 노선 조정의 산물이었다. 이 중 어느 정당도 정통 사회주의나 정통 자유주의 노선에 입각한 경제운용을 지지하지 않았다(Bergh 1977, 58-59). 의회 내 절대다수 의석을 장악하고 있던 노동당은 사회화 노선을 정책적 고려의 대상에서 완전히 배제했다. 그리고 노동당은 통제경제를 계획경제로 대체하되 완전고용, 소득평준화, 포괄적 사회개혁이라는 목표를 성취하기 위해 갈수록 경제성장에 의존도를 높여 갔다. 우파정당 역시 일상적인 경제활동을 전적으로 시장기제에 맡겨야 한다는 생각을 버렸다. 경제운용에 관한 정당 간의 합의는 개입주의 국가의 실용적인 거시경제계획에 의한 성장과 분배의 균형으로 집약되었다. 그 결과 1950년대 이후 합의에 의한 케인즈주의는 노르웨이 경제의 지배원리가 되었고 성장과 번영을 매개로 한 합의정치의 토대가 되었다.

노동당 지배체제와 경제정책에 저항했던 사실상 유일한 세력은 재계(財界)였다. 사회주의자들이 정치권력과 의회 내 다수의 힘을 활용해 노르웨이를 사회주의 국가로 전화시키려는 데 대항해 재계의 상당수 기업인들은 1947년 8월 '리베르타스'(Libertas)라는 반사회주의 결사체를 비밀리에 조직했다. 다음해 규제완화와 계획경제를 둘러싸고 정당 간 갈등이 표면화하자 리베르타스는 조직을 공개하고 보수당, 자유당, 농민당에 막대한 정치자금을 제공하기 시작했다(Bergh 1977, 56-57). '건전한 사기업의 주도권과 자유로운 경제활동'(Rovde 1977, 446)을 고취하기 위해 리베르타스는 사회주의 정부를 대체할 수 있는 광범위한 반사회주의 연합을 형성하는 데 고군분투했다. 그러나 리베르타스의 자유주의 프로그램은 우파정당에게 먹혀들지 않았다. 1950년대 말에는 리베르타스와 보수당 사이에 격렬한 논쟁이 이어졌다. 1963년 우파 진영이 일시적으로 정권을 잡았을 때 리베르타스의 완벽한 고립상태가 확인되었다. 리베르타스로서는 대단히 실망스럽게도 부르주아 연립내각은 자유시장 원리에 입각한 새로운 프로그램을 제시하지 않았으며, 그 대신 노동당 정부의 정책을 기꺼이 지속하겠다고 천명한 것이다(Rovde 1977, 446; Rokkan 1966, 91).

2. 사회정책

한편 사회정책 영역에서도 정당 간 합의와 협력이 지배적인 경향이었다. 사회민주 지배체제 하에서 사회정책의 첫 도약은 1935~40년 사이에 이루어졌다.[5] 사회입법에 대한 의회의 반대는 이 시기에 이미 무시해도 좋을 만큼 약해져 있었다(Kuhnle and Solheim 1981, 12). 제2차 세계대전 후 노동당 정부의 사회정책은 보편주의를 향한 힘찬 전진, 그리고 포괄적이며 내적 일관성을 갖춘 사회보장체제의 확립을 위한 조정에 초점을 맞췄다. 1946년 보편적이며

5) 이 시기에 시행된 사회입법의 종류에 관해서는 Kuhnle and Solheim (1981, 13) 참조.

평등한 육아수당제도가 일체의 토론 없이 만장일치로 의회를 통과했다(Kuhnle and Solheim 1981, 15). 1956년에는 보편적이고 강제적이고 소득수준에 따라 차별적이며 국가의 재정지원을 받는 의료보험제도가 도입되었다. 그리고 다음해에는 일체의 수혜자격 심사를 제거하고 또 정액급여제에 입각한 노령연금제도가 보편적으로 시행되었다. 1950년대 말까지 노르웨이는 제도적 복지국가라면 갖추어야 할 핵심요소를 대부분 구비했다. 특히 이를 위해 채택해야 했던 모든 관련 법안은 모든 우파정당의 완벽한 동의 속에 의회를 통과했다(Kuhnle and Solheim 1981, 26-30; Esping-Andersen 1985, 156-159).

사회정책에 관한 정당 간 합의정치는 1966년, 다시 말해 부르주아 연립내각 시기에 절정에 달했다. 이 해에 통합적이고 포괄적인 국민연금 및 보험제도인 '인민보장'(Folketrygd)이 만장일치로 채택되었다. 모든 정당의 지지서명을 받은 이 프로그램은 공공구제사업의 필요성을 제거하고 모든 인민에게 충분한 생활수준을 보장하며, 보다 많은 평등을 실현하고 완전고용을 지속할 것을 약속했다. 이 제도의 입법에 의해 모든 기초적인 사회수요는 통합된 국가사회 보장제도에 의해 보편성을 바탕으로 통제되고 또 충당되게 되었다(Lundestad 1977, 479, 487; Esping-Andersen 1985, 154; Kuhnle and Solheim 1981, 30). 또 그 다음해에는 또 다른 보조연금제도가 역시 만장일치로 채택되었다(Esping-Andersen 1985, 163).[6] 결국 노르웨이에 확립된 제도적 복지국가의 마지막 손질을 주도했던 것은 부르주아 연립내각이었던 셈이다. 퀴늘과 솔헤임의 연구에 의하면

6) 다음 장에서 살펴보겠지만, 보조연금제도는 1950년대 말 스웨덴 정치와 사회를 엄청난 대립과 갈등의 파고 속으로 몰아넣은 바 있다.

1969~ 77년 사이 노르웨이 정당은 사회정책 이슈와 관련해 아무런 이견도 보이지 않았다(Kuhnle and Solheim 1981, 42). 이들은 사회정책 영역에 팽배했던 합의정치에 관해 다음과 같이 요약하고 있다.

> 전후 노르웨이 복지국가의 발달은 폭넓은 합의를 바탕으로 시작되었다. 사회정책 이슈는 선거에서 대단히 중요한 이슈였지만 정당 간의 심각한 갈등과 분쟁 요인이 된 적은 없고, 또 유권자들도 이 이슈를 정당을 가로지르는 균열 요인으로 보지 않았다. 정당 프로그램만 가지고 판단한다면 새로운 사회정책을 지지하는 선도 세력은 분명히 노동당이었다. 그러나 다른 정당 역시 노동당의 뒤를 바짝 따랐다. 모든 정당이 노르웨이 복지국가의 현재 모습을 지지하는 것처럼 보인다. 이념적 수준과 현실 정치 수준을 막론하고 모든 정당 사이에, 그리고 정당과 일반 유권자들 사이에 형성되어 있는 폭넓은 합의가 두드러진다(Kuhnle and Solheim 1981, 54-55).

3. 농업정책

전후 노르웨이 정당이 꽃피운 합의정치는 농업정책 영역에서도 두드러졌다.[7] 전후 노동당 농업정책은 평준화의 원칙을 농업부문에 확장하는 것을 목표로 했다. 노동당은 농업과 다른 경제부문 간의 소득평준화만이 아니라 농업부문 내부의 평준화 또한 목표로

7) 스틴의 저서(Steen 1985a)는 노르웨이와 스웨덴의 전후 농업정책을 예리한 통찰력으로 비교 분석하고 있다. 영어로 쓰인 그의 논문(Steen 1985b)은 이 책을 요약한 것이다.

삼았다. 농업의 각 부문 간 소득평준화를 강조한 노동당 농업정책은 노르웨이 소농들의 지지를 계속 얻으려는 정치적 목표에 부응하는 것이었고, 또 노르웨이소농연합(Norsk bonde-og småburkarlag)과 노동당의 협력을 이어 주는 연결고리였다(Steen 1985b, 49, 58).

농업정책 목표를 달성하기 위해 노동당 정부가 활용했던 주요 정책수단은 보호무역주의와 정부보조금이었다. 육류와 낙농제품에 대한 전반적인 수입금지 조치가 내려졌으며 과일과 야채에 대한 수입제한 조치도 시행되었다. 1928년 이후 국가가 공급을 독점하고 있던 양곡과 밀가루는 이 조치에 포함되지 않았다(Hodne 1983, 231).

자국산 농산물을 국제경쟁으로부터 보호하려는 조치 외에 광범위한 정부보조금이 제2차 세계대전 이후 지속적으로 지급되었다. 농산물에 대한 가격보조금이 지급되었으며, 특히 영농지역이나 영농작물 혹은 농지규모와 무관하게 농가소득을 평준화하려는 것을 목표로 차별화된 보조금제도를 시행했다(Hodne 1983, 231). 농업보조금은 1946~49년에 연간 정부 총지출의 18~24%를 차지했으며 1950~52년에도 16%에 이르렀다(Hodne 1983, 156-157). 1952년 이후 농가소득 목표, 생산량과 생산성 목표, 지역정책 목표 등은 모두 일반 거시경제계획의 일환으로 수립되기 시작했다(Hodne 1983, 231). 농업보조금이 정부의 연간 재정지출에 차지하는 비율은 1957~78년 사이에도 여전히 연평균 12.8%를 차지했다. 같은 기간 스웨덴의 수치가 3% 수준에 머물렀던 것과 비교해 보면 노르웨이 정부의 농업보호정책이 일관되게 강력했음을 알 수 있다(Steen 1985b, 51). 국가의 지원이 노르웨이 농가소득에 차지하는 비율은 1957~59년 20%에 달한 데 비해 같은 기간 스웨덴의 비율은 2%에 불과했다(Steen 1985, 52).

보호무역정책과 정부보조금, 소득평준화 정책 등은 다른 모든 경제사회정책과 마찬가지로 정당 간의 굳건한 합의에 의해 지탱되고 있었다. 앞에서 언급했듯이 소득평준화를 전후 경제운용의 핵심목표 중 하나로 설정했던 1945년 공동 프로그램에 모든 정당이 합의한 바 있다. 이 공동 프로그램은 농민 역시 경제성장의 공평한 과실을 배분받아야 한다고 규정했다(Hodne 1983, 156). 1945년 공동 프로그램과 47년 일반농업정책에 관한 첫 번째 의회 결의에 이어 1975년 의회의 동의를 얻은 농업보호를 위한 긴급 프로그램에 이르기까지 농가소득 향상을 위한 정책은 항상 모든 정당의 지지와 동의를 받았다. 농가소득 보전을 위해 1965년과 74년 우파정당이 주도했던 발의안들 역시 노동당의 전폭적인 지지를 받았다(Steen 1985b, 49). 이처럼 정당 간의 굳건한 합의를 바탕으로 농가소득 중 국가의 지원이 차지하는 비중은 1957~59년 20%에서 1976~78년에는 48%로 늘어났다(Steen 1985b, 52). 농업정책과 관련해 강력하게 형성된 합의정치에 관해 스틴은 다음과 같이 묘사하고 있다.

> 농업정책에 관한 정당의 프로그램이 목표와 수단 면에서 근본적인 유사성을 보이는 것은 노르웨이 정당이 분극화되어 있지 않은 탓으로 보인다. 그 결과 정책에 관한 합의와 타협은 별 마찰 없이 이루어질 수 있었다. 모든 정당은 농민들이 제기하는 요구와 명분에 동조할 정치적 이해를 공유하고 있었다(Steen 1985, 60).

다른 경제정책과 마찬가지로 농업정책 역시 집합적 협상의 대상이었다. 농림부와 노르웨이농민연합(Norges Bondelag), 노르웨이소농연합(Norsk bonde-og småburkarlag)은 농업보호 프로그램에 관해 규칙적으로 협의했다. 스웨덴 사례와는 대조적으로 소비자나 임금수령자 등을 대표한 이익집단은 이 협의과정에서 철저히 배제되었다(Steen 1985b, 57-58; Hodne 1983, 231-232). 그 결과 정부와 농민단체 간의 타협은 비교적 쉽게 이루어졌지만 중농과 소농의 이해충돌이 가장 큰 장애물이었다. 특히 노동당이 중농과 소농 간의 소득격차를 줄이기 위해 적극적인 정책을 펼쳤던 1947~57년 사이에 노르웨이농민연합은 격렬하게 저항했다. 이 기간에 진행되었던 16차례의 집합적 협의 중 7차례가 노동당 정부와 노르웨이농민연합의 충돌로 무산되었다. 그러나 이 고비를 넘긴 후 농업정책을 위한 집합적 협의체제 역시 합의가 일상적인 모습이 되었다(Steen 1985b, 54-56).

4. 소 결

종합적으로 볼 때 사회민주 지배체제가 지속된 전 기간에 걸쳐 경제정책의 목표, 경제운용의 방식, 사회정책의 일반적 방향과 구체적 내용, 농업정책의 기본원칙과 구체적 집행 등 모든 부문에서 정당 간에 완전한 합의가 이루어졌다. 경제운용과 사회조정에 관해 이처럼 팽배했던 합의를 분석한 베르크는 주저 없이 1950년대를 '합의정치의 절정기'(*konsensuspolitikkens høydepunkt*)(Bergh 1977, 78)라고 규정했다. 노르웨이 판(版) '하프순드 민주주의'는 1958~65년 사이에 절정을 구가했다(Bergh 1977, 86-88).

제2절 노동당 지배체제의 종식

노르웨이에 팽배했던 합의정치는 궁극적으로 사회민주 지배체제의 기반을 와해시켰다. 첫째, 경제운용과 사회조정에 관한 정당 간 완전한 합의는 경제균열 혹은 계급균열의 정치적 비중을 대폭 떨어뜨렸고, 그 결과 노동당은 갈수록 노동계급의 강력한 지지를 유지해 내기가 힘들어졌다. 둘째, 비록 전후 노르웨이 정치경제체제는 노동당 주도로 구축되었지만 지속적인 합의정치는 정치경제 체제에 대한 노동당의 배타적 지배력에 치명적인 손상을 입혔다. 셋째, 경제균열의 약화에 발을 맞추어 다른 균열요인이 세력을 강화해 기존 정당과 결속해 있는 각 사회계급 내부를 분열시키고, 이들의 정치적 지지패턴을 갈수록 불안정하게 만들었다. 넷째, 이런 상황에서 노동당은 갈수록 육체노동자의 지지를 유지하는 데 어려움을 겪었을 뿐 아니라 급속하게 팽창하고 있던 화이트칼라 계급의 지지를 견인해 내는 데도 많은 어려움을 겪었다. 사회민주 지배체제의 쇠퇴는 이들 모든 요인이 결합돼 1960년대 초부터 시작되었다.

1. 노동당 분열과 정권 상실

사회경제정책 영역에 팽배했던 합의정치가 사회민주 지배체제에 끼친 부정적 효과는 외교정책 영역에서 특히 두드러졌다. 노동당의 전후 외교정책은 노르웨이의 서방 안보체제와 경제체제로의 편입을 기조로 하고 있었다. 이미 1940년대 말 노르웨이는 마셜(Marshall) 원조를 받아들였고, 그에 따라 1948년 OEEC에 가입했으며, 1949년에는 NATO 회원국이 되었다. 노르웨이를 EC에 가입시키려던 노동당의 노력은 그러나 1962~63년과 1970~72년 두 차례에 걸쳐 좌절했고 노동당은 엄청난 정치적 후폭풍을 겪어야 했다. 그러나 노르웨이와 서유럽 경제체제의 긴밀한 협력은 1960년 EFTA 가입과 EC와 체결한 자유무역협약을 통해 견고하게 지탱되고 있었다(Eriksen 1977, 167-277).

서방 경제체제와의 협력은 전후복구의 시급성 때문에 애당초 불가피한 선택이었다. 마셜 원조를 받고 OEEC에 가입한 것은 그 첫 번째 수순이었던 것이다. 노동당이 거시경제계획을 경제운용의 기조로 삼은 것도 이와 같은 국제경제적 요인에 일정 수준 영향을 받은 바 있었다(Hodne 1983, 158-162). 한편 노르웨이 경제의 국제무역에 대한 높은 의존도 역시 서방 경제체제와의 협력 필요성을 가중시켰다. 1951~60년 사이 수출과 수입이 GNP에 차지하는 비중은 연평균 각각 39%와 40%에 달했다(Lundestad 1977, 464). 그리고 노동당 정부가 경제성장을 다른 사회경제정책을 추진할 동력으로 삼고 이에 대한 의존도를 높여 갈수록 서방 경제체제에 대한 의존도 역시 커갈 수밖에 없었다. 결국 노동당 정부의 경제운용 전반에 적용되었던 실용적 합리주의는 노동당으로 하여금 엄청난 정치적 비용을 감수하더라도 EC 가입을 추진하게 만들었다.

그러나 사회주의 블록과 노동당 내부에 첫 파열음을 낸 것은 노동당 정부가 스웨덴이 제안한 북유럽안보동맹을 거부하고 그 대신 격렬한 당내 논란 끝에 NATO 가입을 결정한 사건이었다.[8] 서방안보동맹에 가입하는 문제와 관련해서는 노동당과 우파정당 간에 폭넓은 합의가 형성되어 있었다. 이에 관한 노동당 정부, 특히 랑에(Halvard Lange) 외무장관의 노선은 노동당과 우파정당의 전폭적인 지지를 받고 있었다. 이를 둘러싼 갈등의 전선은 공산당과 다른 정당 사이를 가로지르는 한편 보다 심각하게는 노동당 내부를 가로질렀다(Eriksen 1977, 172-173; Lundestad 1977, 468). 1949년 4월 노르웨이의 NATO 가입을 의회가 정식으로 비준했을 때 공산당 소속 의원 11명 전원과 노동당 소속 의원 2명이 반대표를 던졌다(Eriksen 1977, 205).

노동당 내부의 분열은 의회에서 표출되었던 2명의 반대보다 훨씬 심각했다. 1948년 4월 실시된 여론조사 결과에 의하면 노동당 지지자 중 51%가 서방과의 동맹을 선호했지만, 47%는 중립을 선호했고 2%는 공산진영으로 가담하는 것을 선호했다.[9] 따라서 노동당 지지자들의 선호는 서방동맹과 중립으로 거의 정확하게 양분

8) 노르웨이가 북유럽안보동맹과 NATO 가입을 둘러싸고 겪은 진통과 북유럽안보동맹이 좌절했던 다양한 국내외적 요인에 관해서는 Eriksen (1977, 203-217) 참조.

9) 한편 공산당 지지자 중 60%는 소련과의 동맹을 지지했고 40%는 중립을 선호했다. Heidar(1983, 187) 참조.

되어 있었다. 노르웨이가 NATO에 정식 가입한 직후였던 1949년 7월 실시한 여론조사에서 노동당 지지자의 56%는 NATO 가입으로 국가안보가 강화되었다고 생각했지만, 25%는 별다른 영향이 없거나 오히려 약화되었다고 생각하고 있었다. 1965년 여론조사에서 노동당 지지자 중 51%는 여전히 NATO가 국가안보에 도움을 준다고 답했지만, 37%는 별 도움이 없거나 혹은 외국군의 침략 가능성을 높였다고 답했다(Heidar 1983, 188-189). 따라서 노동당 집권기간 내내 노동당 지지자들 사이에 국가안보 문제를 둘러싸고 커다란 의견차이가 지속되고 있었다. 에릭센의 언급처럼, "1945~65년 사이 노르웨이 외교정책을 둘러싼 심각한 갈등은 다른 어떤 곳보다 집권당 내부에서 터져 나왔다"(Eriksen 1977, 173). 이 당내 갈등의 정치적 파장은 사회경제정책 영역에서 합의정치가 확산될수록 커져 갈 수밖에 없었다.

정부의 외교정책에 대한 노동당 지지세력 내부의 반대는 의원집단, 일반당원, 노동조직, 그리고 유권자에 걸쳐 폭넓게 드러났다(Eriksen 1977, 173). 1950년대 초 출현한 '오리엔테이션 그룹'(Orienteringskretsen)은 가장 두드러진 반대세력이 되었다. 이 집단에 가세했던 사람들은 1953년 새해 첫날 발행을 시작했던 신문 <오리엔테이션>(*Orientering*)을 중심으로 결집했는데, 이들은 대단히 활발하고 또 글 솜씨가 뛰어난, 정부 외교노선에 대한 반대자들이었다. 이들 대부분은 노동당원이었고 당 소속 의원들과 긴밀한 유대를 맺고 있거나 그렇지 않으면 노동조직의 기층노동자들과 긴밀한 연계를 맺고 있었다. 이 오리엔테이션 그룹이 뒷날 노동당 조직 분열의 불씨가 되었다(Eriksen 1977, 223, 268). 국제적으로 동서 간의 데탕트 기운이 무르익고 또 국내적으로 합의정치가 절정에 이름에 따라 계급균열의 정치적 위력이 현저히 약해졌던 1950년대 후반 오리엔테이션 그룹은 서서히 정치적 폭발력을 축적해 갔다. 1961년 마침내 이 집단은 노동당을 이탈해 사회주의인민당(Socialistisk Folkesparti)을 창당했다(Stenersen 1977, 372-383).

사회주의인민당은 이처럼 노동당 내부에서 외교정책 노선을 둘러싸고 벌어진 갈등과 내분의 산물이었다. 이와 함께 노동당 경제정책의 점진적 우경화와 그에 따른 부르주아 정당과의 우호관계 상화 등이 반대세력들로 하여금 지지자들을 결집하고 또 궁극적으로 노동당 지배체제를 뒤흔들기에 유리한 환경을 제공해 주었다. 사회주의인민당은 비단 외교정책만이 아니라 경제정책과 관련해서도 노동당과 대립각을 곧추세웠다. 사회주의 사회 건설을 위한 '제3의 대안'(*tredje alternative*)이라 명명된 사회주의인민당 프로그램은 사회주의가 실현된 노르웨이에서는 모든 생산수단을 전체 인민이 나누어 가져야 한다고 선언했다. 프로그램은 특히 민영 은행과 보험회사의 즉각적인 사회화를 요구하는 한편, 또한 1940년대 노동당 강령에서 약속했지만 실천하지 못한 것들을 즉각 실행에 옮길 것을 요구했다(Stenersen 1977, 384-385; Bergh 1977, 89-90).

1961년 선거에서 사회주의인민당이 의석 두 개를 획득한 것은 놀라운 성과로 받아들여졌다. 이 성과는 사회주의인민당이 주요 정당의 공통된 외교정책 노선에 강력하게 대항함으로써 얻어낸 결과였다. 사회주의인민당은 강하게 노르웨이의 NATO 탈퇴를 요구했고, 핵무기 확산을 격렬하게 규탄했으며, EC 가입을 적극적으로 반대했다(Eriksen 1977, 268-269). 이 선거에서 노동당과 부르주아 정당은 나란히 74개 의석씩 나눠 가졌다. 그 결과 사회주의인민당은 불과 두 개의 의석으로 향후 4년 동안 내각 구성의 칼자루를 쥐게 되었다.

1961년 선거 직후 노르웨이는 EC 가입을 둘러싸고 격렬한 분쟁에 휩싸였다. 의회 내에서 노동당, 보수당, 자유당은 EC 가입을 지지했다. 중앙당(과거 농민당)과 기독인민당은 EC와 제휴조약을 맺는 것은 지지했지만 완전한 회원국이 되는 것은 반대했다. 사회주의인민당은 EC 가입의 가장 완강한 반대세력이었다. 그 결과 노동당 소수내각이 보수당과 자유당의 지지에 의존하는 기묘한 상황이 벌어졌다(Rokkan 1966, 89).

1963년 1월 프랑스의 드골 대통령이 EC 확대에 반대의사를 분명히 함에 따라 이 문제를 둘러싼 노르웨이 내부의 분쟁은 급작스럽게 가라앉았다. 반면 노동당 내각의 존립은 위태로운 상황을 맞게 되었다. EC 문제를 둘러싼 분쟁이 가라앉자 우파 네 정당의 긴밀한 협력관계는 곧바로 회복되었던 반면, 사회주의인민당은 노동당에 대한 불만과 반항의식을 누그러뜨리려 하지 않았다. 마침내 1963년 8월 무려 28년 동안 지속되던 노동당 통치가 일시적으로 중단되는 사태가 발생했다. 스피츠베르겐 소재 국영 석탄광산에서 터져나왔던 사소한 스캔들에 노동당 정부가 연루되었음이 드러나자, 사회주의인민당과 우파정당은 단결해서 내각에 대한 불신임투표를 가결시켰다(Stenersen 1957, 386-392; Rokkan 1966, 70-73).

부르주아 4당 연립내각은 집권하자마자 노동당 정책의 골자를 그대로 유지한 정책 프로그램을 의회에 제출했다. 반면 노동당은 재집권을 위해 절실하게 필요한 사회주의인민당의 지지를 획득하기 위해 보다 급진적인 정책대안을 내놓았다. 이 대안에는 얼마 전 스웨덴 사민당이 도입한 보조연금제도가 포함되었고 또 경제운용에 국가의 역할을 강화하기 위한 일련의 조치가 제안되었다. 사회주의인민당은 즉각 노동당 지지로 방향을 선회했고 그 결과 부르주아 연립내각은 불과 4주 만에 붕괴했다. 이후 2년 동안 노동당 소수내각은 사회주의인민당의 지지에 기대어 존립할 수밖에 없었다(Stenersen 1957, 386-392; Rokkan 1966, 70-73).

노동당은 외교정책을 둘러싼 내분으로 인한 조직 분열의 더 혹독한 대가를 1965년 총선에서 치러야 했다. 이 선거에서 노동당의 득표율은 3.7% 하락했고 6개 의석이 줄었다. 사회주의인민당의 득표율은 2.4%에서 6%로 늘어났다. 결국 노동당을 이탈한 표가 대부분 사회주의인민당으로 흘러갔지만 사회주의인민당은 의석을 단 1석도 늘리지 못했다(<표 5-1> 참조). <표 5-3>에서 보듯이 1957~65년 사이에 육체노동자의 노동당 지지율은 70%에서 68%로 하락했는데, 이때 노동당을 떠난 이들의 지지는 대부분 사회주의인민당이 흡수했다.[10] 로칸의 추정에 의하면 1965년 선거에서 사회주의 진영이 함께 획득한 표의 11% 이상이 전혀 의석을 만들어 내지 못한 채 휴지 더미가 되었다(Rokkan and Hjellum 1966, 240).[11] 결국 노동당의 조직 분열과 그에 따른 좌파 지지세력의 분열이 노동당 의석의 상실로 이어졌고, 그 결과 내각을 지탱해 줄 힘의 균형이 노동당에서 부르주아 진영으로 넘어갔다. 노동당 지배체제 속에서 지속적으로 강화되던 정당 간 합의정치 덕택에 부르주아 4개 정당은 수월

10) 1965년 육체노동자 중 약 7%가 사회주의인민당을 지지하고 있었다. Valen(1981, 105) 참조.

11) 1965년 선거에서 사회주의 진영의 분열과 노르웨이의 독특한 비례대표제도가 어떻게 상호 작용해 노동당과 사회주의 진영의 의석 상실로 이어졌는지에 관한 상세한 분석은 Rokkan and Hjellum(1966, 237-240) 참조.

하게 중앙당 당수 보르텐(Per Borten)을 수반으로 하는 안정된 다수 연립내각을 구성할 수 있었다.[12]

2. 부르주아 연립내각의 성공

부르주아 4당 연립내각(1965~71)은 놀라울 정도로 안정성을 과시했고 또 주요 정책 시행의 연속성을 유지했다. 경제정책 영역에서 보르텐 내각은 시장원리의 지배력을 강화할 어떤 시도도 하지 않았으며, 경제에 대한 국가개입을 지속하거나 오히려 더 강화해 나갔다. 경제계획 기제를 비롯해서 개입주의를 지탱하고 있던 제도적 장치는 훼손되지 않았다. 국가예산은 지속적으로 팽창했고 GNP에서 공공지출이 차지하는 비중 역시 꾸준히 늘어났다. 또 보르텐 내각은 노르웨이의 핵심 산업체였던 노르웨이수력회사(Norsk Hydro)의 과반수 지분을 매입했다(Lundestad 1977, 484).

사회정책 영역에서도 이미 전술한 바 있듯이 보르텐 내각은 1966년 역사적인 연금보험제도 '인민보장'(Folketrygd)을 도입했으며 이듬해에는 정당 간 완전한 합의를 바탕으로 보조연금제도를 채택했다.[13] 또한 이 시기에는 산업평화가 놀라울 정도로 잘 유지

12) 1945~65년 사이 부르주아 정당 간에 화해와 협력이 강화된 과정에 관해서는 특히 Rovde(1977) 참조.

13) 후술하겠지만 스웨덴 사민당 정부가 1950년대 보조연금제도를 도입하려 했을 때 스웨덴의 부르주아 정당들은 이에 격렬하게 반대했다. 그러나 이들의 반대는 1960년대 초 치른 선거에서 이들에게 참담한 패배를 안겨 주었다. 이 과정을 곁에서 생생하게 지켜본 노르웨이 부

되었을 뿐 아니라 실질임금 역시 꾸준히 상승했다. 1965~71년 사이 실질임금은 27% 상승했다. 노동당이 통치하던 1946년부터 65년까지 노사분규에 의한 노동손실일수는 노동자 1천 명당 연평균 131일을 기록했는데 1965~71년 사이 그 기록은 불과 17일에 머물렀다 (Heidar 1983, 326, 331). 보르텐 내각은 내각 구성에서도 놀라운 안정성을 과시했다. 1965~69년 사이에 고작 한 명의 각료가 교체되었고 1970년에 두 명이 교체된 것이 전부였다.14)

종합적으로 보면 부르주아 연립정부는 내각의 놀라운 안정성을 바탕으로 정치안정을 지속시켰고, 사회경제정책을 결정할 때 합의정치의 틀을 깨뜨리지 않았으며, 노동시장을 위시해서 노르웨이 사회 전반에 걸쳐 평화와 안정을 성공적으로 유지했다. 연립내각의 가장 중요한 성취는 노동당이 구축해 놓은 정치경제체제를 훼손시키지 않은 채 대단히 성공적으로 이를 운용해 냈다는 것이다. 이 업적은 경제운용과 사회조정에 관한 노동당의 배타적 지배력을 약화시키기에 충분했다. 이때 이후 노르웨이 유권자들은 국가와 사회, 경제를 이끌어 갈 두 대안 중 하나를 선택할 수 있게 되었다. 노동당 소수내각과 부르주아 연립내각이 그것이었다. 제도적 복지국가와 성장, 번영의 공동체를 이끌어 갈 능력을 양자 모두 갖추었다는 점은 이미 입증된 상태였다.

르주아 정당들은 보조연금제 도입을 둘러싸고 어리석게도 노동당과 맞설 생각이 추호도 없었다. Esping-Andersen(1985, 163)과 Rokkan(1966, 103-105) 참조.

14) 1965~69년 보르텐 내각의 놀라운 안정성에 관한 분석은 특히 Solstad (1969, 160-167) 참조.

3. EC 분쟁과 노동당의 추락

사회경제정책 영역에 팽배했던 합의정치는 1970~73년 사이 노르웨이의 EC 가입을 둘러싸고 나라 전체가 격렬한 분쟁에 휩싸였을 때 노르웨이 정치에 강력한 위력을 발휘했다. 이 분쟁은 격심한 내각 불안정과 정당체계의 중요한 변화, 그리고 유권자 투표의 엄청난 유동성을 수반했다. 특히 노동당은 전통적 지지세력이었던 노동자와 소농이 대거 이탈함에 따라 심각한 정치적 타격을 감수해야 했다.

노르웨이 의회가 1970년 여름 EC 회원국 가입신청을 의결한 것이 분쟁의 서곡이었다. 이 과정에서 노동당, 보수당, 자유당이 EC 가입 지지파 연합을 형성해 중앙당과 기독민주당이 연합한 가입 반대파를 압도했다.15) 이 문제가 부르주아 연립을 구성하고 있던 4개 정당을 정확하게 둘로 나누자, 1971년 3월 지난 6년간 놀라운 안정성을 과시해 오던 보르텐 내각은 붕괴했고 노동당 소수내각이 그 뒤를 이었다.

다시 한 번 보수당과 자유당의 지지를 얻은 노동당 내각은 1972년 1월 EC 당국과 회원가입 조건에 합의했다. 그러나 그 해 9월 실시된 국민투표에서 노르웨이의 EC 가입 안은 53.5%의 반대로 부결되었다. 부결 직후 노동당 소수내각은 붕괴했고 기독인민당과 중앙당, 그리고 가입에 반대했던 자유당 일부 세력이 연합한 극소수

15) 사회주의인민당은 1969년 선거에서 참패해 의회 내 의석이 없었다.

내각이 불안한 정국을 이끌어 갔다. 1973년 치른 선거에서 EC 가입을 둘러싼 분쟁은 가입을 주도했던 노동당과 자유당에게 참담한 참패를 안겨 준 반면 가입에 반대한 중앙당, 기독인민당, 사회주의 인민당은 의석을 대폭 늘렸다.

이 분쟁과 관련해서 노르웨이의 조직노동과 자본은 EC 가입을 지지했고 또 합세해서 가입에 반대하는 농민단체와 문화단체에 맞섰다.[16] 그러나 시민사회 영역에서 확산된 분쟁과 대립은 경제적 이해다산의 차원을 넘어서는 것이었다. EC 분쟁은 노르웨이의 역사가 구조화시킨 중심·주변(center-periphery) 균열의 영향력과 파괴력을 강력하게 되살렸다. 종교적 반국교주의, 금주운동, 토착언어 운동 등 모든 전통적 문화운동이 EC 가입에 저항하는 세력을 동원하고 단합시켰다. 주변부 지역의 농어민, 소농, 영세 자영업자, 노조에 가입하지 않은 주변부 노동자 등은 일치단결해서 궁극적으로 중심부의 가입 찬성세력을 패배시켰다(Valen 1973). EC논쟁은 이런 관점에서 볼 때 당시 중앙 정치세력 사이에 확고하게 자리 잡은 합의주의에 대한 폭발적인 반작용이었다고 해석할 수도 있다.

EC분쟁은 사실상 노동당을 초토화시켰다. 노동당과 LO의 지도부가 엄청난 사회적 파장을 무릅쓰고 EC 가입을 추진했던 것은 그들 사이에 팽배해 있었던 실용적 합리주의에 입각해 경제적 이해득실을 따진 결과였다. 특히 안정된 고용과 생활수준의 지속적인 향상이 경제성장의 지속에 달려 있다는 확신이 가입 추진의 주동력이었다(Aardal 1983, 39-40; Martin 1974, 86-88). 그러나 EC 분쟁은 노동당의

16) EC 가입에 대한 노르웨이 주요 사회세력과 조직의 입장을 특히 경제적 이해관계에 입각해서 분석한 연구는 Aardal(1983) 참조.

사회적 지지기반을 날카롭게 갈라놓았다. 우선 노동당의 EC 가입 추진은 결정적으로 소농을 전통적 지지에서 이탈시켰다. <표 5-3>에서 보듯이 노동당에 대한 농민의 지지는 1957년에 31%로 절정에 달했는데, 1973년에는 13%로 격감했다. EC 분쟁은 육체노동자마저 갈라놓았다. 국민투표를 했던 시점에 무려 64%의 육체노동자가 가입에 반대했다. 전체 노동당 지지자 중 47%가 가입에 반대한다는 의사를 표명했다. 결국 다른 정당과 비교해 볼 때 EC분쟁은 노동당 지지자를 가장 날카롭게 분열시켰던 것이다(Heidar 1983, 194-195).

이 분열은 1973년 선거에서 노동당을 참담한 패배로 이끌었다. 선거 직전 노동당은 다시 한 번 조직의 추가 이탈을 감수했다. 이탈자들은 즉각 사회주의인민당과 합세해 사회주의 선거연합을 결성했다.[17] 이 선거에서 소농과 육체노동자들이 대거 노동당에서 이탈해 사회주의 선거연합, 중앙당, 기독인민당 등으로 지지를 옮겨 갔다. 그 결과 노동당의 득표율은 35.3%로 급락했고 의석은 12개를 상실했다. <표 5-3>에서 보듯이 육체노동자의 노동당 지지율은 54%로 추락했다. 화이트칼라 계급의 지지율 역시 뚜렷하게 하락했다.

4. 정치지형의 격변

1973년 선거에 영향을 미쳤던 주요인은 물론 EC분쟁이었지만

17) 새 이탈자와 사회주의인민당은 1975년 정식으로 결합해 사회주의좌파당(Socialistisk Venstreparti)이란 이름으로 재창당했다.

낙태허용 문제를 둘러싸고 다시 강화되었던 종교적 균열과 조세 저항운동의 분출 역시 선거에 적지 않은 영향을 미쳤다(Valen and Rokkan 1974, 205-218; Valen and Martinussen 1977, 29-71). EC분쟁은 선거 직전 자유당을 두 개의 정당으로 분열시켰다. 선거 결과 이 두 당의 의석은 과거 13석에서 3석으로 격감했다. EC 가입에 반대하는 주변부 지역의 지지를 성공적으로 동원하고 또 낙태 반대운동을 통해 지지자 동원에 주력했던 기독인민당은 의석을 대폭 늘렸다. 이 선거를 통해 기독인민당은 결정적으로 자유당을 대체해서 노르웨이 주변부에 굳건한 영향력을 행사하고 있던 전통 지향적인 문화적 · 종교적 자유주의를 대표하는 세력이 되었다.

한편 사회경제정책에 관한 합의정치의 또 다른 정치적 부산물이 1973년 선거를 통해 생성되었는데, 그것은 안델스랑에당의 출현이었다. 좌 · 우 주요 정당의 조세팽창과 누진세율 확대에 정면으로 저항해서 조직된 전형적인 조세저항 정당인 안델스랑에당은 이 선거에서 놀랍게도 4석을 획득했다. 이때 이후 이 정당은 노르웨이 정치경제체제의 근간을 이루고 있던 합의에 의한 케인즈주의에 대한 신자유주의적 도전을 대표하는 정치세력이 되었다.

1973년 선거는 노르웨이 정치를 지배하던 합의주의에 대한 가장 강력한 정치적 도전이었다. 선거 결과는 노르웨이 정당체계에 어마어마한 지각변동을 초래했다. 정당 간의 경쟁 양상과 투표행태는 대단히 불안정한 상황으로 진입했다. 유권자들의 정당 결속은 갈수록 유동성을 강화했고 단기간의 정부 업적이나 다른 일시적 이슈의 출현과 소멸에 따라 크게 흔들렸다. 실제 1973년 이후 80년대 말까지 치렀던 대부분의 선거는 주요 정당을 크게 갈라놓는 지속적인 쟁점이 없었다(Valen 1978; Valen 1986; Valen 1990). 노르웨이

유권자들은 중요한 정책 영역에서 별 차이를 보이지 않는 두 가지 정부 대안과 마주했던 것이다.

1970년대 초 이후 지속된 극도로 불안정하고 유동적인 투표행태 속에서 유독 두드러진 경향은 보수당의 견조한 상승과 비록 불안정하지만 부인할 수 없는 노동당의 하락세였다. 1980년대 후반 이후 보수당의 상승세는 안델스랑에당에서 명칭을 바꾼 진보당이 이어받지만 노동당의 하락세는 계속되었다. 1980년대 중반까지 보수당은 진보당의 신자유주의적 도전을 효과적으로 제어하면서 합의정치를 기조로 모든 계급집단으로 조금씩 지지기반을 넓혀 갔다. 1981년 선거에서 약 3분의 1의 표와 의석을 확보함으로써 보수당은 노동당과의 격차를 득표율 5.5%와 의석차 13석까지 줄였다. 보수당과 진보당을 합친 득표율과 의석수에 대한 노동당의 우위는 불과 1%와 9석까지 좁혀졌다.18)

<표 6-1>에서 보는 것처럼 1957~ 77년 사이 노동당은 도시 자영업자를 제외한 모든 계급의 지지를 잃은 데 반해 보수당에 대한 지지는 모든 계급에서 늘어났다. 이 표를 통해 확인할 수 있는 주목할 만한 사실은 육체노동자 일부의 정치적 지지가 노동당을 이탈해 전통적으로 좌파와 가장 대척점에 머물러 있던 정당에까지 흘러들어 갔다는 사실이다. 이 표는 또 화이트칼라의 지지를 얻기 위한 경쟁에서 노동당은 보수당이라는 단일 부르주아 정당에조차 뒤졌다는 것을 뚜렷이 보여준다.

---

18) 제2차 세계대전 이후 1980년대 중반까지 보수당의 점진적인 성장에 관한 논의는 Kuhnle(1986) 참조.

〈표 6-1〉 노르웨이 노동당과 보수당에 대한 계급별 지지 경향

직업	1957		1977	
	노동당	보수당	노동당	보수당
육체노동자	74	4	64	9
화이트칼라	38	32	33	37
농민	31	7	12	12
도시 자영업자	28	45	29	45

출처: Valen(1981) 6장 참조.

5. 사회민주 지배체제와 정치경제체제의 쇠퇴

1980년대 들어 노르웨이 정치에서 사회민주 지배체세의 쇠퇴는 돌이킬 수 없는 흐름이 되었다. 노동당의 득표력과 의석 장악률은 뚜렷이 하락했다. 비록 득표율과 원내의석에서 제1당의 지위는 유지하고 있었지만 반대 정당과의 격차는 현저히 줄었다. 특히 통치능력 면에서 노동당의 배타적 지배력은 완전히 종식되었다. 사회경제정책 영역에서 지속되던 합의정치는 육체노동자의 계급단합력을 현저히 약화시켰다. 그 결과 이들의 노동당과 사회주의 진영에 대한 지지는 갈수록 감소했고 또 노동시장에서 노동조합 조직률 역시 1960년대 이후 하락했다(<표 4-1> 참조). 합의정치는 육체노동자의 지지를 유지하는 것조차 힘들게 만들었을 뿐 아니라 노동당 조직의 분열 또한 초래했다.

이런 상황에서 노동당은 임금수령자들의 포괄적이고 안정된 연합을 끌어내기 위한 혁신적인 전략과 정책을 만들어 내지 못했다.

스웨덴 사민당과 달리 노르웨이 노동당은 노르웨이 정치경제체제에 경제민주주의를 추가시키는 데 실패했다(Esping-Andersen 1985, 295-298). 1980년대 초 노동당은 케인즈주의 개입국가와 제도적 복지국가를 유지하려는 것 외에 보다 혁신적인 사회민주적 전략과 정책을 마련하지 못하고 있었다.

그러나 1970년대 이후 급격히 변한 세계 자본주의 체제는 노르웨이 노동당으로 하여금 케인즈주의 개입국가 체제조차 포기할 수밖에 없는 상황을 조성했다. 1970년대 중반 세계경제를 강타했던 오일쇼크와 스태그플레이션은 결코 경기순환 사이클에 의한 일시적인, 그리고 주기적인 위기가 아니었다. 이 위기는 자본주의적 생산과 교환의 전 세계적 질서를 뒤흔들어 놓았고, 생산과 축적 양식의 혁명적 변화를 불러 왔으며, 산업자본주의 국가의 계급구조와 계급관계, 그리고 계급투쟁 방식에 근본적인 변화를 초래했다. 자본주의의 이러한 격변은 스칸디나비아 국가뿐 아니라 모든 서유럽 국가의 사회민주주의를 커다란 위기상황으로 몰고 갔다.

제2차 세계대전 이후 많은 서유럽 국가들이 확립했던 케인즈주의 정치경제체제와 복지국가체제를 강력히 떠받쳐 주던 포드주의 생산과 축적의 레짐은 급속히 해체되고, 유연생산을 바탕으로 한 탈포드주의 생산양식이 이를 대체했다. 후발 산업국가의 급속한 산업화에 따른 강력한 도전에 직면한 선진산업 민주국가들은 탈포드주의적 · 탈산업주의적 기술 자본주의로 급속히 이동해 갔다. 제2차 세계대전 이후 선진산업국가 사이에 지속적으로 확장되던 경제개입주의는 1970년대 말을 고비로 퇴조하고 사유화(privatization)와 유연화(flexibilization), 자유화(liberalization)를 근간으로 하는 신자유주의 정치경제가 위력을 떨치게 되었다. 그 결과 케인즈주의 정치경제체제는 퇴조하고 전반적으로 복지국가는 위축되었다.

신자유주의 정치경제는 1980년대 이후 가속화하고 있는 경제적 글로벌리제이션과 긴밀히 연계되어 그 힘을 키워 가고 있다. 글로벌리제이션이 개별 산업민주국가 정치경제체제에 가하는 가장 근본적이고 강력한 충격은 국가, 자본, 노동의 힘의 균형을 근본적이며 압도적으로 자본 우위의 구조로 바꾸어 놓는다는 것이다. 일국 정치경제체제를 구성하는 세 행위자 중 오직 자본만이 급속도로 세계화함으로써 국가와 노동에 대한 압도적인 힘의 우위를 차지하게 된다. 반면 국가는 경제행위를 규제할 효과적인 수단과 능력을 상당 부분 상실한다. 자본주의 생산레짐의 변화는 노동계급의 분화를 가속화하고, 고용구조의 분화와 불안정을 심화시키며, 노동의 조직력을 현저히 위축시킨다. 그 결과 신자유주의와 글로벌리제이션이 맹위를 떨치는 정치경제체제에서 노동은 구조적으로 수세적이고 방어적인 위치로 전락할 수밖에 없다.

노르웨이를 위시한 스칸디나비아 모든 국가의 사민정당은 결코 1980년대 이후 넓게는 세계자본주의에, 또 좁게는 선진산업 민주국가에 밀어닥친 이와 같은 격변에서 자유로울 수 없었다. 물론 이 책은 세계자본주의의 이와 같은 변화가 스칸디나비아 사회민주주의를 쇠퇴시킨 결정적인 이유였다고는 보지 않는다. 쇠퇴는 이미 1980년대 이전에 시작되었기 때문이다. 다만 1980년대 이후의 이 격변은 노르웨이 사회민주 지배체제와 정치경제체제의 쇠퇴를 되돌릴 수 없는 흐름으로 만들어 버렸다.

1970년대 후반의 경제위기는 경제운용에 관한 노르웨이 정당 간 합의정치에 심각한 이반을 초래하기 시작했다. 1981년 출범했던 중도우파 연립내각은 “경제를 자유화하고 제2차 세계대전 이후 노동당이 구축한 '사회민주 국가'를 개혁하려고 노력했다"(Heidar 2005, 816). 5년 동안 지속된 우파 연립내각은 비슷한 시기 서유럽 각국에서 권력을 장악하고 있던 많은 우파 정권들과 발을 맞추어 규제완화와 시장 강화를 위한 여러 조치를 취해 갔다.

이와 같은 변화에 직면한 노동당은 1980년대에 심각한 위기의식을 느끼게 되었고 이에 대한 대응방안을 모색하게 되었다. 이들이 직면한 도전의 본질을 헤이다는 다음과 같이 요약한다.

> 1970년대 이후 도래한 탈산업사회는 노동당으로 하여금 자신들의 성공을 재고하게 만들었다. 노동당은 혼합경제, 복지국가, 그리고 공공부문의 전반적인 확산이 초래한 결과에 대해 정치적 책임을 져야 했다. 그들이 구축한 체제가 기대했던 성과를 내지 못했을 때, 그리고 무엇보다 유권자들이 변화를 요구할 때마다 노동당이 직면한 도전은 "자신들이 성취했던 개혁을 다시 개혁하는 것"이었다(Heidar 2005, 820).

새로운 이념과 전략, 정책노선을 모색한다는 것은 필연적으로 진통을 수반한다. 노르웨이 노동당은 1980년대 내내 변화와 개혁의 방향을 둘러싸고 당내 갈등을 거듭해야 했다. 노동당은 공공부문과 개인 자유 사이의 균형을 둘러싸고 격렬한 당내 논쟁을 거친 끝에 1981년 보다 실용적인 새 정책 프로그램을 채택했다. 노동당은 금융과 신용기관에 대한 공적 통제를 포기한다고 선언했다. 또 노동운동은 자유운동(freedom movement)이 되어야 한다고 선언했다. 새 프로그램의 이념적 기조는 자유의 강화였다. 자유는 이제 평등, 단합과 함께 사회민주주의를 이끄는 핵심 가치의 반열에 올랐다

(Heidar 1993).

1980년대 말 노동당은 또다시 치열한 '자유논쟁'에 휩싸였다. 논쟁의 초점은 국가와 시장, 공적 영역과 사적 영역 간의 적절한 균형점이 무엇인가에 맞춰졌다. 사회민주 지배체제가 확대시켜 왔던 거대한 공적 영역, 그리고 노동조합과의 긴밀한 조직적 연계가 과연 사회민주주의의 앞날에 유익한 것인지 근본적인 질문과 토론이 전개되었다. 치열한 논쟁 끝에 내려진 결론은 사회민주적 경제체제 핵심요소의 가치를 부정하는 것이었다. 이제 노동당의 정책은 노동자를 주축으로 하는 생산자의 이익이 아니라 소비자의 요구에 맞추어 조정되어야 하며 정책결정 양식은 보다 탈집중화하고 유연해져야 한다고 결론지었다. 또 이와 같은 변화는 사회민주주의의 국제적 추세인 '시장의 강화와 국가의 약화'에 발을 맞추는 것이라고 강조했다(Heidar 2005, 820-822).

이에 따라 노동당과 노동조합의 전통적 관계도 변할 수밖에 없었다. 노동당은 1992년 이미 상징물에 불과하던 단위 노동조합의 집합적 당원 가입을 1996년까지 공식 폐지하기로 결의했다. 그리고 그 결의는 실행되었다(Heidar 2005, 821). 사실 기층노동자의 조직적 이탈은 일찌감치 시작되었다. 노동조합 소속 노동자의 노동당 지지율도 하락했고 단위노조의 집합적 당원 가입도 급격히 줄어들었다(Heidar 2005, 811). 이런 추세를 반영해 노동당의 당원 수 역시 급격히 줄었다. 1950년 노동당 소속 당원 수는 20만 5천에 달했다. 한 차례 조직 분열을 겪은 후였던 1965년 당원 수는 15만으로 줄었다. 두 번째 조직 분열을 겪은 후였던 1975년 당원 수는 다시 13만 8천으로 줄었다. 이후 당원의 조직 이탈은 가속화돼 1990년 12만 8천을 거쳐 2002년에는 5만 천으로 주저앉았다(Heidar 2005, 810).[19)]

기층노동자가 대거 노동당을 이탈했지만 노동당과 노동조합의 관계는 여전히 긴밀하다. 그것은 특히 리더십 수준에서 그러하다. 노동당과 LO가 지속해 온 '협력위원회'는 사회경제 현안에 대한 협의, 토론, 정보교환에 대단히 중요한 역할을 수행해 왔으며, 이를 통해 LO는 노동당 정책노선에 영향력을 행사할 통로를 확보하고 있었다(Heidar 2005, 822). 그럼에도 불구하고 노르웨이 사회민주 정치경제체제를 떠받치는 핵심 기둥의 하나였던 집합적 협의체제는 심각하게 훼손되었다.

워스테루드(Østerud 2005, 715-716)의 평가처럼 1980년대 이후 집합적 협의기제는 현저히 위축되었다. 집합적 협의가 명맥을 유지하고는 있으나 정책결정의 중심부에서는 이미 비켜나 버렸던 것이다. 이와 관련해 주목할 만한 것은 노르웨이 협의체제 변화의 성격과 방향에 관한 롬메트베트의 연구이다(Rommetvedt 2005).

롬메트베트에 의하면 노르웨이의 협의체제는 1950년대와 60년대에 신조합주의(neo-corporatism)의 절정기를 구가했다가 1970년대에 분절된 국가체제로 이행했고 1980년대 이후 또 다시 신다원주의(neo-pluralism)로 바뀌었다. 신다원주의 시대에 국가는 고전적 다

---

19) 노동당 당원 수의 하락은 노르웨이 정당 전체 당원 규모의 하락과 발을 맞춰 진행되었다. 1980~97년 사이 노르웨이 전체 당원 규모는 47% 하락했다. 그러나 노르웨이 정당의 당원 규모는 유럽의 다른 국가보다는 높은 편이었다. 1990년대 말 현재 전체 유권자 수에 대한 전체 당원의 비율은 서유럽 국가 중 오스트리아가 18%로 가장 높았고, 핀란드가 10%로 그 뒤를 따랐으며, 노르웨이가 9%로 3위였다. 덴마크와 스웨덴의 비율은 5%에 머물렀다. Mair and Biezen(2001, 9)과 Heidar (2005, 809-810) 참조.

원주의 시대보다 훨씬 포괄적인 역할을 담당하지만, 국가와 거대 이익집단 간의 중앙 집중화된 협의를 통해 국가 주요 정책이 협의되고 결정되던 시대는 이미 지났다. 그에 의하면 노르웨이의 공적 영역과 사적 영역에서 1980년대 이후 권위의 탈집중화가 급속하게 진행되었으며, 집합적 협의를 이끌던 공공기구, 평의회, 위원회 등의 규모가 급속히 줄어들었다. 이처럼 집합적 협의기제가 거대 이익집단의 이익을 대표하고 중재하는 기능을 상실해 버리자, 이익집단은 이제 로비스트를 키워 이들로 하여금 정부 관료와 의회 의원, 언론매체와 접촉하여 자신들의 이익을 관철시키려 노력하게 되었다. 롬메트베트는 노르웨이 협의체제의 이와 같은 변화를 '신다원주의적 의회주의'(neo-pluralist parliamentarism)로의 전환이라 규정하고, 이 변화는 지금도 급속하게 진행 중이라고 진단한다. 결국 사회민주 정치경제체제의 한 축을 담당했던 집합적 협의체제는 노르웨이에서 급속하게 붕괴하고 있는 것이다.

이처럼 사회민주 지배체제와 정치경제체제의 쇠퇴는 1980년대 이후 갈수록 가속화돼 왔다. 1990년대 초 노르웨이의 EU 가입을 둘러싼 분쟁이 또다시 재연되었을 때 노동당은 1970년대보다는 현명하게 대응해 당 조직의 추가 이탈을 간신히 막아 낼 수 있었다(Sagli 2000). 1986년부터 96년까지 노동당을 이끌었던 인물은 온건한 여성 지도자 브룬트란드(Gro Harlem Brundtland)였다. 그녀는 이미 노르웨이 정치에 대한 지배력을 잃어버린 노동당을 끈기와 온화함으로 추스르며 조직력의 지속적인 쇠퇴에도 불구하고 당 조직 안정에 최선을 기울였다. 2001년 총선에서 노동당은 1920년대 이후 최악의 참패를 기록했다(Madeley 2002). 노동당의 젊은 지도자 스톨텐베르이(Jens Stoltenberg)는 토니 블레어(Tony Blair) 류의 새 리더십

스타일을 선보이며 교육과 보건을 위시한 공공부문의 일대 혁신과 사유화, 긴축재정의 지속을 옹호하며 지지를 호소했으나, 전통적 지지세력의 대거 이탈로 참패하고 말았다. 2005년 총선에서 스톨텐베르그이가 이끄는 노동당은 이번에는 정책노선을 급속히 좌선회해 부르주아 정당과 대결했다. 그는 유럽 전역에서 이미 효력을 상실해 버린 블레어의 이미지를 완전히 불식하고 정책적으로는 고용 확대, 적극적인 산업정책 실시, 노령자 보호, 연금개혁 등을 주창하며 떠나 버린 전통적 지지층에게 다시 돌아와 줄 것을 간절히 호소했다. LO의 지도자 발라(Gerd-Liv Valla)는 노동당의 노선 변화를 적극 환영했다. 결과는 노동당의 승리였고 노동당은 역사상 처음으로 다수 연립내각을 구성해 통치를 시작했다.

노동당의 집권 여부를 떠나 노르웨이에서 사회민주 지배체제와 정치경제체제는 종식되었다. 사회민주 지배체제를 견고하게 떠받쳐 주던 안정된 계급연합은 존재하지 않는다. 이를 재구축하기 위한 노동당의 이념, 전략, 정책적 창의력은 고갈된 것처럼 보인다. 노르웨이 정당체계는 더 이상 지배정당체계가 아니라 다원적 경쟁 정당체계이다.

사회민주 정치경제체제를 구성했던 제도적·정책적 요소의 상당수가 쇠퇴하거나 붕괴했다. 노동운동의 조직력은 현저히 쇠퇴했다. 노동조합은 이제 더 이상 정책결정과정에서 준주권적 지위를 보장받지 못한다. 집합적 협의체제 역시 쇠퇴해 신다원주의적 의회주의가 신속히 이를 대체해 가고 있다. 경제정책 영역에서 공공부문의 축소, 사유화, 시장기제의 확대는 거스를 수 없는 추세가 되었다. 오로지 노르웨이의 제도적 복지국가 체제만이 크게 위축되지 않고 유지되고 있는 것처럼 보인다(Østerud 2005, 709). 이것은 무엇보다 북해유전을 통해 지속적으로 축적되고 있는 엄청난 국부에 기인한다. "지구의 변방에서 세계 제일의 부국이 된 노르웨이" (Østerud 2005, 708)는 이제 과거의 노르웨이가 아니다. 사회민주주의가 이끌던 시대는 막을 내렸다. 워스테루드는 이에 대해 다음과 같이 서술하고 있다.

> 1960년대 로칸(Stein Rokkan) 시대의 노르웨이는 사회민주 질서를 강건하게 구축하고 있었다. 그러나 지난 20년 동안 우리가 목격한 것은 이 질서의 급속한 해체이다(Østerud 2005, 708).

제7장
스웨덴 사회민주주의의 쇠퇴

노르웨이와 대조적으로 제2차 세계대전 후 스웨덴 정당정치의 특징은 정당 간 합의정치가 아니라 사회경제정책을 둘러싸고 집권 사민당과 부르주아 정당이 반복해서 벌인 대립의 정치(confrontation politics)였다. 좌·우 진영 사이에 날카로운 대립전선을 형성시킨 것은 사민당 정부가 LO와 긴밀히 협력해서 제안한 일련의 혁신정책이었다. 사회경제정책 영역에서 반복적으로 공세를 취함으로써 사민당과 LO는 스웨덴의 정치의제를 거의 독점할 수 있었고, 부르주아 진영을 혼란에 빠뜨리고 지속적인 수세 상황으로 몰아넣을 수 있었으며, 부르주아 정당과 자본의 분노와 저항을 조장하고 종종 이들 내부의 불화를 불러일으킬 수도 있었다.

사회경제정책을 둘러싼 대립의 정치는 계급균열의 정치적 비중을 높은 수준에서 유지시켰다. 강력한 계급균열은 노동계급의 계급단합력을 강화시킴으로써 노동시장에서 노동조합 조직력을 강화하고 또 정치영역에서 노동계급의 사민당과의 결속을 강화하려는 사민당과 LO의 목표에 부응했다. 또 대립의 정치가 반복되는 가운데 노동계급의 높은 단합력이 유지됨에 따라 급속히 성장하고 있던 화이트칼라 계급의 지지를 육체노동자나 당내 좌파의 큰 반발 없이 동원하려 한 사민당의 전략 역시 탄력을 받을 수 있었다.

그 결과 스웨덴에서 사회민주 지배체제는 사민당과 LO가 펼친 이념과 전략, 정책의 조화로운 상호작용을 통해 놀라운 지속력을 과시했다. 그들의 정책공세는 부르주아 진영의 비타협적인 저항을 조장함으로써 그들로 하여금 노동계급의 결속과 지지를 강화하는 한편 전략적 연합세력을 농민으로부터 화이트칼라 계급으로 비교적 원활하게 전환할 수 있도록 해 주었다. 이와 같은 정책혁신은 점진적으로 자본의 기능을 축소시키고 민주주의의 외연을 꾸준히 사회와 경제의 영역으로 확장할 것을 요구한 기능적 사회주의 이념에 의해 탁월하게 정당화되었다.

사민당과 LO의 정책공세는 노동계급의 지지를 강화하고 광범위한 임금수령자 연합을 결성하려는 목표를 담고 있었을 뿐 아니라, 부르주아 진영이 사회민주 정치경제체제에 적대적인 세력의 집합체이거나 아니면 최소한 이 체제를 제대로 운영할 능력을 결여한 정치집단이라는 이미지를 스웨덴 유권자들에게 심어 주려는 의도 역시 간직하고 있었다. 사민당은 이를 통해 정치경제체제에 대한 배타적 지배력을 유지하려 했던 것이다. 헤클로와 맷센의 정확한 지적처럼 사민당 지배체제는 "무능하지만 기분 나쁜(impotent and ominous) 적대자와 맞선 혜택"(Heclo and Madsen 1987, 323)에 크게 힘입었던 것이다.

이념과 전략의 지속적인 상호작용을 통해 사민당 정책은 점진적으로 좌선회해 갔고, 그에 따라 통상적인 케인즈주의를 훨씬 넘어 사회주의 이상에 근접해 가게 되었다. 소위 '살트쉐바덴(Saltsjöbaden) 정신'으로 상징된 노동과 자본 간의 공식적인 힘의 균형은 1970년대 경제민주주의의 확장에 따라 깨졌다. 비슷한 시기 LO가 주도했던 메이드너(Meidner) 플랜은 자본의 소유권 자체를 조직노동에게 넘겨주려 하였다. 이렇게 볼 때 좌·우 대립전선의 지속은 부르주아 진영과 이념적·정책적 거리를 멀찌감치 유지함으로써 배타적 지배권을 유지하려 하던 사민당과 LO의 전략의 산물이었다고 할 수 있다.

물론 제2차 세계대전 이후 스웨덴에서 정당 간 합의가 전혀 이루어지지 않았던 것은 아니다. 그러나 곧 살펴보겠지만, 정당 간 합의가 지속된 시기에는 으레 사민당의 득표력이 감소세를 보였다. 이 시기가 사민당의 새로운 정책공세와 함께 급속히 좌·우 대립국면으로 바뀌고 나서야 사민당의 득표력은 상승세로 전환하곤 했던 것이다.

제1절 사회민주 지배체제와 정치경제체제의 지속

1. 대립의 정치와 자유당의 승리

앞 장에서 살펴보았듯이 전쟁 직후 사민당 정부가 계획경제를 추진하려 한 것이 전후 첫 번째 좌·우 대립전선을 형성시켰다. 1944년 보수당과 자유당은 새 지도자를 맞았다. 보수당의 새 지도자 도뫼(Fritiof Domö)와 자유당의 새 지도자 올린(Bertil Ohlin)은 사민당 정부가 양차 세계대전 사이 시기에 시행했던 팽창적 경제개입주의 정책과 적극적 사회정책에 보다 우호적인 인물이었다. 전쟁 직후 부르주아 정당은 사실상 자유방임주의를 포기하고 케인즈주의적 개입주의로 경도되어 갔다.[1] 그러나 부르주아 정당은 사민당 정부가 경기침체에 대처하고 또 완전고용을 달성하기 위해 제안한 경제계획을 격렬하게 반대했다(Lewin 1985, 228-230). 한편 스웨덴 공산당은 1944년 당 강령의 수정을 단행했는데, 이를 통해 국제사회주의와의 공식 결별을 선언했다. 공산당은 새 정책노선을 사실상 사민당의 1920년 프로그램을 모방해서 제시했다. 그에 따라 스웨덴 주요 산업체의 즉각적이고 무조건적인 국유화가 공산당의 핵심 경제 프로그램이 되었다(Lewin 1985, 220-223). 그 결과 1944년부터 48년까지 스웨덴 정당정치는 공산당의 국유화 노선과 사민당의 국유화 없는 계획경제 노선, 그리고 부르주아 정당의 두 노선에 대한 격렬한 공세가 격돌하는 치열한 이념 대결의 장이 되었다.

이 첫 번째 대결은 1948년 총선에서 사민당의 부분적인 패배로 막을 내렸다. 사민당의 패배와 그에 이은 계획경제 노선의 포기는 사민당 전후 프로그램의 기본 전제가 된 경기침체에 대한 예측이 빗나갔기 때문인 것으로 보인다. 총선을 1년 앞둔 시점에 이미 경기침체와 실업이 아니라 오히려 인플레이션이 스웨덴 경제의 핵심 문제가 되어 있었다. 이처럼 사민당 정부의 예측이 빗나가자 부르주아 진영은 정부의 경제정책, 특히 계획경제에 대한 공세를 한층

1) 부르주아 정당의 리더십 교체와 경제노선의 수정에 관해서는 특히 Lewin(1985, 205-212) 참조.

강화했다. 당시 부르주아 진영 신문에 실렸던 사설의 제목은 "경제계획의 실패," "계획 없는 계획경제," "계획 수립자들의 위기," "계획 입안자들의 대실패" 등으로 경제계획에 대해 맹공을 가했다(Lewin 1985, 236). 총선거는 경제계획과 그 이념성을 둘러싸고 이처럼 격렬한 대립과 논쟁이 1년 이상 지속된 후에 치러졌다.

그러나 사민당의 손실은 공산당, 농민당, 보수당보다 적었다(<표 5-2> 참조). 이 선거에서 유일한 승자는 자유당이었다. 전체 의석수를 26석에서 57석으로 두 배 이상 늘린 자유당은 부르주아 진영 제1당의 위치로 뛰어올랐다. 양차 세계대전 사이 심각한 정체성 위기를 겪어야 했던 자유당은 1948년 놀랄 만한 도약을 이루었는데, 특히 화이트칼라 계급으로부터 많은 지지를 받았다.[2] 자유당의 부활을 이끈 인물은 당의 새 지도자 올린이었다. 팽창주의 경제를 지지했던 스톡홀름학파의 탁월한 경제학자였던 올린은 자유방임주의 노선을 단호히 거부하고 경제에 대한 국가 개입과 적극적 사회정책을 옹호했다. 올린은 또한 경제계획에 대한 부르주아 진영의 반대를 선두에서 이끌었다. 사민당 소속 주요 경제학자들과 치열한 논전을 거듭하면서 올린은 자신이 이끄는 자유당이 사회민주 지배체제와 겨룰 수 있는 부르주아 전위정당이라는 이미지를 부르주아 계급에게 심어 주는 데 크게 성공했다. 그 결과 1948년 선거에서 부르주아 유권자들의 대규모 지지이동이 보수당으로부터 자유당으로 일어났다. 올린의 경제노선을 감안한다면 자유당의 승리는 경제계획을 동반하지 않는 온건한 케인즈주의 노선의 승리였다고

---

2) 제2차 세계대전 이후 자유당이 도시 중산층의 정당으로 부흥한 경위에 대해서는 특히 Särlvik(1974, 393-394)와 Lewin(1972, 181-182) 참조.

간주할 수 있다(Lewin 1985, 206-207; Hadenius 1978, 190-194).

2. 합의정치의 확산

1948년 선거는 스웨덴 정치의 전환점이었다. 스웨덴 역사가들이 일컫던 '사회주의자들의 수확기'(*socialistiska skörtiden*)(Hadenius 1978, 198)는 가고 보다 실용적이고 온건한 개혁정책의 시대가 왔다. 사회정치적 타협과 합의가 주류를 이루던 새 시대는 1950년대 중반까지 지속되었다. 1946년 타계한 한손(Per Albin Hansson)의 뒤를 이어 엘란더(Tage Erlander)가 사민당의 새 지도자가 되었다. 사민당 소수내각의 수상에 취임한 엘란더는 경제계획 추진을 중단하고 정부의 노력을 인플레이션을 잡는 데 집중시켰다. 이 노력의 일환으로 엘란더 정부가 이끌어 낸 가장 주목할 만한 성과는 LO로부터 1949~50년 2년 동안 임금을 동결하는 데 동의를 얻어낸 것이다.

정당정치의 영역에서 사민당은 1948년 선거가 끝난 직후 정권을 의회 내 다수세력의 안정된 기반 위에 구축하려는 목적으로 농민당과의 연립내각 복원을 추진했다. 그러나 농민당은 공산당을 제외한 4당 모두가 참여하는 대연정을 원했다. 사민당과 자유당은 이 제안을 단호하게 거절했다.[3] 농민당이 사민당의 연정 제안을 거절한 보다 근본적인 이유는 경제적인 것이었다. 1947년 스웨덴 의회는 '장래 농업정책의 지도원리'라는 결의안을 만장일치로 채택했

3) 이 당시 제기된 다양한 연립 방안에 대한 스웨덴 정당들의 입장에 관해서는 특히 Ruin(1969) 참조.

다. 이 원리는 농업종사자와 비농업종사자 간의 소득평준화를 농업정책의 최우선적 목표로 두어야 한다고 규정했다. 이 목표를 달성하기 위한 수단으로 농업부문의 포괄적인 합리화, 농산물가격에 대한 국가의 지원, 양곡에 대한 수입관세 등을 제시했다(Tidenius 1962, 47-48; Hadenius 1978, 203). 이 지도 원리에 대해 궁극적으로 모든 정당이 동의했지만 부르주아 정당은 애당초 사민당 정부의 원래 안보다 더 강력한 농업 지원 조치를 요구했다(Hadenius 1978, 203). 따라서 그로부터 1년 후 사민당이 농민당에게 2당 연립을 제안했을 때 농민당으로서는 대연정이 농민들에게 더 유리하다고 판단했을 개연성이 충분하다. 노농연합을 복원하자는 사민당의 제안을 거절함으로써 농민당은 사민당이 자신들을 연립정부에 끌어들일 수 있을 만큼 충분히 농민들의 이익에 관심을 보이지 않았다는 불만을 전달했던 것이다(Hadenius 1978, 200).

그러나 3년 후 노농연합은 복원되었다. 그 사이 일어난 몇 가지 변화가 양당의 연립을 가능하게 해 주었다. 첫째, 1949년 농민당 리더십이 페르손(Axel Pehrsson)에서 헤드룬드(Gunar Hedlund)로 교체되면서 농민당 내 새로운 정치적 분위기가 조성되었다. 둘째, 사민당은 스웨덴 선거제도의 비례대표 의석배분 방식을 동트(d'Hont) 방식에서 생라귀(Sainte-Laguë) 방식으로 전환하는 데 동의했다. 동트 방식은 특히 거대정당에 유리한 배분방식이었기 때문에 군소정당들이 불이익을 최소화하려면 선거연합을 형성하는 것이 최선이었다. 농민당이 독자적으로 사민당 연립내각에 참여하는 것을 망설였던 주된 이유는 여기에 있었다. 그런데 생라귀 방식은 독자적으로 선거에 임하는 군소정당에 불이익을 거의 주지 않았다. 농민당의 새 지도자 헤드룬드는 이 방식을 '기적 같은 공식'(Stjernquist 1966, 145

에서 재인용)이라고 일컬으며 선거법 개정에 만족감을 표시했다. 그러나 1951년 적록동맹이 부활한 데는 경제적 요인도 컸다. 사민당 정부가 농업정책을 충실하게 1947년 채택한 지도원리에 맞추어 집행한 덕택에 농업생산성은 비약적으로 늘었다. 사민당 정부는 또 4년 동안 계속해서 농산물에 대해 충분한 가격지원을 했다. 정부의 이와 같은 정책적 노력은 농민당과 그 지지자들로 하여금 연립에 가담할 경우 보다 큰 물질적 혜택을 누릴 수 있으리라는 확신을 심어 주기에 충분했다(Hadenius 1978, 200-202).

1951년 노농연합의 복원은 합의와 타협의 경향을 더욱 가속화시켰다. 노농연합은 사민당이 1930년대 시행했던 정책을 지속하고 또 급진적인 정책변화를 거부한다는 약속을 바탕으로 결성되었고 또 유지되었다. 사실 연립내각을 구성하면서 합의한 새 프로그램과 사민당과 LO가 원래 작성했던 전후 프로그램 사이에는 뚜렷한 차이점이 있었다(Hadenius 1978, 202). 경제계획은 결정적으로 배제되었다. 더욱이 사민당 정부는 1951년 LO가 제안한 렌모델 시행을 거부했다(Martin 1984, 210). 그리하여 사민당과 농민당이 1930년대 정책노선을 지속하겠다는 합의는 부르주아 정당이 자유방임주의를 포기했다는 사실과 편리하게 결합해 사회경제정책에 관한 정당 간 합의의 기반을 제공해 주었다. 연립정부의 경제정책은 이때부터 사회 각 부문 사이에 경제적 균형을 유지하는 데 주안점을 두었다. 그리고 사회정책은 1940년대에 취한 개혁조치를 유지하는 데 초점을 맞추었다. 또 새로운 개혁은 정당 간 의견의 통일과 합의를 바탕으로 추진되게 되었다(Hadenius 1978, 202).

그리하여 1951~57년 사이에 집권 사민당과 부르주아 정당 간의 관계를 특징지은 것은 대립의 정치가 아니라 소위 '하프순드 민주주의'로 상징되는 스웨덴 판(版) 합의정치였다. 모든 정당과 모든 주요 경제조직은 중요한 정책을 협의하는 과정에 정당한 참여자가 되었다. 스웨덴 방식의 집합적 협의체제는 이렇게 완성되었다. 마침내 마퀴스 차일즈가 명명했던 '중도 스웨덴'(Middle Way Sweden)이 실현된 것처럼 보였다(Childs 1937).

합의정치와 사회평화는 우호적인 국제경제 환경에 의해 더욱 강화되었다. 이 당시 스웨덴의 경제성장은 다른 선진산업 민주국가의 평균적인 성장세와 비슷했다. 사실상 완전고용 상태가 유지되었다(<표 4-3> 참조). 1951년 15.8%까지 치솟았던 소비자물가는 그 다음해 성공적으로 억제되었다(Hadenius 1978, 202). 또 이 시기 실질임금은 노르웨이보다 스웨덴에서 더 많이 올랐다(<표 4-3> 참조).

합의정신은 노동시장에도 만연했다. 1951년 이후 SAF와 LO의 지속적인 노력을 통해 마침내 1956년 중앙집중적 임금협상이 정상적인 임금결정 방식으로 자리 잡았다. 임금억제를 보다 손쉽게 관철시키려 했던 SAF의 이해와 산하 조직 간의 임금경쟁을 피하고 단합적 임금정책을 실현하고자 했던 LO의 이해가 중앙집중적 임금협상 타결이라는 결실로 이어졌다(Martin 1984, 211-213; Heclo and Madsen 1987, 158-165). 산업평화는 1950년대와 60년대를 일관해서 스웨덴 노사관계의 지배적인 양상이 되었다.

우호적인 대내외 경제조건과 타협과 합의의 기운이 팽배했던 덕택에 사민당의 사회개혁정책은 정당 간 합의정치를 바탕으로 지속될 수 있었다. 노르웨이 노동당과 마찬가지로 사민당은 사회복지의 보편적 적용과 평등한 혜택을 추구했다. 보편적이며 정액급여제에 입각한 연금제도는 1948년에 일찌감치 채택된 바 있다. 1955년에는 의료보험제도가 보편적이고 강제적인 성격을 띠고 또 국가가 재정의 일부를 부담하는 방향으로 개정되었다. 다음해 보험급여 수혜자격에 대한 일체의 심사를 제거했다. 그 결과 1950년대 말까지 스웨덴에 제도적 복지국가의 기틀이 튼튼하게 구축되었다. 비록 합의의 수준은 노르웨이보다 못했지만 스웨덴 부르주아 정당 역시 사민당 정부의 정책제안을 큰 사회정치적 저항 없이 받아들였다(Esping-Andersen 1985, 155-160; Heclo and Madsen 1987, 110-116).

종합적으로 1950년대 중반까지 경제, 농업, 사회, 외교 등 거의 모든 정책영역에서 정당 간 합의정치가 지배적인 흐름이 되었다(Stjernquist 1966, 124). 타협과 산업평화가 또한 노동시장의 정상적인 모습이 되었다. 이와 같은 합의주의가 스웨덴에서 지속되었다면 스웨덴 사민당은 아마 노르웨이 노동당과 비슷한 길을 걸었을지도 모른다. <표 5-2>에서 보듯이 사민당의 득표력은 이 시기에 지속적으로 감소했다. 연립내각의 동반자였던 농민당 역시 1952년과 56년 총선에서 연속 득표율 감소를 감내해야 했다. 두 집권 정당의 득표력 하락은 이들과 가장 대척점에 있던 보수당의 득표력 상승과 맞물려 있었다.

3. 노동연합의 퇴조

1956년 총선은 노동연합과 광범위한 합의정치를 바탕으로 한 사민당 지배체제의 지속 가능성에 짙은 회의감을 불러일으켰다. 이와 같은 회의는 특히 급속한 계급구조의 변화에 근거하고 있었다. 농민의 숫자는 급감하고 있었고 화이트칼라 계급은 계속 팽창하고 있었다. 화이트칼라들은 자신들만의 독자 노동조합인 TCO에 대거 가입하고 있었다. 당시 TCO는 어떤 정당과도 공식적인 제휴관계를 맺지 않고 있었다. 사민당은 이러한 변화에 대응하는 전략 마련이 시급했다. 사민당에게 절실했던 것은 노동계급의 지지를 강화하면서 동시에 계급연합 파트너를 농민에서 화이트칼라로 바꾸어 줄 수 있는 혁신적이며 공격적인 정책수단이었다. 이 정책은 또 합의정치로 인해 약화되고 있던 스웨덴 정치경제체제에 대한 사민당의 배타적 지배력을 강화해 줄 수 있어야 했다. 이를 위해 합의정치는 종식되어야 했고 노농연합 역시 막을 내려야 했다.

농민 숫자의 감소 외에도 사민당과 농민당 사이에 농업정책을 둘러싸고 견해차가 커져 가고 있었던 것도 연립의 지속을 점점 힘들게 만들었다. 앞서 언급했던 것처럼 1947년 농업정책은 무엇보다 농업부문의 합리화와 정부의 보호 및 보조금 확대를 골격으로 하고 있었다. 1950년대 초의 급속한 농업생산성 향상 덕택에 농산물의 자급자족은 1950년대 중반에는 거의 완성 단계에 왔다(Hadenius 1978, 204). 이런 상황에서 도시 소비자들은 갈수록 농산물에 대한 정부의 지속적인 가격보조금 정책을 달가워하지 않게 되었다. 특히 농업정책에 관한 스웨덴의 집합적 협의체제가 지닌 독특한 특성 때문에 농촌 생산자와 도시 소비자 간의 이해충돌은 직접적이고 격렬할 수밖에 없었다. 농업문제에 관한 집합적 협의과정에 정부와 농민단체만 참여하도록 한 노르웨이와 달리 스웨덴의 협의과정에는 소비자 단체와 노동조합의 대표 역시 참여했다. 그 결과 스웨덴의 농업정책 협의는 노르웨이의 경우보다 훨씬 더 크게 생산자 · 소비자 갈등에 노출되게 되었다(Steen 1985b, 57). 그리고 이 갈등은 정치권으로 전파되지 않을 수 없었다. 스틴이 예리하게 관찰한 것처럼 "노르웨이 의회에서 농업정책에 관한 토론에 참여하는 것은 농업에 대해 우호적인 전반적인 분위기에 공감을 표현하고자 하는 것이었다. 반면 스웨덴 의회에서의 토론은 합의해야 할 의안에 대해 상반된 견해를 대체로 반영했다"(Steen 1985b, 55). 이와 관련해 한 가지 더 주목해야 할 차이점은 노르웨이 소농들이 노동당과 대규모로 결속되어 있었음에 비해 스웨덴 노동당은 농촌에 그와 같은 지지기반을 갖고 있지 않았다는 사실이다. 그 결과 사민당과 노동당 연립정부가 매년 의회에 제시한 농민들의 소득목표액은 1950년대 중반으로 가면서 사민당 의원들의 공세에 직면했다. 이들은 정부로 하여금 농산물가격과 농가소득에 대한 직접적인 보조와 보호보다 구조적 합리화에 더 주력할 것을 연립내각에 요구했다(Steen 1985b, 49-50; Tiderius 1962, 48; Hadenius 1978, 204-206). 이에 따라 1950년대를 경과하면서 연립파트너 사이에 농업정책을 둘러싼 견해차가 점점 더 두드러지게 되었다.

4. 보조연금제도와 대립의 정치

1956년 선거에서 사민당과 농민당이 나란히 패배한 이후 연립내각의 지속이 양당 모두에게 바람직스럽지 않다는 생각이 확산되었다. 특히 사민당으로서는 다시 노동계급의 결속을 강화하고 또 농민들로부터 화이트칼라로 계급연합의 상대를 바꾸는 것이 지배체제를 유지하기 위해 시급한 과제였다. 노동계급의 단합과 지지를 확보하기 위해 사민당은 1955년 마침내 LO가 제안한 렌모델을 경제정책과 노동시장정책의 지도원리로 정식 채택했다. 그러나 렌모델의 정식 시행은 1957년 국립노동시장국(AMS)이 적극적 노동시장정책을 본격적으로 시행할 때까지 기다려야 했다. AMS는 대폭적인 조직개편을 단행함과 동시에 조직규모 역시 확장했다. AMS의 노동시장정책에 투입된 예산규모는 이후 3년 사이에 무려 네 배로 늘어났다(Milner 1989, 108-125; Martin 1984, 217).

그러나 새로운 전략적 돌파구를 모색하고 있던 사민당에게 최선의 정책 무기를 제공해 준 것은 LO가 제안했던 보조연금제도 도입안(案)이었다. LO의 제안을 추진하기로 사민당이 결정하자 그 동안 팽배했던 타협과 합의의 국면은 삽시간에 비타협적 대립과 대결의 국면으로 전환했다. 그리고 이 결정은 결정적으로 노농연합과 이를 바탕으로 한 연립내각을 붕괴시켰다.

1950년대에 실질임금이 지속적으로 상승함에 따라 기존 기초연금제도로는 퇴직 후 엄청나게 줄어들 소득을 충분히 상쇄할 수 없게 되었다. 이와 같은 인식을 기초로 보조연금제도 도입 필요성이 LO 내부에서 제기되었다. 다시 말해 애당초 보조연금제도는 순전히 경제적이고 생계적인 이유로 거론되기 시작했던 것이다. 그러나 연금제도를 구체화시켜 나가는 과정에 정당 사이에, 그리고 노동시장의 조직노동과 자본가 사이에 의견 대립이 급격하게 심화되었다. 그 결과 보조연금제도 도입 문제는 무서운 속도로 정치화해 갔다(Hadenius 1978, 213-222; Lewin 1985, 261-282).

1955년 6월 하프순드에 있는 수상 별저에서 열렸던 회합에서 사민당과 LO는 보편적이며 강제적인 보조연금을 노동시장 협의를 통해서가 아니라 의회의 입법절차를 통해 도입하기로 합의했다(Wheeler 1975, 68-69). 이것은 궁극적으로 스웨덴 정치의 방향을 바꾸고 또 사회민주 지배체제의 전도에 심대한 영향을 끼치게 될 대단히 중대한 결정이었다. 사민당은 역시 같은 해 렌모델을 실천에 옮기기로 결정했다. 이 결정은 보조연금제도의 정치적·사회적·경제적 의미를 배가시켰다. 보조연금이 렌이 제안한 경제정책 및 노동시장정책과 결합함에 따라 사민당과 LO의 구상은 이제 단순히 노동자의 퇴직 후 소득을 늘려 주는 데 머물 수 없게 되었다.

연금기여율을 직장의 종류와 성격을 불문하고 보편화함으로써 이 구상은 적극적 노동시장정책에 입각한 직업 전환을 보다 용이하게 만들어 주었다. 그리고 20년의 지급 유예기간 동안 엄청난 규모로 적립될 기여금으로 전국적 연금기금을 조성하고 또 이를 주식시장에 투자함으로써 이 구상은 렌모델의 기업에 대한 이윤억제정책이 초래하게 될 재투자 자본조달의 어려움을 집합적 자본형성을 통해 효과적으로 상쇄해 줄 수 있게 되었다. 따라서 경제정책, 사회정책, 그리고 적극적 노동시장정책이 렌모델과 보조연금제도의 결합에 의해 절묘한 조화를 이루게 되었다(Martin 1984, 207-208, 213-214). 더욱이 이들 정책의 저변에는 사적 자본의 기능에 대한 통제를 강화하려는 사회민주 지배체제의 이념적 목표가 자리 잡고 있었다. 보조연금제도의 이와 같은 의의에 관해 헤클로와 맷센은 다음과 같이 요약하고 있다.

> ATP 프로그램은 전통적인 복지개혁 차원을 넘어 경제적 힘의 보다 큰 구조를 바꾸려는 보다 대담한 목표를 실현하려는 시도의 첫 단계를 의미했다…… ATP는 노동운동이 스웨덴 정치사회의 비사회주의 세력들과 정면으로 대결하도록 한 대표적인 정책쟁점이었다(Heclo and Madsen 1987, 163).

사민당과 LO는 마침내 보편적이고 강제적이며, 물가지수에 연동되고 소득수준에 연계된, 그리고 고용주가 기여의 책임을 지는 보조연금제도를 제안했다. 이 제안에 의하면 퇴직 후 소득은 연금수령자의 재직 시 임금이 가장 높았던 15년 동안 평균소득의 3분의 2에 달하게 된다. 사민당과 LO는 또 매년 축적될 막대한 기여금으로 전국 규모의 ATP기금(Almänna tjänstepensionsfond) 설립을 제안했다. 이 제안에 대항해 자유당과 보수당, SAF는 노동시장의 단체협상에 기초한 자발적인 보조연금제도를 도입할 것을 제안했다. 반면 보조연금제도의 혜택과는 무관한 위치에 있던 농민단체와 농민당은 전국적 기초연금제도를 우선 강화할 것을 촉구했다. 이 세 제안 사이에 타협점을 찾을 수가 없었으므로 이 문제는 마침내 1957년 10월 국민투표에 부쳐지게 되었다(Hadenius 1978, 214-221; Lewin 1985, 276-285).

LO는 사민당의 제안을, SAF는 자유당과 보수당의 제안을, 그리고 농민단체는 노동당의 제안을 지지하고 있었으므로, 화이트칼라 계급과 이들을 조직적으로 대표하던 TCO의 태도가 연금문제뿐 아니라 스웨덴 정치의 향후 진로에 막대한 영향을 행사하게 되었다. 1944년 최초로 결성된 이후 가입 노조원을 두 배로 늘려 전체 규모면에서 LO의 4분의 1에 근접해 있었던 TCO는 사민당과 LO뿐 아니라 자유당과 보수당, 그리고 SAF 연합세력의 구애(求愛)의 대상이 되었다. 반면 농민당은 농민과 도시 자영업자, 그리고 노조에 가입하지 않은 화이트칼라를 엮어 자기들 제안의 지지기반으로 삼으려고 했다(Wheeler 1975, 71-76; Martin 1984, 215).

사민당과 LO는 육체노동자의 지지는 최대한 동원할 수 있을 것으로 확신했다. 그러나 그들은 국민투표에서 이기려면 상당한 규모의 화이트칼라 계급이 자신들의 제안을 지지해 주어야 한다는 점을 잘 알고 있었다. 그래서 폭넓은 임금수령자 연합을 구축하려는 사민당의 의식적인 노력은 시작되었다. 보조연금제 도입을 위한 캠페인 과정에 사민당은 그들이 전통적으로 구사해 왔던 '노동자'(*arbetare*)라는 용어 대신 '임금수령자'(*löntagare*)라는 용어를 처음으로 사용하기 시작했다(Wheeler 1975, 90; Martin 1984, 217). TCO와의 협상과정에 LO는 TCO의 지지를 끌어내기 위해 몇 가지 중요한 양보를 했다. 우선 연금수령액은 수령자의 전 취업기간이 아니라 소득수준이 가장 높았던 15년 동안의 평균소득을 기준으로 책정하게 하였다. 그리고 새로 제정될 강제연금제도 때문에 기존의 다른 연금 프로그램에 이미 가입한 사람이 피해를 입지 않도록 배려할 것을 약속했다. 이 약속은 마침내 기존 연금 프로그램에 만족스럽게 가입 중인 사람들은 새 강제연금에 가입하지 않아도 된다는 양보로 귀착되었다(Wheeler 1975, 71-73).

사민당과 LO의 양보에도 불구하고 TCO 내부의 의견은 사민당 지지와 보수·자유당 지지로 양분되었다. 이를 둘러싼 조직 내 분쟁이 조직의 안정까지 위협할 상황에 이르자 TCO는 공식적으로 중립 의사를 천명할 수밖에 없었다(Wheeler 1975, 75). 그러나 TCO 위원장 아담손(Harald Adamsson)이 연금분쟁 기간 내내 자유당 당수 올린(Bertil Ohlin)과 보수당 당수 얄마르손(Jarl Hjalmarsson)과 긴밀하게 협력하고 있었던 사실을 감안하면 TCO의 중립이 비록 최선은 아니었지만 사민당과 LO로서는 괜찮은 귀결이었다. 국민투표에서 승리하는 데 모든 TCO 회원의 지지가 필요한 상황이 아니었으므로 사민당과 LO는 TCO로 하여금 공식적으로 부르주아 제안을 지지하지 못하게 저지해 낸 데 충분히 만족했다(Wheeler 1975, 70, 82-84). 사실 TCO 중앙본부의 핵심간부 몇 명과 TCO 산하 몇몇 연맹의 위원장들은 사회민주당 제안에 대한 화이트칼라 노동자들의 지지를 넓히기 위해 적극적인 역할을 수행했다. 또 TCO에 소속된 많은 기층 노조원들은 TCO의 중립을 사민당 제안에 대한 묵시적인 동조로 받아들였다(Wheeler 1975, 82, 83).

그러나 국민투표의 결과가 사민당과 LO에 전적으로 유리한 것은 아니었다. 그들의 제안은 47.7%의 지지를 받았고, 보수당과 자유당의 제안은 36.7%의 지지를 받았으며, 농민당 안은 15.6%의 지지를 얻었다(Lewin 1985, 279). 한 여론조사에 의하면 LO 소속 노조원의 85%와 TCO 소속 노조원의 33%가 국민투표에서 사민당의 제안을 지지했다(Wheeler 1975, 82).

국민투표 직후 농민당이 연립내각을 탈퇴함에 따라 1936년 사민당 지배체제 성립 이후 처음으로 내각 위기상황이 조성되었다. 국왕은 사민당에게 대연정 구성을 건의했지만 사민당은 이를 거부했다. 그러자 국왕은 비사회주의 내각의 가능성을 타진했다. 그러나 이 대안은 농민당의 거부로 좌절되었다. 사실 농민당은 국민투표를 통해 급격하게 감소한 농촌 지지기반을 대신해서 도시에서 새로운 지지기반을 키울 가능성을 확인했다. 그래서 당의 농촌 이미지를 과감하게 벗어던지고 당세를 새롭게 키워 가는 것을 목표로 농민당은 당명을 중앙당으로 개칭하고 도시 자영업자와 화이트칼라 계급의 지지를 얻기 위해 다른 부르주아 정당과 경쟁할 태세를 갖추었다. 이런 중앙당으로서 잠재적 경쟁자들이 주도할 연립내각에 참여하는 것은 현명한 전술이 아니었던 것이다. 결국 중앙당의 거부로 사회민주 지배체제 출현 이후 정권이 부르주아 진영에 넘어갈 수 있었던 첫 번째 기회가 무산되었다. 그리하여 사민당 소수내각이 다시 한 번 출범했다. 사민당 내각이 이듬해 의회에 제출한 보조연금제도 도입 법안이 부결되자 사민당은 즉각 의회를 해산하고 총선 실시를 요구했다(Hadenius 1978, 221-223).

1958년 총선은 보조연금제도 도입을 둘러싼 정당 간의 격돌로 점철되었다. 총선 결과는 사민당에게 부분적인 승리를 안겨 주었다. 제2차 세계대전 이후 처음으로 사민당 득표율은 이전 선거에 비해 상승곡선을 그렸다. 득표율은 1.5% 늘었고 의석은 5석 증가했다. 연금분쟁은 자유당에게 가장 큰 피해를 입혔다. 자유당 의석은 58석에서 38석으로 줄었다. 그 결과 보수당이 부르주아 제1당이 되었다. 자유당이 잃은 표의 대부분은 중앙당으로 갔던 것으로 보인다. 중앙당은 특히 도시 지역에서 득표력을 상당히 늘렸다(<표 5-2> 참조).

선거 결과 사회주의 진영과 비사회주의 진영의 의석은 116 대 115로 팽팽해졌다. 이런 가운데 1959년 5월 사민당은 보조연금제도 법안을 다시 의회에 상정했다. 사민당 소속 하원의장은 표결권이 없었으므로 양 진영의 세력은 대등했다. 그러나 자유당 의원 1명의 기권에 힘입어 사민당과 LO의 보조연금제도는 마침내 아슬아슬하게 의회를 통과했다(Hadenius 1978, 224). 자유당 의원의 기권은 총선 패배로 인해 보조연금제도에 반대했던 과거의 소신이 크게 흔들린 데 기인했다.4)

1960년 총선에서도 보조연금제도가 주된 쟁점이 되었다. 총선이 실시될 무렵 자유당과 중앙당은 기정사실을 수용하는 방향으로 입

---

4) 총선 패배 후 연금문제에 대한 자유당 내 분위기의 변화 양상과 쾨닉손(Ture Königson) 의원이 기권을 결심한 배경에 관한 자세한 논의는 Lewin(1985, 281-282) 참조.

장을 정리했다. 그러나 보수당은 선거에서 부르주아 진영이 절대 다수 의석을 획득한다면 보조연금법률을 폐기하겠다고 공약했다. 그 결과 연금분쟁의 전선은 이제 사민당과 보수당 사이에 그어졌다. 타협점 없이 대치했던 두 정당 간의 승패는 TCO가 사민당의 보조연금제도를 공식적으로 지지함에 따라 사민당의 승리로 돌아갔다.[5] 그 결과 사민당은 다시 한 번 득표율을 1.6% 상승시키고 또 5개 의석을 추가로 획득했음에 반해 보수당은 3%의 득표율 하락과 함께 6개 의석을 상실함으로써 이 선거에서 유일한 패배 정당이 되었다.[6]

5. 사민당 지배체제의 재구축

1960년 총선은 사민당 득표력의 점진적 하락추세를 결정적으로 반전시키면서 부르주아 진영의 권력 획득에 대한 기대를 무산시켰다. 이제 비사회주의 3당의 전체 의석수가 사민당 의석수를 밑돌게 된 것이다. 연금문제는 물론이거니와 경제정책의 새로운 방향에 관해서도 공산당의 강력한 지지를 획득한 사민당 지배체제는 농민과 농민당의 지지 없이도 안정성을 확보할 수 있게 되었다. 시의적절한 정책공세를 통해 좌·우 정당 간의 대립을 격화시킴으로써 사민당은 육체노동 계급의 지지와 결속을 강화할 수 있었고 화이

---

5) TCO가 1960년 보조연금제를 공식 지지한 배경에 관해서는 Wheeler (1975, 79) 참조.

6) 1956~60년 사이 스웨덴에서 치른 이 총선과 정당 간의 경쟁 양상에 관해서는 Molin(1966), Särlvik(1966), Särlvik(1967), Sjöblom(1967) 참조.

트칼라 계급으로 지지세를 확산시키는 기회를 만들었다. <표 5-4>에서 보듯이 육체노동자와 화이트칼라의 사민당에 대한 지지는 1956~60년 사이 크게 늘어났다. 1960년까지 최소한 육체노동자의 4분의 3과 화이트칼라의 40% 가량이 사민당과 결속했다. 그러므로 이 시점에 사민당은 노동계급 지지를 강화하고 계급연합 세력을 농민에서 화이트칼라 계급으로 전환하려는 전략적 목표를 성공적으로 달성해 냈던 것이다.

1960년 총선에 관한 몇몇 연구는 화이트칼라 계급에 대한 사민당 지지기반의 확대는 제한적이었으며 사민당의 승리는 LO의 적극적인 선거운동에 힙입어 육체노동자 동원을 극대화하는 데 성공했기 때문이라고 지적한 바 있다(Särlvik 1966, 216-218; Lewin 1972, 170-171). 사민당이 화이트칼라 계급 지지획득의 결정적인 돌파구를 열지 못했다는 평가에 에 동의할 수는 있다. 그러나 보조연금제도를 둘러싼 대결을 통해 사민당이 포괄적이고 안정된 임금수령자 연합을 구축할 교두보를 확보했다는 것은 부인할 수 없다. 사민당과 LO는 연금문제를 협의하기 위해 TCO와 반복적으로 회동했고 마침내 TCO의 최종 동의를 얻어내는 데 성공했다. 이 합의는 추후 노동시장의 다양한 정책의제에 관해 사민당 정부와 LO, TCO가 협의하고 협력할 수 있는 길을 열어 주었던 것이다. 1960년 이후 화이트칼라 계급의 사민당에 대한 지지가 늘어났다는 것은 이 승리의 의의를 더해 준다.

사민당 지배체제를 지탱해 줄 새로운 전략적 계급연합 구축에 성공했다는 것 외에도 연금분쟁은 사민당 지배체제의 전개에 지대한 영향을 끼칠 중요한 변화를 만들어 냈다. 즉 이 분쟁을 통해 결정적으로 1950년대 후반까지 스웨덴에서 강화되던 합의정치 기조가 쇠퇴했다. 1950년대 말 사민당과 LO가 주도한 정책공세는 합의정치의 이면에 잠복해 있던 좌·우 정당 간의 이념적 긴장을 표면화시켰다고 볼 수 있다. 1950년대의 경제호황이 케인즈주의와 실용적 경제계획 노선에 대한 정당 간의 광범위한 합의를 강화시켰던 노르웨이의 사례와 달리 스웨덴의 정당은 경제호황에 관해 서로 다른 이념적 해석을 내리고 있었다.

자유당과 보수당, 그리고 비록 강도는 약하지만 농민당은 경제호황과 사회복지 프로그램의 완성은 경제행위에 대한 국가개입의 필요성을 현저히 감소시켜 주었다고 보았다. 레윈의 언급처럼, "번영이 확산되면 GNP에서 국가부문이 차지하는 몫은 줄어야 한다. 부르주아 자유주의자에게 호황기는 경제에 대한 국가의 역할을 축소할 절호의 기회로 간주되었다. 이것이 1950년대 스웨덴이 경제호황을 구가할 당시 부르주아 정당이 내세웠던 핵심적인 이념적 교리였다"(Lewin 1985, 269).[7]

부르주아 정당과 달리 사민당은 경제적 번영의 확대는 경제운용과 사회조정에 대한 국가의 역할을 강화해 더욱 평등사회의 이상을 향해 다가갈 기회를 제공해 준다고 믿었다. 경제호황이 지속되는데 당의 득표력은 계속 하락하자, 사민당 내 젊은 지도자들은 이념과 노선의 재평가를 요구했다. 이들은 특히 노농연합의 지속을 비판했고, 또 보다 근본적으로는 부르주아 정당과의 타협과 합의를 공격했다. "사회주의 사회를 향한 변혁은 팽개쳐 버리고 정부는 경제안정화 정책을 매개로 정치적 합의를 얻어내는 데 모든 정력

7) 1950년대 호황기에 부르주아 정당 사이에 자유주의 이념이 다시 성장한 경위와 과정에 관한 자세한 논의는 Lewin(1985, 263-270) 참조.

을 다 바쳐 왔다. 사민당은 하프순드 민주주의와 자본가의 협력 등을 위해 너무나 값비싼 대가를 치렀다. 사민당은 이제 사회발전의 새로운 목표를 설정해야 한다. 그 목표는 복지국가를 훨씬 넘어서는 것이어야 한다"(Lewin 1985, 271).

사민당 지배체제의 쇠퇴와 이념적 무력증에 대한 이러한 우려에 부응해 사민당 지도자 엘란더는 '강력한 사회'(*det starka samhället*)라는 새로운 이념적 구호를 제시했다. 틸톤의 평가처럼 "'강력한 사회'는 스웨덴 사회민주주의 이념에 대한 엘란더의 가장 독창적인 공헌이었다"(Tilton 1991, 177). 보다 풍요로워진 사회가 만들어 낸 새로운 요구를 충족시키기 위해 더 적극적인 국가의 역할을 정당화한 '강력한 사회' 이념은 사민당의 새로운 사회경제정책 노선의 이념적 토대가 되었다(Tilton 1991, 174-179; Lewin 1985, 270-276).

따라서 보조연금제도 도입을 둘러싼 대결은 스웨덴이 구가하고 있던 경제적 번영에 대한 상반된 이념적 시각의 충돌을 내포하고 있었다. 이 대결에서 사민당이 승리하고 렌모델과 더불어 보조연금제도를 시행함에 따라 경제와 사회에 대한 국가의 개입은 한층 강화되었고, 공공부문은 폭발적으로 확장되었으며, 사적 자본의 기능에 대한 국가의 통제는 한층 강력해졌다. 그 결과 1960년대에는 사민당이 이끄는 강력한 국가가 부르주아 진영의 약한 국가에 대한 이념적 요구와 대립을 지속할 수밖에 없었다. 레윈의 표현을 빈다면 이 대결은 '강력한 사회'(*det starka samhället*)와 '최소한의 안전망'(minimum safety net) 사이의 대결이었다. 헤클로와 맷센의 언급처럼 "ATP 논쟁은 1960년대 더 큰 평등을 향한 사민당의 정책의제를 둘러싸고 벌어진 대립정치의 장을 마련해 주었고 또 거기에 정당성을 부여했다"(Heclo and Madsen 1987, 164). 사민당의 비타협적인 정책공세에 대한 부르주아 진영의 분노는 1963년 보수당의 새 당수 헥셔(Gunnar Hecksher)에 의해 다음과 같이 표출되었다.

> 우리는 1930년대 중반부터 1950년대 중반까지 우리나라 정치의 전형적인 특징이었던 상호 양보에 입각한 타협의 정치를 빠른 속도로 이탈하고 있다. 사민당 정부는 갈수록 참을성 없는 독재 성향을 강화시키고 있고, 사민당은 그 누구도 중단시킬 수 없고 넘볼 수도 없는 권력을 확립하는 데 힘을 집중하고 있다(Stjernquist 1966, 116에서 재인용).

이처럼 정당 사이의 대립이 격렬해지고 계급정치가 두드러지자 1960년대에 스웨덴의 5당 정당체계는 사회주의 진영과 비사회주의 진영이 날카롭게 대치하는 뚜렷한 전선을 형성했다. 사회주의 진영에서는 공산당이 1964년 리더십 교체를 단행하고 이념적 정향을 수정해 의회주의 원칙을 수용하고 민주질서의 틀 내에서 반대활동을 전개하겠다고 선언했다. 그 결과 공산당은 사민당 정책노선에 보다 호의적인 입장을 갖게 되었다(Hadenius 1978, 253). 부르주아 진영에 속한 정당 사이의 전통적인 불화는 완전히 사라지지 않았다. 그렇지만 사민당의 강화된 정책공세는 이들을 더욱 결속시켰고, 그 결과 이들이 원내 다수의석을 획득할 경우 연립내각을 구성할 가능성이 높아졌다.[8] 따라서 1960년대 말 스웨덴 유권자들은 선명

8) 1960년대에 부르주아 정당 간의 협력을 가로막은 요인들에 관해서는 Stjernquist (1966, 143-146) 참조. 같은 시기 이들 사이의 협력이 강화되어 반사회주의 3당 연립이 가능할 정도가 되었다는 평가는 Ruin(1969, 80-81) 참조.

하게 나누어진 두 가지 정부 대안을 갖게 되었다. 그 하나는 공산당의 지원을 받는 사민당 내각이었고, 다른 하나는 부르주아 3당 연립내각이었다.

그러나 대립정치와 계급정치는 부르주아 진영에게 불리하게 작용했다. 사민당의 득표력은 더욱 늘어나 1968년에 다시 절대다수 의석을 장악했다. 1960년대 내내 사민당은 특히 화이트칼라 계급의 지지를 지속적으로 늘려 갔다. 그 결과 1968년 화이트칼라 계급의 절반가량과 육체노동자의 약 80%가 사민당을 지지하게 되었다(<표 5-4> 참조). 당시 이 두 사회계급은 스웨덴 노동인구의 거의 90%가량을 차지하고 있었다(<그림 1-3> 참조).

이처럼 1960년대에 스웨덴 사민당은 사회민주 지배체제를 강화하는 한편 눈부신 사회경제적 성취를 일구어 냈다. <표 4-3>에서 보듯이 성장, 고용, 물가, 임금 등 모든 거시경제 영역에서 1960년대의 성과가 1950년대를 크게 앞질렀다. 인플레이션 억제를 위한 보수적인 재정운용, 이윤압박을 통한 산업합리화, AMS의 확장을 통한 적극적 노동시장정책 등 렌모델의 시행과 그에 따른 국가개입의 확대는 이제 이들 업적에 힘입어 완전한 정당성을 획득하게 되었다(Martin 1984, 218; Esping-Andersen 1985, 230-233). LO의 단합적 임금정책과 사민당 정부의 적극적인 노동이동성 보조정책에 힘입어 이 시기 동안에 노동자들 사이의 임금격차는 현저히 줄어들었다(Esping-Andersen 1985, 174-176; Heclo and Madsen 1987, 116-118). 1960년대는 또한 스웨덴 역사를 통틀어 노사관계가 가장 평화로운 시기였다(Martin 1984, 346).

사민당 정부가 경제개입을 강화하고 제도적 복지국가를 확대해 감에 따라 공공부문의 고용규모는 대폭 늘어났으며 화이트칼라 계급의 노동조합 가입규모 역시 크게 증가했다. 1950~70년 사이 TCO 가입 노동조합원은 2.5배 늘어났다. 같은 기간 LO 가입 조합원이 14% 늘어난 것과 뚜렷이 대비된다.[9] 1970년대 초 TCO는 "조직 가능한 공공부문 화이트칼라의 80%와 민간부문 화이트칼라의 70%를 노조원으로 확보한 서방 세계에서 가장 발달한 화이트칼라 노동조합연맹"(Wheeler 1975, 2)이 되었다. 1971년 현재 TCO 가입 노동조합원의 44%가 공공부문에 고용되어 있었다(Wheeler 1975, 10). 그리고 이들은 사민당 정부의 사회경제정책에 대한 화이트칼라 계급의 거대한 지지기반을 형성했다. 1965년과 66년 사민당 정부는 공공노동조합의 지지를 안정시키기 위해 단체협상과 단체행동의 권한을 민간 노동조합과 동일한 수준으로 확대해 주었다(Milner 1989, 90; Martin 1984, 240).

결국 1960년대 말까지 스웨덴 사민당은 이념, 정책, 전략의 혁신을 통해 합의정치를 대립의 정치, 전선의 정치로 대체했고, 또 새로운 임금수령자 연합을 구축함으로써 1950년대에 약화의 조짐을 보였이 사회민주 지배체제를 다시 강력하게 재구축하는 데 성공했다. 이를 바탕으로 확립된 사회민주 정치경제체제는 사민당의 이념, 정책, 전략 혁신의 산물이었다. 또 사회민주 정치경제체제가 이루어 낸 거시경제적 성과, 만개한 산업평화, 제도적 복지국가, 공공부문의 확대 등은 헤클로와 맷센의 다음 언급처럼 사회민주 지배체제의 굳건한 버팀목이 되어 주었던 것이다.

> 확장된 사회복지 구조는 바로 권력구조가 되어서 사민당의 중요

9) 이 시기 LO와 TCO 조합원의 수는 각각 31만 2천 명과 49만 7천 명 늘었다. Martin(1984, 238, 344) 참조.

한 지지기반이 되었다. 지방정부의 정당 활동가, 사회사업 전문가, 연금수령자 집단, 주택조합, 공공노동조합, 공공기금의 지원을 받는 노동자 조직은 모두 입을 모아 거대한 공공부문의 미덕을 칭송했다. 또한 그들의 칭송은 편협한 사적 이익이 아니라 사회민주주의 지도노선에 입각한 것이었다(Heclo and Madsen 1987, 167).

제2절 사회민주 정치경제체제의 해체와 사민당 지배체제의 쇠퇴

1. 경제민주주의와 합의정치

완전고용, 생활수준의 평준화, 그리고 평등한 사회적 시민권 보장 등 제2차 세계대전 직후 세웠던 핵심 정책목표를 모두 달성하고 노동계급의 압도적인 지지와 화이트칼라 계급의 폭넓은 지지를 확보한 스웨덴 사민당은 1960년대 말 사회민주 지배체제의 절정을 구가하면서 스웨덴의 정치와 경제, 사회를 굳건히 장악했다. 그러나 사민당과 LO는 여기에 만족하지 않고 1970년대 초 사회민주주의 이념의 또 다른 중요한 목표를 이룩하기 위해 과감한 발걸음을 내디뎠다. 사회적 시민권 확립을 통해 사회적 민주주의를 이미 확보한 사민당과 LO는 민주주의의 외연을 경제영역에까지 확장시키려는 작업에 착수했던 것이다.

이 당시 사민당과 LO가 본격적으로 경제민주주의 확립을 추진한 것은 두 가지 중요한 이유 때문이었다. 첫째, 1969~70년 겨울 전례 없이 큰 규모로 스웨덴 산업체를 휩쓸고 지나갔던 불법파업(wildcat strike)의 물결은 LO의 권위와 조직력을 심각하게 위협했다. 이 불법파업의 물결은 단순히 임금문제만이 아니라 작업장에서 경영권에 제대로 도전하지 못하고 있던 기층노동자들의 누적된 불만이 일거에 폭발한 것이었다(Martin 1984, 248-254). 따라서 실추된 권위를 회복하고 조직의 단합을 유지하기 위해 LO는 경제민주주의 확립을 당면한 최우선의 과제로 설정했다. 헤클로와 맷센이 강조하듯이 "1970년대 초 작업장에서의 의사결정과정에 피고용자들의 영향력을 확대하자는 노동조합의 집요한 요구 속에는…… 1969~70년 파업의 물결이 반복되는 것을 피하려는 강한 열망이 담겨 있었다" (Heclo and Madsen 1987, 122).

둘째, 경제민주주의 추진에는 다른 중요한 정치적 동기가 또 있었다. 사민당은 경제민주주의 추진을 통해 임금수령자 연합을 강화하려 했던 것이다. 경영에 대한 피고용자의 권리를 확대하자는 것은 비단 육체노동자뿐 아니라 화이트칼라 역시 크게 환영할 만한 요구였다. 반면 고용주들은 격렬하게 이 요구에 반발할 것으로 전망되었다. 따라서 사민당은 새로운 정책공세를 펼쳐 부르주아 정당과 자본가 집단에 대해 새로운 대립전선을 형성하고, 또 이를 통해 임금수령자 계급의 단합과 지지를 강화하려 했던 것이다. 이 전략은 부분적으로 맞아떨어졌다. 1970년대 전반기에 작업장에서 민주적 절차를 강화하기 위한 법안이 준비되고 또 협의와 심의절차를 거치는 동안 TCO는 LO와 강력히 연대해 이 법안 통과를 지지하고 또 지원했다(Martin 1984, 258-259).

1971년 개최된 총회에서 산업민주주의에 관한 새 프로그램을 채택함으로써 LO는 1938년 살트쉐바덴의 역사적 타협을 통해 보장해 주었던 자본가의 경영특권에 대해 정면 공격을 개시했다(Martin 1984, 254). 자본가 계급이 반대할 것은 너무나 분명했기 때문에 이 개혁조치는 단체협상이 아니라 입법과정을 통해 실천에 옮겨야 했다. 그 결과 1970년대 전반기에 고용안정, 작업장의 보건과 안전, 작업장 노동자 대표(shop stewards)의 권리 등에 관한 일련의 법률이 제정되었다. 산업민주주의를 위한 입법은 마침내 1976년 작업장에서의 공동결정 권한에 관한 법률(Medbestämmandelagen: MBL) 제정으로 절정에 달했다(Martin 1984, 260-264). 이들 법률은 노동조합의 권한을 크게 확대하고 노동시장에서 힘의 균형을 노동에 유리한 방향으로 대폭 기울여 놓았다. 사민당 정부의 팔메(Olof Palme) 수상은 1971년부터 76년까지 단행된 이들 개혁조치에 관해 “보통선거 도입 이후 이루어진 최대의 권력 분산”(Martin 1984, 263에서 재인용)이라고 평가했다. 사민당과 조직노동은 스웨덴 노동운동사에 또 하나의 기념비적인 업적을 이루었던 것이다. 그리고 이 업적은 정치영역에서도 사민당 지배체제를 크게 강화해 줄 것으로 기대되었다.

그러나 이처럼 새로운 정책공세를 파상적으로 펼치고 또 노동계급의 권한을 대폭 신장시켰음에도 불구하고 사민당의 득표력은 이 기간에 지속적으로 감소했다. 1968~76년 사이 사민당의 득표율은 전후 최고를 기록했던 50.1%에서 전후 최저치였던 42.7%로 떨어졌다. 같은 시기 육체노동자들의 사민당에 대한 지지율 역시 80%에서 70%로 하락했다. 화이트칼라 계급의 지지율도 50%에서 40%로 줄어들었다(<표 5-2>와 <표 5-4> 참조). 1976년 선거에서 사회주의 진영은 절대다수 의석 획득에 실패했고, 그 결과 사민당은 44년 동안 독점 장악하고 있던 정치권력을 부르주아 연립내각에게 넘겨주어야 했다.

〈표 7-1〉 스웨덴 거시경제지표 1968-76 (단위: %)

	1968	1969-70	1971-73	1974-76
실업률	2.2	1.7	2.5	1.7
소비자 물가	2.0	6.8	6.8	10.0
실질 임금	4.5	4.2	2.5	4.7
GDP 성장	3.6	6.1	2.4	2.3

출처: GDP 성장에 관해서는 OECD (1984, 44) 참조. 다른 자료에 관해서는 Martin(1984, 343-344) 참조.

1970~76년 사이에 치러졌던 스웨덴 총선거에 대한 몇몇 연구는 사민당 득표력 쇠퇴의 원인을 경제적 요인에서 찾고 있다(Hibbs 1981; Särlvik 1977). 이 설명은 어느 정도 타당하다. <표 7-1>에서 보듯이 스웨덴 경제는 대부분의 다른 선진산업 민주국가들과 마찬가지로 1970년대 초 침체국면으로 접어들었다. 사민당의 입장에서 특히 염려스러웠던 것은 노동계급 실질임금 상승률의 하락과 실업률 상승이 함께 진행되었다는 사실이다. 그러나 이 설명의 가장 큰 취약점은 1976년 사민당 패배를 설명해 주지 못한다는 점이다. 사민당 지지세력의 물질적 이해에 직접 영향을 준 실업률과 실질임금은 <표 7-1>에서 보듯이 1973년 총선 이후 크게 개선되었다. 그러나 <표 5-4>에서 보듯이 경제지표의 이러한 호전에도 불구하고 육체노동자와 화이트칼라의 지지 이탈은 계속되었다. 따라서 단기적 경제성과가 끼친 영향을 완전히 무시하지는 않겠지만, 사민당의 득표율 하락의 보다 중요한 원인은 정치적 요인에서 찾아야 한다. 즉 이 시기 스웨덴 정당정치에서 다시 부활했던 합의정치가 사민당의 득표율 하락을 이끌었던 것이다.

1968년 총선에서 사민당이 대승을 거두자 부르주아 정당은 사민당의 성과를 받아들이는 수밖에 없었다. 부르주아 진영 내부의 가장 큰 변화는 대결의 정치를 치르면서 가장 큰 타격을 입었던 보수당에서 일어났다. 1958~68년 사이 보수당의 득표력은 지속적으로 감소했다. 그 결과 보수당은 부르주아 진영 내 최대 정당에서 최소 정당으로 전락해버렸다. 1968년 총선 이후 보수당은 당의 진로를 둘러싸고 고통스러운 당내 논쟁을 거듭했다. 마침내 보수당은 1969년 전통적으로 고수해 오던 '우파당'(Högerpartiet)이라는 당명을 포기하고 '온건연합당'(Moderata Samlingspartiet)이라는 새 당명을 채택했다. 새 당명을 통해 보수당은 이념적 온건화를 천명했고 또 다른 부르주아 정당들과 더 한층 협력을 강화하겠다는 의지를 표명했다. 보수당의 이러한 변화는 부르주아 진영 전체의 이념과 정책노선의 좌선회를 알리는 신호탄이었다(Hadenius 1978, 267). 무엇보다 1968년 총선 참패를 계기로 부르주아 정당은 중요한 사회경제정책 사안을 둘러싸고 사민당과 대립전선을 형성하지 않으려는 경향을 뚜렷이 보였다. 1970년대 합의정치의 부활은 부르주아 진영이 이처럼 온건한 노선과 전략에 입각해 사민당이 펼쳤던 일련의 정책공세에 정면으로 대항하지 않은 데 말미암은 현상이었다.

1969년 새 헌법을 모든 정당이 만장일치로 채택하면서 스웨덴 정당 간 합의정치는 부활했다.[10] 1970년 봄에는 누진세율을 더 강화하고 간접세를 더 늘리려는 목적으로 사민당 정부가 제안한 법안을 부르주아 정당이 별다른 논란 없이 통과시키는 데 동의해 주

10) 1969년 헌법개정 협상과정과 그 내용에 관해서는 Hadenius(1978, 267) 참조.

어 사민당을 놀라게 했다(Forsell 1971, 205). 이데올로기 전쟁을 회피하려는 부르주아 정당의 의식적인 노력 덕택에 1970년 총선을 앞두고 펼쳐졌던 선거운동은 "2년 전에 비해 극적인 측면이 훨씬 덜했고 정당 사이의 경쟁도 훨씬 덜 치열했다"(Hadenius 1978, 268). 이 선거는 그야말로 "근본적인 쟁점이 전혀 없는 경쟁"(Forsell 1971, 201)이었다. "집권당은 선거운동 과정에 이념적 쟁점을 부각시키려고 애를 썼지만…… 선거운동은 오로지 순간적인 관심만 자극하는 사소한 쟁점의 돌발적인 부침에 지배되었다"(Forsell 1971, 206). 이 선거에서 사민당의 득표율은 이전 선거에 비해 무려 5%가량이나 감소했다. 사민당 득표율이 가장 많이 하락한 지역이 거대도시였다는 사실에 미루어볼 때 임금수령자들의 사민당에 대한 결속이 느슨해졌던 것은 분명해 보인다(Forsell 1971, 208). 이념적 대결을 극력 회피하려 했던 부르주아 진영의 전략이 주효했던 것이다.

부르주아 진영의 승리는 사민당 지배체제를 종식시킬 수 있다는 자신감을 이들에게 불어넣어 주었다. 1971년 제2차 세계대전 이후 처음으로 부르주아 진영의 세 정당은 사민당에 대항할 공동 프로그램을 만들었다(Hadenius 1978, 279). 그러나 이들이 사민당 정부의 핵심 정책을 정면으로 공격할 의도는 전혀 없었다. 전문직 종사자 노동조합연맹 SACO가 1971년 정부의 평등주의적 임금정책과 조세정책에 항의해 여러 차례 파업에 돌입했을 때 어느 부르주아 진영 정당도 SACO를 두둔하려 하지 않았다. 오히려 중앙당은 정부의 평등주의 정책을 지지한다고 명확하게 밝혔으며, 심지어 자유당과 보수당 역시 이에 동조하는 자세를 취했다(Elvander 1974, 69). 1973년에는 총선을 6주 남겨 둔 상황에서 기초연금 기여금 납부책임을 납세자로부터 고용주로 전환해 일반 국민의 조세부담을 덜어 주자는 사민당 제출 법안에 부르주아 정당이 모두 동의해 주었다(Elvander 1974, 71). 더욱 중요한 것은 사민당과 LO의 산업민주주의 추진에 대해 자본가들이 격렬하게 저항했음에도 불구하고 부르주아 정당은 이 문제로 사민당과 대결하려 하지 않았다는 사실이다. 마틴이 지적한 것처럼 "산업민주주의 문제는 두 진영 사이에 날카로운 이념적 전선을 긋게 될 정치적 대립을 발생시키지 않았다"(Martin 1984, 260).

그 결과 1973년 총선거 역시 스웨덴 유권자들을 계급균열에 따라 선명하게 나누어 줄 대립전선이 없는 가운데 치러졌다. 샐빅이 관찰한 것처럼 "경쟁은 같은 해 덴마크와 노르웨이가 치렀던 총선과 같은 치열함을 보여주지 못했다. 스웨덴의 선거운동은 매섭지도 않았고 흥미롭지도 않았다"(Särlvik 1977, 81). 1973년 EC 가입을 둘러싼 논쟁이 투표행태와 정당체계를 뒤흔들어 놓을 정도로 엄청난 정치적 파장을 불러일으켰던 노르웨이 및 덴마크와는 달리 EC는 스웨덴 정당정치에 어떤 전선도 형성시키지 못했다. 이미 1972년에 사민당 정부는 EC에 정식 회원국으로 가입하는 대신 EC와 자유무역협정을 체결하자고 제안했고 부르주아 정당은 모두 이 제안에 찬성했다(Stålvant 1973, 236-245; Särlvik 1977, 110-111). 따라서 외교정책은 1973년 총선의 관심거리가 될 수 없었다.

임금수령자 연합을 강화해 득표력을 키울 요량으로 사민당은 산업민주주의를 선거운동의 주 쟁점으로 삼으려고 노력했다. 그러나 이 전술은 부르주아 정당이 사민당의 제안에 완전히 동의하는 바람에 실패로 돌아갔다. 심지어 중앙당과 자유당은 산업민주주의 추진을 자신들의 선거공약으로 채택했다. 그 결과 엘반더가 관찰한 것처럼 "사민당은 1973년에 LO와 TCO의 단합을 충분히 활용할 수 없었다. 왜냐하면 비사회주의 정당이 정부의 제안을 받아들이겠다고 약속했기 때문이다"(Elvander 1974, 71). 또 마틴이 지적하듯이 "노동환경을 쇄신하고 민주화하자는 제안이 정당을 분열시키지 않았기 때문에 TCO로서는 이 문제와 관련해 LO와 동일한 입장을 취하기가 쉬워졌다. 반면 사민당은 모든 임금수령자들의 공통 이익이 될 사안에 대해 독자적인 대표권을 주장할 수 없게 되어 버렸다"(Martin 1984, 260).

부르주아 정당이 이처럼 사회경제정책 영역에서 대립전선을 형성하는 것을 의도적으로 회피했기 때문에 1973년 총선은 사민당 정부의 단기적 경제성과를 심판하는 장(場)이 되었다. 그 결과 실업률의 증가는 임금수령자의 사민당에 대한 지지를 추가로 이탈시킴으로써 사민당 득표력에 타격을 가했다. 대결의 정치를 회피하려 했던 부르주아 정당의 전술이 다시 한 번 주효했던 것이다.[11]

1973년 총선은 좌·우 양 진영에 의석을 균등하게 나누어 주었기 때문에 의회 내에서 좌·우 대결은 교착상태에 빠질 수도 있는 상황이 조성되었다. 이때부터 3년 동안 사민당은 각각의 정책사안마다 부르주아 정당과 협상을 벌여 가며 위태로운 소수내각을 유지해 갔다. 도저히 타협점을 찾을 수 없었던 몇몇 현안의 경우 심지어 추첨으로 결말을 짓기도 했다. 그러나 중요한 사회경제정책 사안의 경우 합의정치가 여전히 정당정치를 지배했다. 오일쇼크로

11) 합의정치의 부활은 각 정당 주요 지지자들의 결속력을 상당 수준 약화시켰다. 사민당 지지자 가운데 사민당에 강력한 유대감을 느낀다는 비율은 1968~73년 사이에 51%에서 44%로 줄었다. 같은 기간 중앙당과 보수당 역시 강력한 유대감을 느낀다는 지지자를 각각 8%와 10% 잃었다. Särlvik(1977, 83) 참조

촉발된 세계적인 경기침체가 스웨덴 경제에 충격을 가했을 때 사민당 정부와 부르주아 정당이 합의해서 마련했던 위기대응 정책은 1970년대 들어 강화되어 가던 합의정치의 절정을 이루었다. 따라서 1970년대 경제위기가 발발했을 때의 스웨덴 정치상황은 1930년대 대공황이 내습했을 때와 판이하게 달랐다.

고용을 안정시키기 위해 케인즈주의적 경기부양정책에 의존했던 과거의 경험에 입각해 사민당 정부는 오일쇼크가 초래한 범세계적 경기침체를 뛰어넘기 위해 재정정책을 활용한 경기부양책을 채택했다. 이 정책에 대한 부르주아의 동의를 끌어내기 위해 사민당은 부가가치세의 일시적인 삭감에 동의했다. 이로 인한 세수 감소분은 고용주의 사회보험 기여비율을 높여 부분적으로 상쇄하려고 하였다. 고용주들은 그 대가로 노동자의 자발적인 임금인상 억제를 보장받았다. 결국 사민당의 위기대응 정책은 팽창적 재정정책과 세금감면을 골자로 하고 있었다. 그에 따른 예산상의 부담은 부분적으로 고용주가 나누어 갖게 하는 한편 임금억제를 그 대가로 제공해 주려고 했던 것이다. 1930년대 대공황 때와는 달리 이 정책은 정치영역과 노동시장 영역 모두에서 폭넓은 합의를 끌어낼 수 있었다. 그 결과 1974~75년 모든 정당과 자본가 조직, 그리고 노동자 조직이 함께 참여하 가운데 '하가(Haga)합의'가 체결되었다.12)

1970년대 중반 사민당 정부가 시행했던 위기대응 정책은 궁극적

12) 사민당 정부의 위기대응 정책과 이에 대한 광범위한 합의 형성과정에 관한 자세한 논의는 Heclo and Madsen(1987, 57-60)과 Martin(1984, 288-295) 참조.

으로 경기침체를 방지하는 데 실패했다. 이 정책은 스태그플레이션 효과가 스웨덴에서 위력을 발휘하는 것을 1977년까지 늦춰 주었을 뿐이다(Martin 1984, 291). 그러나 이 정책은 1976년 총선을 앞두고 경제상황을 일시적으로 호전시켜 주었다. 그 결과 실업률은 1973년 2.5%에서 1975-7~년 1.6%로 줄어들었다. 물가상승률 역시 1974~76년 3년 동안 10.4%에서 10.1%로, 그리고 다시 9.4%로 줄었다. 노동자들의 자발적인 임금억제 덕택에 실질임금 상승률은 1975년 9.5%에서 1976년에는 2%로 하락했다(Martin 1984, 343-344).

2. 임금노동자기금과 사민당 정권 상실

정당 간 합의를 통해 시행했던 경제정책이 일시적으로 경제상황을 호전시켰다고 집권 사민당이 이를 통해 정치적 입지를 크게 강화할 여지는 없었다. 이 시점에 사민당이 다시금 필요로 했던 것은 보다 과감하고 혁신적인 정책 프로그램이었다. 이를 통해 이념적 대립전선을 다시 한 번 형성하고, 사회개혁에 대한 사민당의 변함없는 의지를 재확인하고, 지지자들의 뜨거운 열기를 재점화하고, 임금수령자의 단합과 지지를 재동원해 사회민주 지배체제 쇠퇴의 흐름을 바꾸어 놓아야 했다. 이 목표를 염두에 두고 사민당이 1975년 채택했던 새 프로그램은 자본주의와 공산주의에 대한 민주적 사회주의의 대안을 실현하기 위한 제3단계에 본격적으로 돌입할 것을 선언했다. 제3단계는 경제민주주의 단계를 의미했다(Martin 1984, 283; Johansson 1982). 그러나 1973년 총선 때와 마찬가지로 부르주아 정당은 경제민주주의를 둘러싸고 사민당과 이념적 전쟁을 벌이는 것을 거부했다. 격렬한 이념적 대결 국면을 조성하기 위해 사민당과 노동운동이 필요로 했던 것은 경제민주주의보다 더 과감한 프로그램이었다. 이 상황에서 혁신적 프로그램 개발을 주도하는 역할을 다시 한 번 수행했던 것은 LO였다.

렌(Gösta Rehn)의 제자 메이드너(Rudolf Meidner)는 LO가 주도했던 렌모델과 보조연금제도처럼 사민당과 노동조합의 실용적 · 전략적 · 이념적 목표를 한꺼번에 달성시켜 줄 수 있는 또 하나의 과감한 정책 패키지로 '임금수령자기금'(Löntagarfonder) 설립을 제안했다. 1976년 LO 총회에서 채택되었던 메이드너의 원래 제안은 50명 이상의 임금수령자를 고용하고 있는 모든 민간기업의 세전(稅前)이윤의 20%를 임금수령자기금에 넘기자는 것이었다. 이윤의 이전은 각 회사의 주식을 직접 새로 발행해서 넘기는 방식으로 이루어지고, 이렇게 조성된 기금은 전면적으로 혹은 우선적으로 노동조합이 관리하자는 것이었다. 따라서 각 기금으로 할당될 이윤은 그 기금이 보유하게 될 주식지분을 형성하게 될 것이며, 지분 비율에 입각한 의결권과 지분 소유에 따른 배당금 역시 기금에게 귀속시키자는 것이었다. 이 조치로 노동조합은 사업장 수준의 의사결정과정에 추가적인 영향력을 행사할 수 있게 될 것이었다. 그리고 궁극적으로 임금수령자기금은 각 민영기업체를 지배할 수 있을 정도의 주식지분을 소유하게 될 것이었다(Martin 1984, 272-273).

임금수령자기금 설립을 제안한 일차적인 목적은 노동운동의 핵심 목표인 단합적 임금정책을 기업의 국제경쟁력 강화를 위한 투자증대와 조화시키되 경제력과 부(富)가 소수 기업에 집중되지 않도록 또 하나의 집합적 자본형성 기구를 창출하려는 데 있었다.[13] 나아가 임금수령자기금은 경제민주주의를 투자의 사회화를 통해 혹은 심지어 소유권을 사회로 이전시킴으로써 성취하려고 하였다. 메이드너 스스로 자신의 제안을 "생산자본의 소유권을 사적 소유자로부터 집합적인 임금수령자들에게 조금씩 연속적으로 이전시키는 기술"(Lewin 1985, 344에서 재인용)이라고 묘사한 바 있다. 결국 '메이드너 플랜'은 사적 자본의 소유권을 국유화가 아니라 일종의 사회적 소유형태로 전환하려는 의도를 담고 있었다(Martin 1984, 278). 그리하여 LO는 "우리는 이러한 방법으로 자본가들의 권력을 박탈할 것"(Lewin 1985, 346)이라고 자랑스럽게 선언했다.

그러나 사민당은 LO의 새 정책제안을 적극적으로 수용하려 들지 않았다. 사민당 지도부는 메이드너의 제안을 받아들일 경우 사민당과 부르주아 진영 사이에 격렬한 이념적 대결이 벌어지리라고 확신했다. 그러나 그들은 임금수령자기금을 둘러싼 이 대결에서 결코 승리를 확신할 수 없었다. 과거 사민당이 사회화를 주장했을 때마다 모조리 선거에서 패배했던 쓰라린 기억이 너무도 생생했기 때문에 메이드너의 제안을 선뜻 받아들이지 못했던 것이다. 그 결과 1976년 총선을 앞두고 전개되었던 선거운동 과정에서 임금수령자기금을 둘러싸고 이념적 대결이 촉발하는 것을 극력 회피했던 세력은 부르주아 진영이 아니라 사민당이었다. 사민당이 예견했던

13) LO 내에 조직된 메이드너 위원회는 임금수령자기금을 통해 달성하려는 세 가지 목표를 제시했다. 첫째, 기업의 과도한 이윤을 상쇄해서 노동조합의 단합적 임금정책 실현 가능성을 높인다. 둘째, 부(富)의 지나친 집중을 억제하고 기업의 재정건전성 강화 필요성과 조직노동의 재분배 요구를 조화시킨다. 셋째, 기업 내 의사결정과정에 대한 노동의 발언권을 강화함으로써 경제민주주의를 강화한다. Pontusson(1992, 192) 참조.

대로 부르주아 정당은 임금수령자기금 안(案)을 동구권 사회주의를 스웨덴에 이식하려는 책략으로 규정하고 사민당과 LO에 대해 맹공을 퍼부었다. 사민당은 이 공세에 침묵으로 일관함으로써 임금수령자기금이 쟁점으로 부상하는 것을 극력 회피했다(Martin 1984, 282 -287; Lewin 1985, 347, 352-353).

결국 1976년에 치른 역사적 총선에서 사회경제정책을 둘러싸고 대립전선이 형성되지 못했던 것은 부르주아 진영과 사민당이 서로 다른 이유로 대결을 회피했기 때문이다. 부르주아 진영은 사민당의 위기대응 정책과 산업민주주의 법률안을 전폭적으로 수용함으로써 이들 이슈로 전선이 형성되는 것을 사전 차단했다. 또 사민당은 임금수령자기금이 이념적 대결을 촉발하지 않도록 최선을 다했다. 그 결과 선거운동 막바지에 사회경제적 쟁점을 누르고 탈물질주의적인 원자력 정책을 둘러싼 쟁점이 급작스럽게 돌출해 선거결과에 결정적인 영향을 미쳤고 또 사민당을 권좌에서 끌어내렸다.

사회경제정책에 대한 합의정치가 지속되고 있던 1970년대 초 반핵(反核)운동은 무서운 기세로 정치적 잠재력을 키워 가고 있었다. 1970년대 초 스웨덴에서 일어난 '녹색 물결'의 정치적 수혜자는 중앙당이었다. 중앙당은 환경에 대한 더 큰 관심을 촉구하는 한편 소규모 생산단위와 지역 간 균형발전을 적극 옹호했다. 중앙당은 이에 동조하는 새로운 지지자들을 대폭 동원하는 데 성공했다. 원래 중앙당은 1970~71년 다른 정당과 합세해서 스웨덴에 11개의 원자력발전소를 건설하자는 제안을 거의 만장일치로 통과시켰다. 그러나 이에 대해 부정적 여론의 흐름을 감지한 중앙당은 1973년 태도를 바꾸어 스웨덴이 원자력 사회로 진군해 들어가는 것을 저지하는 성전(聖戰)을 개시했다. 그 결과 중앙당은 그 해 선거에서 득표율을 4분의 1 이상 증가시키는 데 성공했다. 이때부터 원자력 정책은 스웨덴 정당체계에 새로운 균열을 형성했다. 물질주의와 탈물질주의를 가로지르는 이 새로운 균열 선을 가운데 두고 원자력발전을 옹호하는 사민당, 자유당, 보수당과 이에 반대하는 중앙당, 공산당이 대치하게 되었던 것이다. 물질주의자들은 원자력발전에 안전성 문제가 있음을 인정하면서도 최소한 1985년까지 원자력발전소가 유지되어야 한다는 입장이었다. 이에 비해 탈물질주의 세력은 모든 원자력발전소를 1985년까지 철거할 것을 요구했다(Lewin 1985, 299-314).

〈표 7-2〉 스웨덴 총선거에서 의제 부각(issue salience), 1976-1982 (단위: %)

	1976	1979	1982
임금 노동자 기금	4	3	22
고용정책	5	14	21
경제정책	4	7	10
에너지 · 원자력 정책	21	21	2

*숫자는 각 선거에서 투표한 정당 선택에 가장 영향을 미쳤던 의제라고 답변한 응답자들의 퍼센트를 나타냄.

출처: Lewin(1985, 356).

범세계적인 석유위기가 엄청나게 압력을 가중시켜 오는 가운데 원자력 정책을 둘러싼 물질주의와 탈물질주의 간의 논쟁과 대립은 갈수록 치열해졌다. 이런 가운데 중앙당은 총선거일을 불과 3주일 남겨 둔 1976년 8월25일 원자력발전을 궁극적으로 중단시키려는 것을 목표로 한 포괄적인 에너지 절약 프로그램을 의회에 제출함으로써 원자력을 선거의 핵심 쟁점으로 급부상시켰다(Lewin 1985,

316-317). <표 7-2>에서 보듯이 1976년 총선거에서 에너지와 원자력 문제는 다른 모든 경제적 쟁점을 압도하며 유권자들의 투표에 영향력을 행사했다. 그 결과 비록 중앙당의 득표율은 감소했지만 오히려 원자력 문제는 중앙당 지지율 하락을 극소화하는 데 기여했다. 반면 이 문제는 임금수령자의 사민당으로부터의 이탈을 더욱 부추겼다.[14] 사민당 득표율은 불과 0.9% 하락했지만 사민당은 의석을 4석 잃었다. 그러나 그 4석은 44년 동안 유지해 오던 권력을 내놓게 할 정도로 엄청난 손실이었다. 샐빅은 원자력 문제가 사민당의 정권 상실에 끼친 영향에 관해 다음과 같이 평가한다.

> 사민당 지도자들을 포함한 많은 관찰자들은 원자력발전을 둘러싼 논쟁이 사민당 정권을 유지시켜 줄 수도 있었을 1~2%가량의 표를 사민당으로부터 빼앗아갔다고 지목했다(Särlvik 1977, 124).

그러므로 1976년 사민당이 권력을 잃은 것은 사회경제정책을 둘러싸고 뚜렷한 대립전선이 형성되지 못한 가운데 탈물질주의적인 원자력발전 문제가 돌출해서 가했던 충격 때문이었다고 결론지을 수 있다.

지금까지 논의를 종합해 볼 때 1968년 이후 사민당 득표율의 하락과 1976년의 정권 상실은 크게 사회경제정책에 관한 정당 간 합의정치의 확산에 기인했고, 이로 인해 임금수령자들이 이 기간 중

---

14) 이 판단은 레윈의 자료에 근거한다. 레윈에 따르면 사민당은 1976년 총선에서 원자력 문제 때문에 부동투표층 가운데 약 7%를 상실했으며 중앙당은 오히려 9%를 얻었다. Lewin(1985, 318).

지속적으로 사민당에 대한 지지를 철회했기 때문이다. 계급갈등의 완화, 단기적 경제성과, 그리고 탈물질주의 쟁점의 부상 등이 결합해 임금수령자들의 사민당으로부터의 지지 이탈을 부추겼다. 이 시기 사민당의 반복적인 정책공세에도 불구하고 부르주아 정당은 대립의 정치를 극력 회피했다. TCO가 LO와 굳건히 연대해 경제민주주의를 지지했던 사실을 감안한다면 당시 부르주아 정당이 이를 둘러싸고 사민당에 대항했더라면 1970년대 초 사민당의 득표력 악화 추세는 아마 반전했을 것이다.

사민당과 LO가 이 시기에 자본가에 대한 노동계급의 상대적인 힘을 강화시켜 준 기념비적인 개혁을 이루었지만, 부르주아 정당의 대립 회피 전술로 인해 광범위한 임금수령자 연합을 강화하는 데 이처럼 실패했다. 반면 부르주아 진영은 임금수령자기금을 둘러싸고 이념적 대결을 전개할 태세를 확연하게 갖추었지만, 사회화를 둘러싼 해묵은 이념논쟁이 재연될 것을 두려워했던 사민당이 이를 회피함으로써 대립의 정치는 역시 무산되었다. 결국 1960년대 노르웨이 노동당 경우와 마찬가지로 1970년대 스웨덴 사민당의 득표율 하락과 일시적인 정권 상실 역시 사회경제정책에 관한 합의정치의 확산과 일시적인 다른 쟁점의 부상에 기인한 것이었다.

3. 부르주아 연립내각의 실패

1976년 총선에서 다수의석을 확보한 부르주아 진영은 스웨덴 정치사 최초로 3당 연립내각을 출범시켰다. 그러나 1965~71년 노르웨이의 부르주아 내각과 대조적으로 6년에 걸친 스웨덴의 부르주아 연립내각은 참담한 실패로 막을 내렸다. 이들이 정부를 이끈 1976년부터 82년 사이 내각은 극도로 불안정했고 경제적 어려움은 더해 갔으며 사회적 혼란은 가중되었다. 한 정당이 44년을 연속 집권했던 스웨덴에서 국민들은 불과 6년 사이에 네 개의 다른 내각이 만들어지고 또 붕괴하는 것을 지켜보아야 했다. 이처럼 극도로 불안정한 부르주아 연립내각은 국가정책을 제대로 조율해서 경제위기에 효과적으로 대처하는 데 무참하게 실패했다. 부르주아 내각의 이와 같은 무능과 실패로 인해 이들이 다스렸던 6년을 일시적인 '통치의 공백기간'(interregnum)으로 여기고 1982년 사민당의 권력 복귀를 '정상의 회복'(back to normalcy)(Elder 1983)이라 인식하게 되었던 것이다. 부르주아 연립내각은 사회민주 정치경제체제를 허물어뜨리지도 못했고 또 이를 성공적으로 운영해 내지도 못했다. 따라서 6년 동안의 부르주아 내각 통치가 스웨덴에서 사회민주 지배체제를 종식시키지는 못했다.

1980년까지 부르주아 내각의 안정성을 뒤흔들었던 주된 요인은 원자력발전을 둘러싸고 중앙당과 다른 두 정당 간에 지속된 논쟁과 갈등이었다. 이 갈등은 첫 번째 연립내각을 2년 만에 붕괴시켰다. 이후 1년 동안 부르주아 통치는 자유당 단독 미니 내각으로 유지되었다. 1979년 총선에서 원자력은 여전히 가장 지배적인 선거 쟁점이었다(<표 7-2> 참조). 원자력발전은 부르주아 진영 내부 불화의 첫 번째 요인이었을 뿐 아니라 사민당 지지자들을 물질주의 지지세력과 탈물질주의 지지세력으로 갈라놓아 사민당 역시 궁지에 몰아넣었다. 이 선거에서 사회주의 진영은 부르주아 진영과의 의석 격차를 1석으로 줄였지만 불안정한 우파 연립내각에 종지부를 찍는 데는 실패했다. 사회주의 진영의 득표율 상승에 위협을 느낀 부르주아 진영은 일단 분란을 덮어 둔 채 3당 연립내각을 재구성했다. 오랫동안 스웨덴의 사회와 정치를 뒤흔들어 온 원자력발전소 문제는 마침내 1980년 3월 국민투표에 부쳐졌다. 보수당, 사민당·자유당, 중앙당·공산당 등이 제출한 세 개의 다른 제안이 경쟁을 벌였다. 국민투표는 이 논쟁을 해결해 주지 못했다. 그러나 레윈의 관찰처럼 "국민투표가 끝난 후 유권자와 정치가, 그리고 언론매체들은 신기하게도 지난 5년 동안 스웨덴 정치를 지배해 왔던 문제에 관해 완전히 관심을 잃어버렸다. 원자력 문제는 정치경쟁의 변방으로 밀려나 버렸다"(Lewin 1985, 323).[15]

원자력발전 문제가 스웨덴 정치의 중심 의제에서 밀려났던 것은 물론 단순히 국민투표 때문만은 아니었다. 그것은 무엇보다 경제운용을 둘러싼 정당 간 대립이 다시 격화됐기 때문이다. 사회경제정책에 대한 정당 간 합의정치 확산을 배경으로 원자력 이슈가 정치적 중요성을 키웠던 것처럼, 경제문제를 둘러싼 대립정치의 폭발은 다시 원자력발전 문제를 주변적 정치 의제로 밀어냈던 것이다. 따라서 "국민투표의 결과 경제운용과 관련한 문제가 정치논쟁의 전면으로 부상했다"(Elder 1983, 4)는 엘더의 관찰은 수정되어야 한다. 경제운용을 둘러싼 정당 간 대립이 격화됨에 따라 탈물질주의 이슈가 정치경쟁의 중심에서 밀려났던 것이다.

1980년까지 부르주아 내각은 경기침체를 이미 정당 간에 합의했던 대로 반경기순환적(counter-cyclical) 팽창주의 정책을 통해 극복해 보려고 최선을 다했다. 경제여건이 빠른 속도로 악화하고 재정적

---

15) 1976~80년 사이 진행된 원자력 논쟁에 관한 전반적인 기술은 Lewin (1985, 314-323) 참조.

자가 격증하는 가운데도 부르주아 정당은 그들 역시 완전고용과 복지국가의 신봉자들임을 스웨덴 국민들에게 입증하기 위해 노력을 기울였다(Heclo and Madsen 1987, 60-62, 166-167). 그러나 세계경제의 침체와 그 스태그플레이션 효과는 통상적인 팽창적 개입주의 정책으로 극복하기에는 너무나 위중했고 너무나 끈질겼다. 제1차 오일쇼크의 충격을 뒤늦게 1977~78년에 겪었던 스웨덴 경제는 곧바로 1979년의 제2차 오일쇼크에 직면했으며, 무역적자는 GDP의 3.5% 규모로 격증했다. 1980년 소비자물가는 13.7%나 뛰어올랐다. 같은 해 재정적자는 GDP의 10.4%인 560억 크로나에 달했다(Elder 1983, 9, 12; Heclo and Madsen 1987, 67; Martin 1984, 344). 이처럼 경제난이 가중되자 노동시장에서 산업평화는 깨졌고 경제운용에 대한 합의정치 역시 붕괴했다.

노동조합이 하가(Haga) 합의에 입각해 임금인상을 자제했던 탓에 산업노동자의 실질임금은 1977~79년 사이에 8% 이상 감소했다(Martin 1984, 298-304). 이런 상황에서 1980년 SAF가 임금동결을 제안하자 임금협상은 결렬되었다. SAF가 임금동결을 고집했던 것은 급증하는 생산비와 지속적인 이윤압박이라는 경제적 어려움을 덜어 보려는 동기 외에 당시 작동 중이던 임금결정 기제를 근본적으로 변화시켜 LO의 단합적 임금정책에 심각한 타격을 가하려는 의도에서였다(Martin 1984, 303-310). "스웨덴 정치경제가 발전해 온 기본방향을 역전시키려고 했던"(Martin 1984, 310) SAF의 의도는 조직노동의 이해와 정면으로 충돌할 수밖에 없었다. 그 결과 스웨덴이 자랑하던 산업평화는 깨지고 1980년 5월 전체 노동인력의 4분의 1이 가세한 파업과 직장폐쇄의 물결이 전국을 휩쓸었다. 스웨덴 경제는 열흘 이상 마비상태에 빠졌다. 노사분규의 규모와 진행 경과를 돌이켜 보면 SAF가 사용자 편에 서서 노동시장 문제에 개입할 수 있는 부르주아 내각의 능력을 지나치게 과신했던 것으로 보인다. 이 대결을 통해 SAF는 아무런 소득도 얻지 못했으며 노사갈등만 현저히 심화시켜 버렸다(Martin 1984, 310-323). 그리고 "이처럼 노동시장이 전례 없는 격동을 치르던 바로 그 시점에 사민당에 대한 여론조사 지지율은 크게 상승세로 돌아섰다"(Elder 1983, 10).

정치영역에서도 부르주아 내각이 사회경제정책 방향을 대폭 선회한 결과 합의정치는 급속도로 대립의 정치로 전환했다. 1980년 부르주아 3당 연립내각은 마침내 케인즈적 팽창주의를 포기하고 긴축재정과 예산감축을 골자로 하는 새 사회경제정책을 실시했다. 그 해 8월 정부는 세수증대를 목적으로 소비 지향적인 몇몇 세금의 세율 인상을 단행했다. 그 다음 달 정부는 주택, 식량보조, 노동시장국 관할 프로그램 등에 대한 정부지출을 줄이기 위한 포괄적인 계획을 발표했다. 이 조치는 1930년대 이후 스웨덴 정부가 복지지출 규모를 삭감하기 위해 내린 최초의 행동이었다. 노조 지도자와 사민당의 격렬한 반대는 당연한 반응이었다.(Heclo and Madsen 1987, 64-65). 그 결과 합의와 타협은 실종하고 정치와 노동시장 양 영역에서 대결과 대립의 전선이 구축되었다. 경제문제를 둘러싼 대립이 이처럼 치열해지자 사민당의 지지율은 치솟았다. 1980년 11월 사민당의 지지율은 제2차 세계대전 이후 최고치였던 1968년 수준에 도달한 다음 1982년 봄까지 대체로 이 수준을 유지했다(Elder 1983, 9). 1981~82년 부르주아 내각은 복지지출을 더 삭감하는 조치를 단행했다. 정부는 사회보험의 물가연동비율을 수정했고, 구제사업을 위해 노동시장국에 배정되었던 예산을 대폭 삭감했으며, 의료보험금 지급 유예기간을 늘렸다(Heclo and Madsen 1987, 167-168).

그리하여 계급균열은 1982년 총선이 치러질 때까지 좌·우 양 진영 사이에 날카로운 대립전선을 구축했다.

사실 부르주아 내각이 1980~82년 사이에 펼쳤던 정책은 같은 시기 미국과 영국에서 레이건(Ronald Reagan) 행정부와 대처(Margaret Thatcher) 내각이 실시했던 신보수주의 정책에 비해 훨씬 부드러운 정책이었다. 따라서 부르주아 내각의 정책으로 스웨덴의 복지국가 시스템이 치명적인 손상을 입었던 것은 결코 아니었다. 그러나 40년이 넘는 사민당 집권기간 동안 사회적 지출을 끊임없이 늘려 왔던 스웨덴이었기에 부르주아 정부가 단행한 그야말로 조그만 정책 전환조차 노동운동의 분노를 자아냈고, 사민당으로 하여금 강경하게 부르주아 정당을 복지국가의 적이라고 비난하는 빌미를 제공했던 것이다. 더욱이 구체적인 정책내용을 둘러싸고 연립정부 내에서 견해 차이가 커졌고 그 결과 1981년 보수당이 연립에서 이탈했다. 이와 같은 내부 불화는 부르주아 내각이 노동운동의 반대와 저항을 무릅쓰고 경제위기에 대처할 방안을 마련해 강력하게 경제회복 정책을 추진할 능력을 치명적으로 약화시켰다. <표 4-3>에서 보듯이 1980~82년의 모든 경제지표는 제2차 세계대전 이후 전 시기를 통틀어 최악의 수치를 기록했다. 재정지출을 억제하려는 정부의 엄청난 노력에도 불구하고 같은 기간에 재정적자는 560억 크로나에서 800억 크로나로 격증했다(Heclo and Madsen 1987, 65-67).

한편 임금수령자기금 도입을 둘러싼 논쟁 역시 1982년 총선에서 좌·우 양 진영 사이의 이념적 대립을 격화시켰다. 사민당과 LO가 많은 논의와 수정을 거친 끝에 1981년 가을 마침내 두 조직이 합의한 도입 안(案)을 내놓자 임금수령자기금은 가장 치열한 선거쟁점으로 급부상했다.[16] 1978년의 수정안에 이어 1981년 다시 수정된 새 제안은 메이드너의 원래 제안에 비해 이념적 급진성이 대폭 약화된 안이었다. 특히 자본가의 사적 소유권 자체를 박탈하려 했던 원래 의도는 완전히 뒷전으로 밀려났고, 집합적 자본형성을 통해 투자를 늘리려는 경제적 필요성이 크게 부각되었다. 그러나 기금을 기업이윤으로 조성하고 집합적으로 소유하며 자본가에 대한 임금수령자들의 표결권으로 활용할 수 있게 한다는 기금의 기본적인 성격은 수정되지 않았다. 참담한 경제실적과 내분으로 인해 극도로 위축되어 있던 부르주아 진영으로서는 임금수령자기금이야말로 심기일전해서 또다시 힘을 합쳐 좌파의 '은밀한 사회화'에 맞서 대항할 계기와 활력을 제공해 준 쟁점이었다.

선거운동 기간 동안 사민당 지도부는 임금수령자기금 안이 함축하고 있는 이념적 급진성을 약화시키기 위해 최선을 다했다. 그럼에도 불구하고 기금 이슈는 사민당의 득표력을 잠식했다. 사실 메이드너가 1975년 처음 제안했을 당시부터 임금수령자기금에 대한 여론은 일관되게 부정적이었다. 1975~80년 사이 실시되었던 여론조사에서 응답자의 64%는 일관되게 임금수령자 기금을 설립하는 것보다 주식의 개인 소유를 선호했다. 노동조합이 관리하는 집합적 기금을 지지한 비율은 결코 19%를 넘기지 못했다. 심지어 사민당 지지자와 LO 소속 노조원 가운데서도 다수 의견은 주식의 개인 소유를 선호했다(Lewin 1985, 352-353). 1983년 사민당 정부가 마침내

---

16) 1981년 사민당과 LO가 임금수령자기금 안에 합의하기까지의 경과와 내용, 그리고 이에 대한 부르주아 진영의 반발 등에 관해서는 Lewin (1985, 347-352), Martin(1984, 328-332), Heclo and Madsen(1987, 272-280), Pontusson(1992, 193-198) 등 참조.

그 내용을 대폭 완화한 임금수령자기금 설립 법안을 통과시켰을 때조차 사민당 지지자의 40%와 LO 소속 노조원의 28%만이 기금 설립을 지지했다(Lewin 1985, 362). 1982년 총선에서 사민당에 투표한 유권자 가운데 임금수령자기금에 부정적인 의견을 가진 유권자가 긍정적인 의견을 가진 유권자보다 약 25% 가량 많았던 것으로 추정되었다(Lewin 1985, 356). 이 추정을 바탕으로 레윈은 "1982년 총선에서 사민당은 임금수령자 기금 덕택에 이긴 것이 아니라 임금수령자기금에도 불구하고 이겼다"(Lewin 1985, 356)고 언급하고 있다.

1983년 확정된 임금수령자기금 법은 그 내용이 워낙 완화되어 메이드너의 원래 목표는 달성할 수 없게 되었다. 1987년까지 전체 임금수령자기금이 확보했던 주식의 가치는 단일기업체인 볼보(Volvo)가 보유하고 있던 유동자산의 절반에도 못 미쳤다. 확정된 법은 기금의 조성 기간을 1984년부터 90년까지 7년으로 한정시켰다. 기금 조성이 끝났던 1990년 말 임금수령자기금의 전체 가치는 스톡홀름 주식시장에 상장된 주식 전체 가치의 3.5%에 불과했다. 겨우 이 정도의 성과를 얻기 위해 스웨덴 사민당은 "대단히 높은 이념적 비용"을 치러야 했던 것이다(Pontusson 1994, 31).

임금수령자기금을 둘러싸고 형성된 대결의 정치는 모든 성격의 이념 정책적 대립과 대결이 항상 사회민주 지배체제를 강화시켜 주지는 않는다는 사실을 다시 한 번 확인시켜 준다. 스칸디나비아 국가의 정치사를 일관해서 확인할 수 있는 사실은 사적 자본에 대한 사회화를 둘러싸고 좌·우가 대립전선을 형성할 경우 좌파는 예외 없이 패배했다는 것이다. 임금수령자기금과 1982년 스웨덴 총선은 그 하나의 예에 불과하다. 사실 이 쟁점은 사민당이 이 선거에서 대승을 거둘 수 있었던 기회를 빼앗아가 버렸다. 사민당이 엄청난 대가를 치렀다는 레윈의 언급은 이런 견지에서 타당하다.

1982년 사민당이 다시 권력을 탈환한 것은 부르주아 진영이 사회민주 정치경제체제를 무너뜨리지도 못했고 또 이를 제대로 운용하지도 못했기 때문이었다. 그들의 뒤늦은 정책전환은 스웨덴 정당정치를 다시 대립의 국면으로 전환시켰고 사민당에 대한 임금수령자의 지지도를 높여 주었다. 따라서 6년 동안 권력을 상실했음에도 불구하고 스웨덴 정치경제체제에 대한 사민당의 배타적 지배력은 온전하게 유지될 수 있었다. 헤클로와 맷센의 평가처럼 "스웨덴의 최근 경험은 오직 사민당만이 노동과 자본, 공공부문과 민간부문 간의 분배적 정의의 복잡한 기제를 다룰 수 있는 정치기반과 기술, 정통성을 지니고 있음을 시사한다"(Heclo and Madsen 1987, 135). 스웨넨의 사회민주 지배체제는 이처럼 "사민당이 통치할 수 없다면 아무도 통치할 수 없다"(Heclo and Madsen 1987, 78)는 광범위한 믿음에 의해 굳건하게 지탱되고 있는 것처럼 보였다.

그러나 폰투손의 지적처럼 "돌이켜보면 임금수령자기금의 운명은 전후 스웨덴 정치의 전환점으로 볼 수 있다"(Pontusson 1994, 31).

사회민주 지배체제를 유지하기 위한 스웨덴 사민당의 전략은 지속적으로 부르주아 진영과의 이념적·정책적 거리를 유지하면서 합의정치가 아니라 대결의 정치를 통해 노동계급의 지지를 극대화하고 전략적 연합세력의 지지를 확대하는 것이었다. 제2차 세계대전 후 사민당이 펼쳤던 정책공세는 이 전략적 목표에 입각한 것이었다. 그 결과 렌모델과 보조연금제도, 그리고 산업민주주의의 추진에 이르기까지 사민당의 정책노선은 좌편향을 지속해 왔고, 마침내 1975년 메이드너의 임금수령자기금 제안을 통해 사적 소유권

자체를 직접 침해하는 단계에까지 이르렀던 것이다. 따라서 메이드너의 구상은 자본에 대한 통제를 점진적으로 강화시켜 왔던 스웨덴 사민당 정책노선의 최종 귀착점이었으며 사회민주 정치경제체제의 완성을 지향하고 있었다.

그러나 스웨덴 사민당과 조직노동의 마지막 구상은 좌절했다. 그리고 그 이유는 무섭도록 단순하고 명료했다. 사민당 지배체제와 정치경제체제를 떠받쳐 온 핵심 지지세력들이 이 구상을 지지하지 않았기 때문이다. 메이드너의 구상은 노동계급을 분열시킨 반면 비노동계급은 단합시켰다. 1920, 28, 48년 등 사회화가 선거의 주요 쟁점으로 부상했던 모든 선거에서 사민당이 패퇴한 전례와 정확히 일치하는 현상이었다.

결국 1980년대 초 스웨덴 사민당이 당면했던 이념적 · 전략적 딜레마는 분명했다. 산업민주주의와 임금수령자기금은 경제민주주의 확립을 목표로 사민당과 LO가 제안했던 2대 정책과제였다. 전자는 부르주아 정당이 전폭적으로 수용하는 바람에 전략적 효용가치를 상실했다. 후자는 명백히 대립의 정치, 전선의 정치를 촉발시킬 수는 있었으나, 사민당이 결코 승리할 수 없는 이슈였다. 따라서 사민당이 절실히 필요로 했던 것은 사회화라는 뇌관을 건드리지 않으면서 대립의 정치를 부활시키고 임금수령자의 단합된 지지를 견인해 낼 수 있는 혁신정책이었다. 사민당은 이것을 제시하는 데 실패했다. 임금수령자기금의 실패에 따라 이념정책 노선을 더 이상 좌선회할 수 없게 된 사민당은 1982년 권력에 복귀한 이후 급격하게 정책노선을 우선회시켰다. 그 결과 스웨덴의 사회민주 정치경제체제는 이것을 구축한 사민당에 의해 해체되기 시작했다.

4. 사회민주 정치경제체제의 해체

1) 제3의 길과 경제정책의 수정

1982년 권력에 복귀한 스웨덴 사민당은 이후 9년 동안 스스로 사회민주 정치경제체제의 기반을 와해시켰다. 그 까닭을 이해하기 위해서는 1950년대 말부터 사민당 정부의 경제정책 기조를 형성한 렌모델 자체에 내재해 있는 문제를 먼저 살펴볼 필요가 있다.

렌 모델에 입각한 보수적인 재정정책과 공격적인 임금정책은 극도로 기업의 이윤을 압박했다. 따라서 이윤을 제대로 내지 못하는 기업은 합리화를 통해 효율성과 경쟁력을 제고시키나 그렇지 못하면 도태될 수밖에 없었다. 그 결과 부단한 산업합리화는 스웨덴 기업경영의 핵심 규범이 되었다. 특히 렌모델 시행에 따라 발생하게 될 기업의 추가비용을 소비자에게 전가시키는 것을 방지하기 위해 사민당 정부는 과감하게 무역자유화 조치를 취했다. 그 결과 국제경쟁력을 갖춘 수출주도형 대기업은 급속한 성장을 이루었지만 내수지향적인 중소기업의 몰락은 가속화했다. 이에 따라 수출지향적 대기업을 중심으로 한 자본의 집중과 독점은 급속도로 진행되었고 사민당 정부는 이를 묵인해 주었다. 1970년대 중반에 이르게 되면 스웨덴은 선진산업 민주국가 가운데 기업의 집중화와 독점화가 가장 높은 그룹에 속하게 되었다(Esping-Andersen 1978, 46).

결국 렌모델은 스웨덴 정치경제체제를 통상적인 케인즈주의에서 벗어나 사회민주주의의 이상에 근접시켜 준 반면 급속히 스웨덴 경제의 대외무역의존도를 확대시켜 세계 자본주의체제에 스웨덴 정치경제체제를 더욱 깊숙이 연루시키는 결과를 초래했다. 세계 자본주의체제에 대한 의존성을 키워 온 일국 사회민주 정치경제체제가 과연 얼마나 지탱할 수 있을까? 스웨덴 사회민주주의의 운명은 사실 여기에 달려 있었다.

렌모델에 입각한 단합적 임금정책과 강력한 누진세제의 실시를 통해 사민당 정부는 상당히 소득의 평준화를 이루어 냈다. 즉 1970년대에 스웨덴은 이미 OECD 국가 중 임금격차가 가장 작은 나라가 되어 있었다(Iversen 2001, 257). 그러나 부의 불균등은 여전히 해소되지 않았으며 자본의 집중화와 독점화 역시 가속 일로에 있었다. 반면 지나친 기업이윤 억제는 사적 자본의 심각한 부족 현상을 초래했다. 이 현상은 갈수록 대외의존도를 심화시키고 있던 스웨덴 경제의 국제경쟁력 확보에 심각한 악영향을 끼치기 시작했다.

렌모델의 이 문제를 해결하기 위해, 즉 자본에 대한 통제를 강화하되 국제경쟁력 강화를 위한 투자재원을 또한 조달하기 위해 LO가 내놓은 정책노선이 집합적 자본형성(collective capital formation)이었으며, 임금수령자기금 안은 그 최종 결정판이었다. 그러나 임금수령자기금 도입 실패로 집합적 자본형성은 실효성을 잃었다. 그리하여 렌모델이 배태시켰던 근본적인 문제를 해결하지 못한 가운데 스웨덴 경제는 세계경제 위기에 휩쓸려 들어갔던 것이다. 세계경제는 침체하고 국제경쟁은 격화하는 가운데 대외의존성을 심화시킨 스웨덴 경제는 그 충격을 고스란히 받을 수밖에 없었다. 1982년 재집권한 사민당 정부는 이에 대처할 전략과 정책의 선택을 강요받고 있었다. 그리고 집합적 자본형성이라는 좌파적 대안이 벽에 부딪히자 사민당 정부에게 남은 대안은 정책을 우선회하는 것이었다.

1980년대 사민당 정책노선 변화와 관련해서 우선 눈에 띄는 것은 정책결정의 주체가 결정적으로 바뀌었다는 사실이다. 제2차 세계대전 이후 사민당 정부가 시행했던 사회경제정책 입안의 주도권은 당이 아니라 LO가 쥐고 있었다. 이 부문에서 노동조합이 누렸던 준주권적 지위는 확고했다. 그것은 물론 LO가 이 시기에 렌(Gösta Rehn)과 메이드너(Rudolf Meidner)라는 걸출하고 창의적인 이론가를 보유했기 때문이기도 했다. 한편 사민당 소속 이론가들은 대체로 사민당 정부에 참여해 일상적인 정책 집행에 몰두하고 있었다. 결국 사민당 집권기간 동안 장기적이고 혁신적인 정책 입안은 LO 소속 정책연구 집단의 몫이 될 수밖에 없는 상황이었다(Pontusson 2004, 34).

그런데 이 상황은 1976년 사민당이 정권을 상실하면서 바뀌었다. 정부에서 당으로 복귀한 당 소속 전문가들이 당시 스웨덴에 몰아닥친 위기에 대한 대처 방안을 모색하기 시작했던 것이다. 이들은 대체로 합리성과 실용성을 중시하는 경제학자들이었으며 경제성장에 강한 집착을 보이고 있었다. 그 결과 1980년대 스웨덴 사민당 내부에는 1960년대 노르웨이 노동당과 아주 유사한 정책환경이 조성되었다. 합리성과 실용성에 바탕을 둔 경제학자들이 정책노선의 주도권을 쥐게 되었던 것이다. 그러나 양국 경제학자들의 합리성과 실용성이 결코 동일한 정책노선을 이끌었던 것은 아니다. 이미 살펴보았듯이 1960년대 노르웨이의 오슬로학파는 케인즈주의에 크게 경도되었다. 이에 반해 1980년대 사민당 소속 경제학자들은 반케인즈적 성향이 강했고 오히려 프리드만에 크게 경도되어 있었다(Lindvall and Sebring 2005, 262-265). LO를 대표해서 메이드너가 제시한 방안이 벽에 부딪히자 이들의 합리적이고 실용적인 정책노선이 사민당 경제정책을 주도하게 되었다(Pontusson 1994, 34-35). 이 집단을 이끈 펠트(Kjell Olof Feldt)가 1982년 재무상에 취임해 향후 8년간 사민당 경제정책 노선의 전환을 이끌었다.

펠트가 주도한 '제3의 길'(den tredje vägen)은 렌모델에 입각한 사민당 경제정책 노선의 공식적인 포기를 뜻했다. '선성장 후분배'(first growth and then redistribution)(Pontusson 1994, 34)라는 구호를 앞세운 이 정책노선은 전통적 케인즈주의도 아니고 또 신자유주의도 아니라는 의미에서 제3의 길로 명명되었다. 이 정책은 경기를 회복시키고 성장을 달성하기 위해 렌모델의 핵심정책이었던 이윤억제 정책을 포기했다. 정치적으로 벽에 부딪힌 집합적 자본형성을 포기하고 국가가 사적 자본의 이윤 확대를 적극적으로 지원해서 사적 투자를 확대시키고 또 이를 통해 성장을 이루겠다는 정책노선이었다.

펠트는 이 정책노선에 입각해서 재임 중 중요한 혁신적 정책을 집행해 나갔다.

첫째, 그는 취임 첫날 크로나의 가치를 16%나 평가 절하했다. 그러나 그가 취한 '평가절하를 통한 경기회복 전략'(Iversen 2001, 264)이 성공을 거두기 위해서는 인플레이션 효과에 대한 노동의 자발적인 임금억제가 대단히 긴요했다. 즉 펠트는 노동의 희생을 바탕으로 한 경기회복을 추구했던 것이다. 후술하겠지만 이에 대한 노동의 인내가 한계에 다다를 때 펠트의 정책 뿐 아니라 그의 정치생명, 나아가 사민당 지배체제까지 위태로워질 것이었다.

둘째, 펠트는 사양산업에 대한 보조금 지급을 중단하는 한편 공공부문 민영화는 추진하지 않되 적극적인 합리화 정책을 시행했다.

셋째, 펠트는 국제추세에 맞추어 1985~86년 자본시장에 대한 규제를 결정적으로 완화했다. 그리고 1980년대 말까지 자본의 자유로운 유입과 유출을 가로막는 모든 통제를 순차적으로 제거했다. 이 조치의 궁극적인 효과는 국가, 자본, 노동 3자 간의 힘의 역학관계를 자본의 압도적인 우위로 역전시켜 주었다는 것이다. 따라서 이 조치야말로 사회민주 정치경제체제의 근간을 근본적으로 뒤흔드는 조치였다.

1960년대 이미 수출 지향성을 심화해 가던 스웨덴 기업은 1960년대 말부터 빠른 속도로 다국적화해 갔다. 스웨덴 기업체가 해외에서 고용한 인력의 국내 고용인력에 대한 비율은 1960년 12%에서 78년 26%로, 그리고 87년 37%로 늘었다(Pontusson 1994, 42). 1965년 스웨덴 다국적기업 간부의 3분의 2는 스웨덴 국내에서 활동하고 있었다. 그러나 1997년이 되면 5분의 3이 해외에서 고용되어 있었다. 또 같은 해 스웨덴 내 주식 상장사에서 가장 큰 25개 업체 중 12개 기업이 전체 판매액의 90% 이상을 해외에서 판매하고 있었다. 이 중 8개 기업은 4분의 3 이상의 피고용자를 해외에서 고용했으며, 다른 7개 기업은 고용인력의 절반 이상을 해외에서 채용하고 있었다(Pestoff 2002, 305). 1970~90년 사이 스웨덴 국내로 유입된 투자금액이 한 해 50억 크로나를 넘은 적은 없었다. 반면 해외로 유출된 금액은 1970년 약 50억 크로나에서 1980년대 이후 급증하기 시작했다. 1982년 100억 크로나를 기록한 자본유출은 1986년 200억 크로나, 1990년 400억 크로나로 격증했다(Pontusson 1994, 43). 스웨덴의 국제화된 자본은 이처럼 자본의 해외유출을 가속화시키면서 국내 정치경제에 위협을 가했다. 이들의 움직임에 대한 통제력을 사실상 상실한 정부와 노동은 이제 자본의 반격에 노출될 수밖에 없는 상황이 되었다.

넷째, 사민당 정부는 1989~90년 자유당의 지원을 받아 한계소비세율을 대폭 인하하는 등 세제개편을 단행했다. 이것은 1986년 미국의 레이건 행정부가 단행한 세제개편을 모방한 역진적 조세개혁이었다(Pontusson 1994, 35).

다섯째, 사민당 정부는 1990년 EC 가입 의도를 명확히 했다. 자본에 대한 통제력을 상실하고 경제성장을 위해 이윤확대를 허용해 준 사민당 정부는 환율에 대한 통제력 역시 거의 상실하게 되었다. 환율의 평가절하를 통해 경기회복을 추구하는 것도 힘들어진 상황에서 스웨덴 정부는 1991년 5월 크로나를 유럽통화 단위였던 에큐(European Currency Unit: ECU)에 연계시켰다. 아이버슨은 이 조치가 사민당 거시경제정책의 가장 중요한 변화였던 것으로 평가한다(Iversen 2001, 267). 그에 의하면 이 조치는 "사실상 사민당이 완전고용을 포기했음을 의미한다"(Iversen 2001, 267). 이 조치에 의해 재정긴축은 불가피해졌고, 금리인상 역시 불가피해졌으며, EC 가입은 자연스런 선택이 될 수밖에 없었다. 1990~93년 사이 실업률은 1.7%에서 8.2%로 급증했다(Lindvall 2005, 253).

린드발과 세브링은 스웨덴 경제정책 변화의 추이를 3단계로 나누고 각각 협상정치, 전문가 정치, 목표의 정치라 명명했다(Lindvall and Sebring 2005). 우선 1970년대 중반의 변화를 주도했던 협상정치는 세계적 요인에 의해 초래된 경제위기를 스웨덴 정치경제체제의 근본원칙을 변화시키지 않은 채 정당과 사회세력 간의 협의를 통해 극복하려고 한 시도였다. 눈에 띄는 것은 케인즈주의 이론의 적극 실천이었다. 그들의 관찰에 의하면 "스웨덴은 1970년대 중반 제2차 세계대전 이후 처음으로 케인즈주의 정책을 채택했다"(Lindavll and Sebring 2005, 260). 둘째, 1980년대 초 사민당 내각의 '제3의 길'은 반케인즈주의적이고 시장에 보다 우호적인 합리성과 실용성으로 무장한 전문가들이 주도했던 정책변화였다. 이들이 주도했던 변화는 명백히 포괄적이었지만 사회민주주의의 근본가치였던 완전고용이라는 목표는 포기하지 않았다(Lindvall and Sebring 2005, 262-265). 그러나 1990년대 초 크로나가 에큐에 연동되게 된 사건이야말로 정치경제체제를 이끌어 가는 근본가치의 변화를 의미했다. 펠트의 뒤를 이어 사민당 내각의 재무상에 취임한 라르손(Allan Larsson)은 물가안정을 최우선의 정책목표라고 선언했던 것이다. 이것은 정치의 목표를 완전고용보다 물가안정을 앞세우기 시작한 것이었고, "이때 이후 완전고용정책으로의 회귀는 일어나지 않았다"(Lindvall and Sebring 2005, 265).

1990년의 이 변화는 80년대 사민당 정부가 취했던 제3의 길 노선의 궁극적 실패에 기인했다. 단기적으로 펠트의 정책은 성공을 거두는 것처럼 보였다. 1983~88년 사이 스웨덴 경제성장률은 연평균 2.7%에 달했고, 무역수지는 흑자로 전환했으며, 실업률 역시 3.5%에서 2% 미만으로 감소했다. 또 복지예산을 삭감하지 않고도 부르주아 연립내각이 물려준 재정적자를 대폭 줄이는 데도 성공했다(Pontusson 1994, 36). 이와 같은 성과에 힘입어 사민당은 비록 득표율이 완만한 하락세를 보이긴 했지만 1985년과 88년 총선에서 40%를 상회하는 득표를 하면서 재집권에 성공했다.

재집권에 성공한 사민당 정부를 괴롭혔던 경제문제는 물가와 국제수지였다. 1989년 스웨덴의 물가상승률은 6.6%였는데, 이는 OECD 평균 4.3%를 상회하는 것이었다. 국제수지 역시 악화되어 1989년 말 스웨덴 국제수지적자 규모는 1982년치를 상회했다. 사민당 정부는 인플레이션과 국제경쟁력 하락에 따른 무역적자를 일으킨 주된 원인을 과도한 임금상승으로 단정했다. 그에 따라 1990년 칼손(Ingvar Carlsson) 정부는 2년 동안 임금을 동결하고 파업을 금지하는 법안을 마련했다. LO의 마지못한 동의는 받았지만 모든 다른 정당이 이 법안에 반대했다. 사민당이 이 법안의 통과를 강행할 수 없다는 사실이 명확해지자 마침내 재무상 펠트는 사임했다 (Pontusson 1994, 36-37).

임금동결 안이 좌절하자 신임 재무장관 라르손은 본격적으로 사민당의 오랜 이념적 가치였던 완전고용을 희생시키고 물가를 안정시키려는 정책을 추진했다. 그는 또 자유당과 다시 한 번 협력해서 공공지출을 대폭 삭감했다. 라르손은 그 동안 사실상 금기시하던 복지지출을 삭감하기 시작했다. 1988년 선거에서 사민당은 유급휴가를 한 주일 더 연장하고, 부모의 출산휴직 보험금 지급 기간을 9개월에서 15개월로 연장하며, 또 생후 18개월 이상 된 미취학 아동 전원을 수용할 수 있도록 공공 탁아시설을 증설할 것을 공약한 바 있었다. 라르손은 이들 공약을 모두 취소하거나 집행을 무기한 연기시켰다(Pontusson 1994, 37).

사민당 유권자들의 분노는 1991년 총선에서 폭발했다. 이 선거에서 사민당이 얻은 37.7%의 득표율은 60년 만에 최악의 득표율이었다. 그 결과 사민당은 다시 한 번 정권을 부르주아 진영에게 넘겨야 했다. 결국 제3의 길 실험은 사회민주 정치경제체제를 돌이킬 수 없을 정도로 훼손시킨 채 실패로 막을 내렸다. 그러나 이 실험에 의해 결정적으로 뒤바뀐 국가, 노동, 자본 3자의 역학관계는 돌이킬 수 없게 되었다.

2) 자본의 대공세와 집합적 협의체제의 붕괴

1990년 SAF는 재무상 펠트가 중앙집중화된 단체협상을 되살리기 위한 목적으로 소집한 집합적 협의기구에 불참했다(Pestoff 2002, 296). 사회민주 정치경제체제를 떠받치고 있던 집합적 정책결정 방식을 무력화시키려는 스웨덴 자본의 공세가 실제화되는 순간이었다. 1980년대부터 SAF는 사회적 제휴(social partnership)에 입각한 집합적 협의체제에 대한 비판적 여론을 확산시키기 위해 적극적으로 여론조성 작업에 착수한 바 있다(Pestoff 2002, 297). SAF의 행동은 이제 때가 무르익었다는 것을 의미했다. 영국의 노동운동 전문가 로버트 테일러(Robert Taylor)는 1990년 11월 8일 <파이낸셜 타임스>에 "스웨덴 경제모델을 끝내기 위한 자본의 5개년 계획"이란 제하의 기사에서 SAF의 이런 행동을 "사회민주적 스웨덴을 튼튼한 자유시장경제로 전환시키기 위한 계획"(Glyn 2001, 17에서 재인용)이라고 규정했다. SAF는 1990년 봄 이미 중앙조직 내에서 협상과 통계를 담당하던 부서를 폐쇄시켰으며, 또 그 해 겨울에는 정부 부처에 있는 모든 집합적 협의기구에 나가 있던 인력을 전원 철수시켰다(Pontusson 1994, 39; Lindvall and Sebring 2005, 1058).

SAF가 1990년대 초 이처럼 의도적이고 체계적으로 집합적 협의체제의 붕괴에 나섰다는 사실 자체가 스웨덴 정치경제체제 내에서 노동, 자본, 국가 3자의 역학관계가 결정적으로 바뀌었다는 것을 웅변해 준다. 이제 스웨덴 자본은 부르주아 정당의 정치력이 아니라 자신들의 경제적인 힘을 통해 노동의 조직적 우위에 입각해 구축된 정치경제체제의 해체에 나섰던 것이다. 집합적 협의체제 붕괴를 통해 자본이 기대했던 것은 명백하다. 그것은 사민당 집권이 계속되더라도 사민당 정책결정과정에 노동이 준주권적 지위를 가지고 참여할 수 있는 제도적 기반을 없애려는 것이었다. 즉 설혹 사민당 지배체제가 계속되더라도 노동 우위의 사민주의 정치경제체제는 해체되어야 한다는 것이었다.

이들의 이와 같은 의도가 선명하게 드러나고 또 실현된 것은 적극적 노동시장정책을 책임지고 있는 노동시장국(AMS)의 변화였다. SAF는 1990년 노동시장국에서도 완전히 철수했다. 그 결과 정부는 AMS에 대한 노동조합의 공식적 대표성 역시 박탈할 수밖에 없었다. 이때 이후 AMS 내에서 조직노동의 지위는 의사결정에 핵심 주도권을 행사하던 지위에서 단지 자문 역할을 하는 정도의 지위로 추락하고 말았다(Lindvall and Sbering 2005, 1061).

1991년 또다시 집권 기회를 잡은 부르주아 연립내각은 다음해 집합적 협의제도를 공식적으로 폐기해 버렸다. 부르주아 정부는 정부의 모든 정책협의 기구에 이익집단 조직이 참여하는 것을 공식적으로 폐지하고, 정책 전문인력이 오직 개인 자격으로 협의와 자문에 참여하도록 해 버렸다(Pestoff 2002, 296-297). 사회민주 정치경제체제의 한 가지 핵심 축은 이렇게 허물어져 내렸다.

사회민주 지배체제 하에서 사회경제정책 이슈를 조율하던 집합적 협의기제가 1990년대 초 이처럼 붕괴하기 이전에 노동시장에서는 중앙집중화된 임금협상이 1980년대에 결정적으로 탈집중화되었다. 그 결과 사회민주 정치경제체제의 핵심적 정책 요소였던 단합적 임금정책 역시 치명적으로 무력화되었다.

사민당 정부가 '제3의 길' 정책노선에 입각해 기업이윤을 대폭 늘려 주자 렌모델이 우려하던 예측이 현실화했다. 즉 1980년대의 이윤폭증은 특히 수출지향적인 대규모 제조업체에서 엄청난 규모의 임금부유(wage drift)를 초래했다. 그 결과 LO와 TCO 같은 정상조직이 임금억제를 감당해 내기가 점점 힘들어질 수밖에 없었다(Pontusson and Swenson 1996; Martin 1984).

사실 단합적 임금정책에 대한 화이트칼라 계급의 불만은 일찍부터 누적되어 왔으며, 1960년대 말 TCO와 SACO는 이에 대한 LO의 주도권을 부인했던 적도 있다(Scharpf 1991, 89-96). 노동조직 내부의 이와 같은 불만 외에 고용주들의 이에 대한 불만 역시 점증했다. 특히 수출지향적인 제조업체를 산하에 많이 거느리고 있는 금속산업고용자연맹(Verkstadsföreningen)은 1970년대 초부터 중앙집중적 임금협상이 수출지향적이며 기술집약적인 기업체의 노동력 공급에 심각한 차질을 빚고 있다고 비판을 가중시켜 왔다. 1980년대 탈포드주의적 유연생산이 확대되고 지식과 기술에 대한 생산의 의존도가 대폭 커짐에 따라 단합적 임금정책의 문제는 더욱 커져 갔다. 숙련된 노동인력의 안정된 공급과 이들의 열성적인 생산참여를 유도하기 위해 숙련공에 대한 임금수준 확대는 고용주의 입장에서 갈수록 절실해졌다. 결국 단합적 임금협상은 유연생산에 입각한 국제경쟁력 향상에 치명적인 장애물로 간주되게 되었다(Iversen 2001, 258-259; Pontusson and Swenson 1996). 그 결과 수출지향적이며 기술지향적인 기업체를 중심으로 심각한 임금부유 현상이 발생할 수밖에 없었고, 이것은 다시 경쟁력 없는 기업체의 임금마저 상승시키는 임금감염(wage contagion) 효과까지 초래하게 되었다(Iversen 2001, 259).

이런 배경 속에서 1983년 금속산업고용자연맹과 금속노동자연맹은 별도의 임금협상을 타결함으로써 중앙집중화된 임금협상 체제를 붕괴시켰다. 이때 이후 스웨덴의 임금협상체 제는 다양한 임금협상이 선을 보이고 또 정상조직과 산별조직 사이를 오락가락하는 불안정성을 보여 왔다. 1992년 SAF는 임금협의 기구를 정식으로 해체해 버렸다(Vartiainen 2001, 35-36). 단합적 임금정책을 떠받쳐 오던 핵심 제도가 붕괴해 버린 것이다.[17]

5. 사민당 지배체제의 쇠퇴

1991년 구성되었던 부르주아 연립내각은 비록 지난번보다 정도는 덜했지만 여전히 불리한 경제적 상황 속에서 집권했다. 국가재정과 무역수지적자는 심각했고 실업률 역시 높은 상황이었다. 연립내각은 선거 때 공약했던 복지개선 공약을 모두 포기할 수밖에 없었고, 지극히 인기 없는 긴축정책을 시행할 수밖에 없었다(Pontusson 1994, 48). 그러나 이 시기를 지배했던 것은 합의정치였다. 사민당은 부르주아 내각의 복지예산 삭감을 포함한 긴축정책에 동의해 주었다. 그 대신 부르주아 내각은 부유세를 폐지하려던 계획을 연기했고, 노동조합이 관리하고 있던 공공실업보험의 관리권을 회수하려던 계획을 취소했으며, 또 사민당의 동의 없이 민영화를 추진하지 않겠다고 약속했다. 이처럼 합의정치는 강화되었지만 부

17) 스웨덴의 노사관계를 지배했던 모형이 20세기 마지막 20년 동안 사라져 버렸다는 대표적인 주장은 Swenson and Pontusson(2000), Rothstein (2001), Wallerstein and Golden(2000) 등 참조. 반면 이 변화를 지나치게 과장하는 것을 경계하는 견해로는 Thelen (2001, 88)과 Elvander(2002, 198) 참조. Svensson and Öberg(2005) 역시 정상조직 지배력은 여전히 활력을 잃지 않고 있다고 증언한다.

르주아 연립내각은 단기적 경제실적을 보여 주는 데 실패한 채 1994년 선거에서 사민당에게 패배했다.

1994년 칼손이 이끌던 사민당 정부는 당면한 경제위기와 재정적자에 대처하느라 사회민주 정치경제체제를 복원시킬 능력과 의지가 전혀 없었다. 사민당 정부는 긴축정책을 지속하는 한편 사회복지 재정지출 역시 엄청난 규모로 삭감을 단행했다. 페스토프의 지적처럼 스웨덴은 이미 '신자유주의가 지배하는 사회'(Pestoff 2002, 296)가 되어 버린 듯했다. 1998년 SAF, TCO, LO, SACO가 일시적으로 회복했던 소위 코포라티즘 기제야말로 신자유주의적 협약의 전형이었다. 이들이 맺었던 '성장을 위한 연합'은 스웨덴의 조직노동이 신자유주의 논리에 동조해 들어가고 있음을 웅변해 주었다 (Pestofff 2002, 303-305).

1998년 선거에서 투표율과 의석을 잃은 사민당은 이제 녹색당과 좌파사회당의 협력 없이는 소수내각을 유지할 수 없는 지경에 이르러 있었다. 4년 후 선거에서는 득표율이 좀 반등했지만 사민당은 이제 득표율 40% 수준을 회복할 수 없는 상태에 이르렀다(Madeley 2003). 여전히 녹색당과 좌파당의 지원에 힘입어 내각은 유지했지만 스웨덴 사회민주 지배체제는 현저히 약화되었다.

2003년 스웨덴은 유럽통화동맹(European Monetary Union) 가입 여부를 결정하는 국민투표를 실시했다. 노르웨이의 경우와 마찬가지로 이 이슈는 스웨덴 정당정치를 날카롭게 가로질렀으며, 사민당과 사민당 지원 정당 간에 대립전선을 형성했고, 또 사민당 지지층을 역시 분열시킴으로써 사민당 지배체제를 더욱 약화시켰다.

스웨덴이 1994년 EC에 가입할 때 이미 사민당 지지세력 중 47%가 가입에 반대한 바 있다(Wildfeldt 2004, 504). 엄청난 정치적 비용이 예견되었음에도 불구하고 사민당 정부가 끝내 유로통화권 가입을 추진했던 것은 그만큼 경제정책 노선이 신자유주의 쪽으로 기울어 있었다는 것을 반증한다고 할 것이다. 보수당, 자유당, 기민당 등 전통적 적대세력과 사민당은 가입 지지세력을 형성해 가입에 반대하는 중앙당, 좌파사회당, 녹색당에 맞섰다. 투표결과는 56%를 얻은 반대세력이 46%를 얻은 찬성세력을 압도했다. 이 투표에서 육체노동 계급은 69 대 29로, 화이트칼라 계급은 46 대 52로, LO 소속 노조원은 60 대 30으로, 또 TCO 소속 노조원은 53 대 43으로 스웨덴의 EMU 가입에 반대했다. 결과적으로 사민당 정부는 원하는 결과를 얻지 못한 채 지지세력 사이에 불화와 분열만 심화시켰다. EMU 가입을 밀어붙였던 페르손(Göran Persson) 수상은 후일 이것이 자기 재임 중 가장 큰 실책이었다고 실토했다(Aylott and Bolin 2007, 622).

2006년 선거에서 사민당은 1920년 이후 최악의 참패를 기록했다(Aylott and Bolin 2007). 페르손은 선거 참패에 책임을 지고 당수직을 사임한 사민당 최초의 지도자가 되었다. 선거 직전의 경제지표는 양호한 편이었다. 물가는 무시해도 좋을 정도였고, 재정은 흑자 상태였으며, 2006년 2/4분기 경제성장률은 견조한 5.1%를 기록했다.

사민당의 패배 요인으로는 우선 무리한 EMU 가입 시도로 지지세력의 불만을 자초했다는 점을 들 수 있을 것이다. 그리고 2004년 겨울 동남아시아에서 지진해일이 발생했을 때 희생당했던 수백 명의 스웨덴 관광객에 대한 사민당 정부의 사후조치가 효과적이지 못했던 데 대한 비난 역시 비등하고 있었다. 그러나 이처럼 과도적이고 또 우연적인 요인이 영향을 끼친 배경에는 합의정치의 확산이 자리 잡고 있었다. 합의정치의 확산은 1970년대 전반기에 그랬던 것처럼 부르주아 진영의 의도적인 전술의 결실이었다.

2002년 선거에서 참패했던 보수당은 2003년 레인펠트(Fredrik Reinfeldt)로 리더십을 교체했다. 그는 보수색이 짙은 보수당 정책을 대폭 일신하고 온건 중도노선을 강화했다. 그리고 이를 바탕으로 부르주아 진영의 화해와 협력체제 강화에 나섰다. 그 결과 2004년 부르주아 진영은 '스웨덴을 위한 연합'을 결성하고 본격적으로 정책을 조율했다. 2006년 선거에서 공조체제를 강화한 부르주아 진영은 그들에게 투표하는 것이 과거처럼 위험한 선택이 아니라는 것을 보여주려고 노력했다. 스웨덴 모델을 바꾸려 하지 않을 것이며 오히려 적극적으로 적응할 것을 공약했다. 보수당은 심지어 자신을 '신노동당'이라 일컫기도 했다((Aylott and Bolin 2007, 627). 결국 보수당이 주도했던 합의정치 전술이 2006년 선거에서 부르주아 진영의 압승을 이끌었던 것이다.

스웨덴의 사회민주 정치경제체제는 이처럼 상당히 해체되었다. 1994년부터 2006년까지 연속된 사민당 집권기에 사민당이 펼쳤던 경제정책은 신자유주의적 색채가 완연했다. 이에 관해 아이버슨은 사민당 지배체제가 직면해 있는 삼중고(trilemma)를 논한다. 자본을 국제화하고 자본주의 세계체제에 대한 의존도를 대폭 높여 놓은 스웨덴 경제는 결코 재정건전성, 평등, 완전고용을 동시에 달성할 수 없는 처지에 놓여 있다는 것이다. 평등과 완전고용 등 사회민주주의가 추구해 온 전통적 정책목표에 매진할 경우 국가의 재정건전성은 파탄이 날 것이고, 엄청난 자본유출에 이은 스웨덴 경제의 전반적인 붕괴가 예견된다. 반면 재정건전성을 유지하는 가운데 평등을 중시하는 정책을 펼칠 경우 고용안정은 심각하게 훼손될 수밖에 없다. 또 탈규제와 유연한 임금구조를 강화하는 신자유주의적 정책을 펼치면, 고용은 개선될 것이지만 불평등의 심화는 감수할 수밖에 없다. 아이버슨은 지난 20년 동안 사민당 정부는 대체로 신자유주의 노선 쪽으로 기운 것으로 평가한다(Iversen 2001, 251, 274).

소위 '10년 동안의 신자유주의 시대'(Pestoff 2002, 203)를 거치면서 사회민주 지배체제 역시 눈에 띄게 쇠퇴했다. 그럼에도 불구하고 스웨덴의 사민당 지배체제는 노르웨이에 비해 강하다. 이것은 무엇보다 사민당의 이념과 정책노선이 이토록 우선회해 왔고 또 스스로 사회민주 정치경제체제를 해체해 왔음에도 사민당 내부는 놀라울 정도의 통합성을 유지해 오고 있는 데 기인한다.[18] 그럼에도 불구하고 스웨덴 사회민주 지배체제는 크게 쇠퇴했다. 이미 해체될 대로 해체된 사회민주 정치경제체제에 대한 배타적 지배력을 따질 필요는 더더욱 없을 것이다.

---

18) 폰투손의 말처럼 사민당 내부조직의 작동과 운영은 스웨덴 사민당에 관한 무수한 연구 중 가장 적게 다뤄진 부분이다(Pontusson 1994, 50).

제8장
결　론

스칸디나비아 사회민주주의의 성장과 쇠퇴의 역사를 조망해 보면 중요한 변화가 일어났던 시점이 대체로 세계 역사 혹은 유럽 역사의 중대한 국면(critical historical juncture)과 일치한다는 것을 발견할 수 있다. 북유럽 변방에 위치한 이 작은 국가들도 그야말로 파란만장한 지난 한 세기 동안 결코 세계사의 격동으로부터 자유로울 수 없었다. 스칸디나비아 사회민주 정당 역시 이 파란과 격동의 물굽이에 대응해 이념과 정책, 전략을 수정해 왔다. 사회민주주의의 성장과 쇠퇴는 이념과 전략의 이와 같은 수정의 산물이었다.

첫 번째 역사적 국면은 제1차 세계대전이었다. 의회민주주의의 제도적 골격은 완성되었지만, 이를 바탕으로 구축할 사회경제적 질서를 둘러싼 대결과 대립이 첨예한 상황에서 스웨덴 사민당과 노르웨이 노동당은 모두 정통 사회주의 노선을 표방했다. 결과는 참담했다. 양당은 노동계급 동원조차 제대로 하지 못한 채 정치적 고립상태에 빠졌다.

두 번째 역사적 국면은 1920년대 말 대공황이 초래한 경제적 위기국면이었다. 양당은 정통 사회주의 노선을 포기하고 경기부양을 목표로 한 개입주의 정책노선으로 전환했다. 결과는 화려했다. 양당은 안정된 노동연합을 구축하는 데 성공했고, 이를 바탕으로 사회민주 지배체제와 정치경제체제를 확립해 나갔다.

세 번째 역사적 국면은 제2차 세계대전 이후 도래한 세계 자본주의의 황금기였다. 노르웨이 노동당은 케인즈주의 정치경제체제를 구축하고 이를 바탕으로 성장과 번영의 시대를 열었다. 스웨덴 사민당은 케인즈주의를 넘어서는 스웨덴 특유의 사회민주 정치경제체제를 구축했다.

네 번째 역사적 국면은 1970년대 후반 스태그플레이션이 촉발시킨 세계 자본주의의 위기국면이었다. 스웨덴 사민당과 노르웨이 노동당의 정책노선은 뚜렷이 우선회해 토니 블레어의 '제3의 길' 노선에 근접해 갔다. 양국 모두 사회민주 정치경제체제의 해체와 지배체제의 쇠퇴를 겪었다.

이를 바탕으로 스웨덴과 노르웨이 사민정당의 이념과 정책노선의 장기 궤적을 그려 보면 다음과 같다.

우선 스웨덴 사민당은 제1차 세계대전 직후 정통 사회주의 노선을 표방했다가, 1930년대 케인즈주의적 개입주의로 정책노선을 바꾼 다음, 다시 1960년대에 렌모델을 바탕으로 스웨덴 특유의 사회민주 정치경제체제를 확립했다. 사민당은 1982년 '제3의 길'을 표방하며 정책노선의 급격한 우선회를 시작했다.

노르웨이 노동당은 제1차 세계대전 직후 스웨덴 사민당보다 훨씬 급진적인 혁명적 사회주의 노선을 채택했다가, 1930년대 케인즈주의적 개입주의로 정책노선을 바꾼 다음, 제2차 세계대전 이후 황금기를 거쳐 1970년대까지 이 이념과 정책기조를 그대로 유지했다. 1980년대 이후 노동당은 세계화와 유럽화, 그리고 신자유주의 물결의 강화에 발을 맞추어 정책노선을 '제3의 길'과 신자유주의 쪽으로 우선회했다.

〈그림 8-1〉 스웨덴 사민당과 노르웨이 노동당 이념 정책 노선의 흐름도

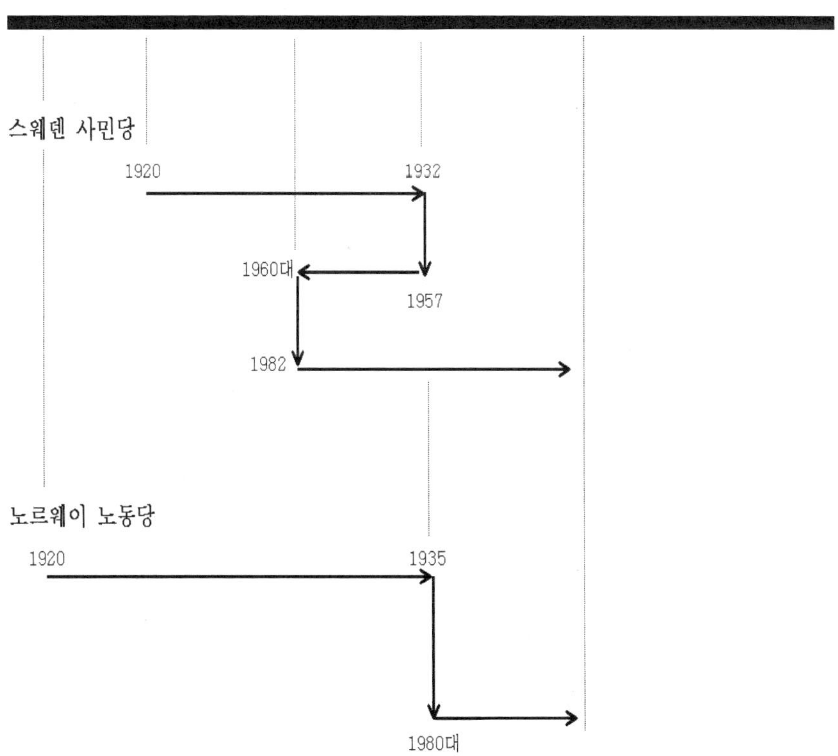

양국 사민정당은 이처럼 각 역사적 국면이 조성한 구조적 제약 속에서 이념과 전략을 선택했다. 사회민주 지배체제와 정치경제체제는 이러한 선택의 산물이었다. 즉 각 역사적 국면의 특수한 사회경제적 구조가 사회민주 지배체제를 자동적으로 발생시킨 것은 아니었다. 스칸디나비아 사회민주 정당의 전략적·정책적 혁신이 사회민주 지배체제와 정치경제체제를 만들었다는 뜻이다.

그러나 엄밀한 의미에서 사회민주 지배체제의 성장과 쇠퇴가 오직 사민정당만의 전략적 선택에 좌우되었던 것은 아니다. 한 정당이 무려 30년 혹은 40년이 넘도록 권력을 한 차례도 내주지 않고 집권한다는 것은 사실 권위주의 독재체제에서도 쉬운 일이 아니다. 민주국가에서 3년 혹은 4년 단위로 치러야 하는 선거에는 경쟁자가 있기 마련이다. 스칸디나비아 사민정당 역시 지난 한 세기 동안 부르주아 진영과 주기적인 경쟁을 거듭해 왔다. 사회민주 지배체제의 동태적인 변화는 사회민주 정당과 부르주아 진영이 특히 중대한 역사적 국면에서 어떤 이념과 노선으로 어떤 성격의 대결을 벌였느냐에 크게 좌우되었다.

제1차 세계대전 직후 스웨덴과 노르웨이의 좌·우 진영이 정통 사회주의 노선과 정통 자유주의 노선을 내세우고 벌인 대립의 정치는 안정된 승자를 내지 못했다. 그 결과 양국에 나란히 소수내각 시대가 열렸다.

대공황 직후 양국 사민정당과 부르주아정당은 경기부양적 개입주의와 경기순응적 시장주의로 대립의 정치를 벌였다. 결과는 사민정당의 승리였고 이들은 안정된 노동연합을 바탕으로 사회민주 지배체제를 구축했다.

제2차 세계대전 이후 노르웨이에서 만개한 합의정치는 궁극적으로 사회민주 지배체제를 쇠퇴시켰다. 1950년대 스웨덴에서 확산된 합의정치 역시 사민당 지배체제를 완만하게 쇠퇴시켰다.

반면 1950년대 말 이후 스웨덴 사민당이 일련의 정책혁신을 통해 부활시킨 대립의 정치는 스웨덴 사회민주 지배체제를 재구축하게 했고 또 정치경제체제에 사회민주적 특성을 강화시켰다.

결국 스웨덴과 노르웨이의 좌·우 진영이 지난 한 세기 동안 지속해 온 정치경쟁의 큰 흐름 속에서 번갈아가며 조성된 합의정치(consensus politics)와 대립정치(confrontation politics)가 사회민주 지배체제의 성장과 쇠퇴에 강력한 영향을 끼쳤다. 좌·우 진영 사이에 조성된 합의정치는 사민정당의 정치경제체제에 대한 배타적 지배력(exclusive mandate)을 약화시켜 사회민주 지배체제를 쇠퇴시키는 강력한 경향을 보여 주었다. 반면 좌·우 양 진영 사이에 이념과 정책노선을 둘러싸고 대립정치가 지배적일 때 사민정당은 노동계급과 전략적 연합계급의 결속을 강화해 사회민주 지배체제를 구축하고 또 이를 견고하게 유지해 낼 수 있었다.

다만 모든 대립이 사민정당의 승리를 보장해 주지는 않았다. 정통 사회주의의 핵심 노선인 소유의 사회화를 중심으로 대립전선이 형성되었을 때마다 양국 사민정당은 예외 없이 부르주아 진영에 패퇴했다.

결국 사회민주 지배체제와 정치경제체제의 성장과 쇠퇴는 거시역사적 흐름 속에서 형성된 중대한 국면, 이 시기에 좌·우 정당이 선택한 이념과 전략, 그리고 그에 따라 조성된 정치경쟁의 성격이 좌우했다.

제1차 세계대전, 1920년대의 대공황, 제2차 세계대전, 그리고 1970년대의 스태그플레이션은 사회민주주의 역사의 흐름을 바꾼 역사적 결절점이었다. 스칸디나비아 사민정당뿐 아니라 선진 민주국가의 모든 사민정당이 그 영향에서 자유로울 수 없었다. 그러나 각 역사적 국면마다 이들이 선택했던 전략과 노선은 결코 획일적이지 않았다. 각 국면이 형성했던 구조적 제약 속에서도 사민정당이 다양한 전략과 노선을 추구할 선택의 여지는 있었다는 뜻이다. 그러나 1970년대 이후 선진 자본주의국가 사회민주 정당이 겪은 위기와 또 이에 대한 대응은 과거와 다른 한 가지 공통적인 경향을 보여주는 것 같다. 선진 민주국가의 사회민주주의는 새로운 위기에 대한 이념적 · 전략적 대응책을 마련하지 못한 채 정체성의 위기를 심화시키고 있다는 것이다. 스칸디나비아 사회민주주의 역시 예외는 아니다. 이것은 사회민주주의가 현재 겪고 있는 위기가 과거의 역사적 국면과 근본적으로 다르기 때문인지도 모른다.

자본주의가 산업자본주의 단계로 이행한 이후 세 차례 큰 공황이 내습했다. 19세기 말과 20세기 전반부의 공황은 궁극적으로 양차 세계대전의 원인을 제공했다. 비록 대규모 전쟁을 초래하지는 않았지만 최근의 공황은 그보다 더 근본적인 세계사적 변화를 촉발시켰을 개연성이 크다. 왈러스틴(Immanuel Wallerstein)이 언급한 소위 '기나긴 16세기'에 자본주의는 출현하면서 세계 역사에 근대의 문을 열었다. 자본주의는 이제 공간적 세계화를 완료하고 탈산업자본주의 단계로 생산양식을 전환시키면서 세계 역사를 탈근대의 시대로 이끌어 가고 있는 것으로 보인다. 1970년대의 공황과 세계 자본주의의 위기가 이 변화를 촉발시켰다..

사회민주주의는 세계 역사가 근대의 절정기에 꽃을 피운 정치체제와 경제체제의 산물이다. 의회주의를 제도적 공간으로 한 대의민주주의, 그리고 수많은 임금노동자를 바탕으로 한 산업자본주의가 사회민주주의를 출현시키고 성장시킨 정치경제적 터전이다. 이 터전 위에서 전개된 민주적 계급투쟁을 통해 사회민주주의는 성장했다. 또 산업자본주의가 20세기 중반 구축한 포드주의 생산 레짐이야말로 선진국 노동운동으로 하여금 그 절정기를 구가하게 한 정치경제적 터전이었다.

1970년대 세계자본주의 위기 이후 사회민주주의를 성장시켰던 이 모든 터전은 급격히 변하고 있다. 공간적 세계화를 완성한 자본주의는 과잉생산과 과소소비라는 근본적 모순을 완화해 줄 팽창 공간을 상실했다. 이제 자본주의는 생산요소 교환체제를 보다 효율적으로 변화시킴으로써 이 문제에 대응하려고 한다. 이를 위해 무엇보다 긴요한 것은 국가의 통제와 규제를 약화시키는 것이다. 글로벌리제이션과 자유화가 개별 국가에 가해 오고 있는 압력의 본질이 바로 이것이다. 사회민주주의는 바로 이 압력에 의해 치명적인 타격을 입었다. 글로벌리제이션과 국가의 약화는 국가 내부 정치경제체제를 구성하고 있는 국가, 노동, 자본 사이의 역학관계를 압도적이고 근본적으로 자본 우위로 만들어 주었기 때문이다.

1970년대 위기는 자본주의로 하여금 교환의 체제를 효율화하도록 했을 뿐 아니라 생산양식과 생산의 조직방식을 근본적으로 바꾸도록 했다. 그 결과 선진 자본주의 국가의 생산레짐이었던 포드주의는 해체되었다. 포드주의에 기반한 전통적 산업은 반주변부나 주변부 국가로 넘어가고 선진 자본주의 국가는 빠른 속도로 탈포드주의적·탈산업적 기술자본주의로 이행해 갔다. 이 변화는 사회민주주의가 기반으로 삼고 있던 계급구조의 특성을 근본적으로 변화시켰다. 전통적 노동계급은 급속히 분해되었고 이를 바탕으로 한 계급정치 역시 쇠퇴해 갔다.

이 새로운 위기에 사회민주주의는 효과적으로 대응하지 못하고 있다. 그 결과 오늘날 사회민주주의는 전반적으로 쇠퇴하고 있다. 이미 저자가 다른 책에서 지적했지만 이 쇠퇴는 득표력이나 집권력과 같은 통계학적인 쇠퇴와는 거리가 멀다. 이 쇠퇴는 현재 진행되고 있는 세계사적 격변에 대응할 수 있는 이념, 전략, 정책을 제시하지 못한 데 따른 쇠퇴이다. 제2차 세계대전 이후 서유럽 사회민주주의의 선두에 서서 새로운 이념과 전략과 정책을 제시해 왔던 스칸디나비아 사회민주주의 역시 이 책에서 보았듯이 창조적인 대안 마련에 실패하고 있다.

따라서 스웨덴 사민당과 노르웨이 노동당이 지난세기에 구축했던 사회민주 지배체제를 금세기에 다시 재현하기는 힘들게 되었다. 하지만 어찌하겠는가. 역사의 긴 흐름 속에서 영속하는 것은 없다. 인류가 만들어 낸 무수한 지배체제는 각각 역사 속에서 제한된 '수명과 시간'(life and times)을 누리고 스러져 갔다. 스칸디나비아뿐 아니라 유럽 전체 사회민주주의의 수명과 시간이 이제 다해 가고 있는지도 모를 일이다. 영국과 독일의 좌파가 제시했던 '제3의 길'이 위기에 처한 서유럽 사회민주주의의 활로는 아닌 것 같다. 안타까운 것은 스웨덴과 노르웨이의 사회민주주의 역시 노동지배의 새로운 이념과 전략을 제시하지 못하고 있다는 사실이다.

참 고 문 헌

Adler-Karlsson, Gunnar, 1969, *Functional Socialism: A Swedish Theory for Democratic Socialization*, Princeton: Princeton University Press.

Alber, Jens, 1981, "Government Responses to the Challenge of Unemployment: The Development of Unemployment Insurance in Western Europe," in Peter Flora and Arnold Heidenheimer, eds., *The Development of Welfare State in Europe and America*, New Brunswick: Transaction.

Aldcroft, Derek, 1977, *From Versailles to Wall Street 1919 1929*, Berkeley: University of California Press.

Andrae, Carl-Göran, 1975, "The Swedish Labor Movement and the 1917-1918 Revolution," in Steven Koblik, ed., *Sweden's Development from Poverty to Affluence, 1750-1970*, Minneapolis: University of Minnesota Press.

Andrén, Nils, 1981, "Five Roads to Parliamentary Democracy," in Erik Allardt, et al., eds., *Nordic Democracy*, Copenhagen: Det Danske Selskab.

Aylott, Nicholas and Niklas Bolin, 2007, "Towards a Two-Party System? The Swedish Parliamentary Election of September 2006," *West European Politics*, vol.30, no.3.

Beckman, Svante, et al., 1974, "Ekonomisk politik och teori i Norden under mellankrigstiden," in Sven A. Nilsson, et al., eds., *Kriser och krispolitik i Norden under mellankrigstiden*, Uppsala: Almqvist&Wiksell.

Bennuf, Martin and Sören Holmberg, 1990, "The Green Breakthrough in Sweden," *Scandinavian Political Studies*, vol.13, no.2.

Bergh, Trond, 1977, "Norsk økonomisk politikk 1945-65," in Trond Bergh and Helgo Pharo, eds., *Vekst og velstand: Norsk politisk historie 1945-1965*, Oslo: Universitetsforlagen.

Bergh, Trond, 1978, "Ideal and Reality in Norwegian Macroeconmic Planning 1945-1965," *Scandinavian Journal of History*, vol.3, no.1.

Bergh, Trond and Helge Pharo, eds., 1977, *Vekst og velstand: Norsk politisk historie 1945-1965*, Oslo: Universitetsforlaget.

Berglund, Sten and Ult Lindström, 1978, *The Scandinavian Party System(s): A Comparative Study*, Lund: Studientlitteratur.

Beyme, Klaus von, 1982, *Parteien in westlichen Demokratien*, München: Piper.

Björgum, Jorunn, et al., 1974, "Krisen og arbeiderbevegelsen," in Sven A. Nilson, ed., *Kriser och krispolitik I Norden under mellankrigstiden*, Uppsala: Almqvist&Wiksell.

Bull, Edvard, 1956, *The Norwegian Trade Union Movement*, Brussels: International Confederation of Free Trade Unions.

Carlsson, Sten and Jerker Rosén, 1980, *Svensk historia: vol.2, Tiden efter 1718*, 4th ed., Stockholm: Esselte Studium.

Childs, Marquis W., 1937, *Sweden: The Middle Way*, New Haven: Yale University Press.

Commission on Industrial and Economic Concentration, 1976,

“Ownership and Influence in the Economy,” in Richard Scase, ed., *Readings in the Swedish Class Structure*, Oxford: Pergamon Press.

Dahl, Svein, 1987, “The Attitude of the Norwegian Conservative Party towards State Intervention in Economic Life during the Interwar Period,” *Scandinavian Journal of History*, vol.12, no.4.

Derry, D. K., 1973, *A History of Modern Norway, 1814-1972*, Oxford: Clarendon Press.

Elder, Neil, 1983, “Back to Normalcy: Swedish Political Development 1979-83,” *Hull Papers in Politics*, University of Hull, no.34.

Elder, Neil, et al., 1988, *The Consensual Democracies?: The Government and Politics of the Scandinavian States*, Oxford: Basil Blackwell.

Elvander, Nils, 1974, “In Search of New Relationships: Parties, Unions, and Salaried Employees' Associations in Sweden,” *Industrial and Labor Relations Review*, vol. 28, no.1.

Elvander, Nils, 2002, “The New Swedish Regime for Collective Bargaining and Conflict Resolution: A Comparative Perspective,” *European Journal of Industrial Relations*, vol.8, no.2.

Eriksen, Knut E., 1977, “Norge I det vestlige samarbeid,” in Trond Bergh and Helgo Pharo, eds., *Vekst og velstand: Norsk politisk historie 1945-1965*, Oslo: Universitetsforlagen.

Esping-Andersen, Gøsta, 1978, “Social Class, Social Democracy, and the State: Party Policy and Party Decomposition in Denmark and Sweden,” *Comparative Politics*, vol.11, no.1.

Esping-Andersen, Gøsta, 1985, *Politics Against Markets: The Social Democratic Road to Power*, Princeton: Princeton University Press.

Esping-Andersen, Gøsta, 1990, *The Three Worlds of Welfare Capitalism*, Princeton: Princeton University Press.

Esping-Andersen, Gøsta and Walter Korpi, 1984, "Social Policy as Class Politics in Post-War Capitalism: Scandinavia, Austria, and Germany," in John H. Goldthorpe, ed., *Order and Conflict in Contemporary Capitalism: Studies in the Political Economy of Western European Nations*, Oxford: Oxford University Press.

Flora, Peter, et al., 1983, *State, Economy, and Society in Western Europe, 1815-1975: Vol.1, The Growth of Mass Democracies and Welfare State*, Chicago: St. James Press.

Flora, Peter and Jens Alber, 1981, "Modernization, Democratization, and the Development of Welfare States in Western Europe," in Peter Flora and Arnold Heidenheimer, eds., *The Development of Welfare States in Western Europe*, New Brunswick: Transaction.

Forsell, Harry, 1971, "The Elections in Sweden in September 1970: Politics in a Multi-Level Election," *Scandinavian Political Studies*, vol.6.

Galenson, Walter, 1949, *Labor in Norway*, Cambridge: Harvard University Press.

Galenson, Walter, 1952a, "Scandinavia," in Walter Galenson, ed., *Comparative Labor Movements*, New York: Prentice Hall.

Galenson, Walter, 1952b, *The Danish System of Labor Relations: A Study in Industrial Peace*, Cambridge: Harvard University Press.

Glyn, Andrew, 2001, "Aspirations, Constraints, and Outcomes," in Andrew Glyn, ed., *Social Democracy in Neoliberal Times: The Left and Economic Policy since 1980*, Oxford: Oxford University Press.

Gourevitch, Peter, 1986, *Politics in Hard Times: Comparative Responses to International Economic Crises*, Ithaca: Cornell University Press.

Gustafsson, Bo, 1973, "A Perennial of Doctrinal History: Keynes and 'Stockholm School'," *Economy and History*, vol.16.

Hadenius, Stig, et al., 1978, *Sverige efter 1900: En modern politisk historia*, Stockholm: Bonniers.

Hanisch, Tore, 1978, "The Economic Crisis in Norway in the 1930s: A Tentative Analysis of Its Cause," *Scandinavian Economic History Review*, vol.26, no.5.

Hecksher, Gunnar, 1984, *The Welfare State and Beyond: Success and Problems in Scandinavia*, Minneapolis: University of Minnesota Press.

Heclo, Hugh and Henrik Madsen, 1987, *Policy and Politics in Sweden: Principled Pragmatism*, Philadelphia: Temple University Press.

Heidar, Knut, 1977, "The Norwegian Labor Party: Social Democracy in A Periphery of Europe," in William Paterson and Alastair Thomas, eds., *Social Democratic Parties in Western Europe*, London: Croom Helm.

Heidar, Knut, 1983, *Norske politiske fakta 1884-1982*, Oslo: Universitetsforlaget.

Heidar, Knut, 1990, "Norway: Levels of Party Competition and System

Change," in Peter Mair and Gordon Smith, eds., *Understanding Party System Change in Western Europe*, London: Frank Cass.

Heidar, Knut, 2005, "Norwegian Parties and Party System: Steadfast and Changing," *West European Politics*, vol.28, no.4.

Hibbs, Jr., Douglas, 1978, "On the Political Economy of Long-Run Trends in Strike Activity," *British Journal of Political Science*, vol.8, part 2.

Hibbs, Jr., Douglas, 1981, "The Impact of Economic Performance on Electoral Support in Sweden, 1967-1978," *Scandinavian Political Studies*, vol.4, no.1.

Hildebrand, Karl-Gustaf, 1975, "Economic Policy in Scandinavia during the Inter-war Period," *Scandinavian Economic History Review*, vol.13, no.2.

Hodne, Fritz, 1983, *The Norwegian Economy, 1920-1980*, London: Croom Helm.

Holmberg, Sören, 1984, *Väljare i förändring*, Stockholm: Liber Förlag.

Hveding, Øisten, 1979, "Gjeldsforliket mellom Beondepartiet og Arbeiderpartiet i 1934," *Historisk Tidsskrift*, vol.53, no.3.

Iversen, Torben, 2001, "The Choices for Scandinavian Social Democracy in Comparative Perspective," in Andrew Glyn, ed., *Social Democracy in Neoliberal Times: The Left and Economic Policy since 1980*, Oxford: Oxford University Press.

Johansson, Sten, 1982, "When is the Time Ripe?: A Question to the Commission on the 1975 Social Democratic Party Program," *Political Power and Social Theory*, vol.3.

Jörberg, Lennart and Olle Krantz, 1976, "Scandinavia 1914-1970," in

Carlo Cipolla, ed., *The Fontana Economic History of Europe, vol.6, Contemporary Economies*, part 2, Glasgow: Collins.

Jörberg, Lennart, 1973, "The Nordic Countries, 1850-1914," in Carlo Cipola, ed., *The Fontana Economic History of Europe, vol.4, The Emergence of Industrial Societies*, part two, Glasgow: Collins.

Kindleberger, Charles P., 1986, *The World in Depression, 1929-1939*, Berkeley: University of California Press.

Korpi, Walter, 1980, "Social Policy and Distribution of Conflict in the Capitalist Democracies: A Preliminary Comparative Framework," *West European Politics*, vol.3, no.4.

Korpi, Walter, 1983, *The Democratic Class Struggle*, London: Routledge&Kegan Paul.

Korpi, Walter and Michael Shalev, 1980, "Strikes, Power and Politics in Western Nations," *Political Power and Social Theory*, vol.1.

Kuhnle, Stein, 1981, "The Growth of Social Insurance Programs in Scandinavia," in Peter Flora and Arnold Heidenheimer, eds., *The Development of Welfare State in Europe and America*, New Brunswick: Transaction.

Kuhnle, Stein and Liv Solheim, 1981, "Party Programs and the Welfare State: Consensus and Conflict in Norway, 1945-1977," *Skrifter*, nr.3, Sociologisk Institut, Universitet i Bergen.

Kvavik, Robert B., 1970, "Interest Groups in Norway: A Study of Corporate Pluralism," Ph. D. Dissertation: Stanford University Press.

Lafferty, William, 1971, *Economic Development and the Response of Labor in Scandinavia*, Oslo: Universitetsforlagen.

Leiserson, Mark W., 1959, *Wages and Economic Control in Norway 1945-1957*, Cambridge: Harvard University Press.

Lewin, Leif, 1967, *Planhushållningsdebatten*, Stockholm: Almqvist& Wiksell.

Lewin, Leif, 1975, "The Debate on Economic Planning in Sweden," in Steven Koblik, ed., *Sweden's Development from Poverty to Affluence, 1750-1970*, Minneapolis: University of Minnesota Press.

Lewin, Leif, 1985, *Ideologi och strategi: Svensk politik under 100 år*, 2nd ed., Uppsala: Norstedts.

Lewin, Leif, et al., 1972, *The Swedish Electorate, 1887-1968*, Stockholm: Almqvist&Wiksell.

Lindbeck, Assar, 1974, *Swedish Economic Policy*, Berkeley: University of California Press.

Lindvall, Johannes, 2005, "The Politics of Purpose: Swedish Economic Policy after the Golden Age," *Comparative Politics*, vol.38, no.3.

Lindvall, Johannes and Joakim Sebring, 2005, "Policy Reform and the Decline of Corporatism in Sweden," *West European Politics*, vol.28, no.5.

Lipset, Seymour Martin and Stein Rokkan, 1967, "Cleavage Structures, Party Systems, and Voter Alignments: An Introduction," in Seymour M. Lipset and Stein Rokkan, eds., *Party Systems and Voter Alignments: Cross-National Experience*, New York: The Free Press.

Lorenz, Einhart, 1974, *Arbeiderbevegelsens historie: En innføring: vol.2, 1930-1973*, Oslo: Pax Forlag.

Luebbert, Gregory, M., 1986, *Comparative Democracy: Policymaking and Governing Coalitions in Europe and Israel*, New York: Columbia University Press.

Luebbert, Gregory, M., 1987, "Social Foundations of Political Order in Interwar Europe," *World Politics*, vol.39, no.4.

Luebbert, Gregory, M., 1991, *Liberalism, Fascism, or Social Democracy: Social Classes and the Political Origins of Regimes in Inter-war Europe*, New York: Oxford University Press.

Lundestad, Geir, 1977, "Hovedtendenser i norsk politikk," in Trond Bergh and Helge Pharo, eds., *Vekst og velstand: Norsk politisk historie 1945-1965*, Oslo: Universitetsforlaget.

Madeley, John, 2003, "The Swedish Model is Dead! Long Live The Swedish Model? The 2002 Riksdag Election," *West European Politics*, vol.26, no.2.

Maddison, Angus, 1976, "Economic Policy and Performance in Europe 1913-1970," in Carlo M. Cipollar, ed., *Fontana Economic History of Europe*, Glasgow: Collins, vol.5. part 2.

Maier, Charles, 1975, *Recasting Bourgeois Europe: Stabilization in France, Germany, and Italy in the Decade after World War I*, Princeton: Princeton University Press.

Martin, Andrew, 1984, "Trade Unions in Sweden: Strategic Responses to Change and Crisis," in Peter Gourevitch, et al., eds., *Unions and Economic Crisis: Britain, West Germany, and Sweden*, London: George Allen&Unwin.

Michels, Ank and Hans Slomp, 1990, "The Role of Government in Collective Bargaining: Scandinavia and the Low Countries,"

Scandinavian Political Studies, vol.13, no.1.

Milner, Henry, 1989, *Sweden: Social Democracy in Practice*, Oxford: Oxford University Press.

OECD, 1988, *Historical Statistics 1960-1986*, Paris: OECD.

OECD, 2001, *Historical Statistics 1970-1999*, Paris: OECD.

Østerud, Øyvind, 2005, "Introduction: The Peculiarities of Norway," *West European Politics*, vol.28, no.4.

Pedersen, Erik Helmer, et al., 1986, "Nordens jordbruk under världkrisen 1929-1933," in Sven A. Nilson, ed., *Kriser och krispolitik I Norden under mellankrigstiden*, Uppsala: Almqvist& Wiksell.

Pedersen, Mogens M., 1967, "Consensus and Conflict in the Danish Folketing 1945-65," *Scandinavian Political Studies*, vol.2.

Pestoff, Victor A., 2002, "Sweden in the 1990s: The Demise of Policy Concertation and Social Partnership and Its Sudden Reappearance in 1998," in Stefan Berger and Hugh Compston, *Policy Concertation and Social Partnership in Western Europe*, New York: Berghahn Books.

Pontusson, Jonas, 1992, *The Limits of Social Democracy: Investment Politics in Sweden*, Ithaca: Cornell University Press.

Pontusson, Jonas, 1994, "Sweden: After the Golden Age," in Perry Anderson and Patrick Camiller, eds., *Mapping the West European Left*, New York: Verso.

Pontusson, Jonas and Peter Swenson, 1996, "Labor Markets, Production Strategies, and Wage Bargaining Institutions: The Swedish Employer Offensive in Comparative Perspective," *Comparative*

Political Studies, vol.29, no.3.

Przeworski, Adam and John Sprague, 1986, *Paper Stones: A History of Electoral Socialism*, Chicago: The University of Chicago Press.

Rokkan, Stein, 1966, "Norway: Numerical Democracy and Corporate Pluralism," in Robert A. Dahl, ed., *Political Oppositions in Western Democracies*, New Haven: Yale University Press.

Rokkan, Stein, 1967, "Geography, Religion, and Social Class: Crosscutting Cleavages in Norwegian Politics," in Seymour M. Lipset and Stein Rokkan, eds., *Party Systems and Voter Alignments: Cross-National Experience*, New York: The Free Press.

Rokkan, Stein, 1981, "The Growth and Structuring of Mass Politics," in Erik Allardt, et al., eds., *Nordic Democracy*, Copenhagen: Det Danske Selskab.

Rommetvedt, Hilmar, 2005, "Norway: Resources Count, but Votes Decide? From Neo-corporatist Respresentation to Neo-pluralist Parliamentarism," *West European Politics*, vol.28, no.4.

Rothstein, Bo, 1985, "The Success of the Swedish Labour Market Policy: The Organizational Connection to Policy," *European Journal of Political Research*, vol.13, no.2.

Rothstein, Bo, 1987, "Corporatism and Reformism: The Social Democratic Institutionalization of Class Conflict, *Acta Sociologica*, vol.30, no.3/4.

Rothstein, Bo, 1990, "Marxism, Institutional Analysis, and Working-Class Power: The Swedish Case," *Politics and Society*, vol.18, no.3, September.

Rothstein, Bo, 2001, "Social Capital in the Social Democratic Welfare State," *Politics and Society*, vol.29, no.2.

Rustow, Dankwart, 1955, *The Politics of Compromise: A Study of Parties and Cabinet Government in Sweden*, Princeton: Princeton University Press.

Sainsbury, Diane, 1986, "On Gøsta Esping Andersen's Theory of Social Democratic Party Formation and Decomposition," *Scandinavian Political Studies*, vol.9, no.3.

Särlvik, Bo, 1974, "Sweden: The Social Bases of the Parties in a Developmental Perspective," in Richard Rose, ed., *Electoral Behavior: A Comparative Handbook*, New York: The Free Press.

Särlvik, Bo, 1977, "Recent Electoral Trends in Sweden," in Karl H. Cerny, ed., *Scandinavia at the Polls: Recent Political Trends in Denmark, Norway, and Sweden*, Washington, D.C.: American Enterprise Institute.

Scase, Richard, 1977, "Social Democracy in Sweden," in William Paterson and Alastair Thomas, eds., *Social Democratic Parties in Western Europe*, London: Croom Helm.

Scharpf, Fritz W., 1991, *Crisis and Choice in European Social Democracy*, Ithaca: Cornell University Press.

Schmitter, Philippe C., 1981, "Interest Intermediation and Regime Governability in Contemporary Western Europe and North America," in Suzanne D. Berger, ed., *Organizing Interests in Western Europe*, Cambridge: Cambridge University Press.

Schwerin, Don, 1981, *Corporatism and Protest: Organizational Politics in the Norwegian Trade Unions*, Kent: Kent Popular Press.

Scott, Franklin D., 1977, *Sweden: The Nation's History*, Minneapolis: University of Minnesota Press.

Seip, Jens Arup, 1963, *Fra embedsmannsstat til ettpartistat og andre essays*, Oslo: Universitetsforlaget.

Sitter, Nick, 2006, "Norway's Storting Election of September 2005: Back to the Left?," *West European Politics*, vol.29, no.3.

Söderpalm, Sven Anders, 1975, "The Crisis Agreement and the Social Democratic Road to Power," in Steven Koblik, ed., *Sweden's Development from Poverty to Affluence, 1750-1970*, Minneapolis: University of Minnesota Press.

Stålvant, Carl-Einar, 1973, "Sweden: The Swedish Negotiations with the EEC," *Scandinavian Political Studies*, vol.8.

Statistisk Sentralbyrå, 1970, *Statistisk årbok, 1970*, Oslo: Statistisk sentralbyrå.

Steen, Anton, 1985a, *Interessekonflikt og offentlig politikk: En komparativ studie av landbruksinteresser og statsstøtte i Norge, Sverige og U.K. etter 1945*, Oslo: Universitetsforlaget.

Steen, Anton, 1985b, "The Farmers, the State, and the Social Democrats," *Scandinavian Political Studies*, vol.8, no.1-2.

Stephens, John D., 1979, *The Transition from Capitalism to Socialism*, Urbana Champagne: University of Illinois Press.

Svensson, Torsten and Perola Öberg, 2005, "How are Coordinated Market Economies Coordinated? Evidence from Sweden," *West European Politics*, vol.28, no.5.

Swenson, Peter and Jonas Pontusson, 2000, "The Swedish Employer

Offensive against Centralized Bargaining System," in Torben Iversen, Jonas Pontusson, and David Soskice, eds., *Unions, Employers, and Central Banks: Macroeconomic Coordination and Institutional Change in Social Market Economies*, Cambridge: Cambridge University Press.

Thelen, Kathleen, 2001, "Varieties of Labor Politics in the Developed Democracies," in Peter A. Hall and David Soskice, eds., *Varieties of Capitalism: The Institutional Foundations of Comparative Advantage*, Oxford: Oxford University Press.

Thomas, Alstair H., 1977, "Social Democracy in Denmark," in William Paterson and Alastair Thomas, eds., *Social Democratic Parties in Western Europe*, London: Croom Helm.

Tilton, Tim, 1991, *The Political Theory of Swedish Social Democracy: Through the Welfare State to Socialism*, Clarendon: Oxford University Press.

Tilton, Timothy A., 1979, "A Swedish Road to Socialism: Ernst Wigforss and the Ideological Foundation of Swedish Social Democracy," *American Political Science Review*, vol.73, no.2.

Tingsten, Herbert, 1973, *The Swedish Social Democrats: Their Ideological Development* [A translation of *Den svenska socialdemokratins ideutveckling*, 1944], Totowa: Bedminster.

Uhr, Carl G., 1973, "The Emergence of the 'New Economics' in Sweden: A Review of a Study by Otto Steiger," *History of Political Economy*, vol.5, no.1.

Valen, Henry and Bernt O. Aardal, 1983, *Et Valg i Perspektiv: En studie av stortingsvalget 1981*, Oslo: Statistisk Sentralbyrå.

Valen, Henry and Daniel Katz, 1964, *Political Parties in Norway*, Oslo: Universitetsforlaget.

Valen, Henry, 1981, *Valg og Politikk: Et samfunn i endring*, Oslo: NKS.

Valen, Henry, 1986, "The Storting Election of September 1985: The Welfare State under Pressure," *Scandinavian Political Studies*, vol.9, no.2.

Valen, Henry, 1990, "The Storting Election of 1989: Polarization and Protest," *Scandinavian Political Studies*, vol.13. no.3.

Valen, Henry and Daniel Katz, 1966, *Political Parties in Norway*, Oslo: Universitetsforlaget.

Vartiainen, Juhana, 2001, "Understanding Swedish Social Democracy: Victims of Success?," in Andrew Glyn, ed., *Social Democracy in Neoliberal Times: The Left and Economic Policy since 1980*, Oxford: Oxford University Press.

Visser, Jelle, 2000, "Trends in Unionization and Collective Bargaining," ILO: Ocaasional Report.

Wallerstein, Michael and Miriam Golden, 2000, "Postwar Wage Setting in the Nordic Countries," in Torben Iversen, Jonas Pontusson, and David Soskice, eds., *Unions, Employers, and Central Banks: Macroeconomic Coordination and Institutional Change in Social Market Economies*, Cambridge: Cambridge University Press.

Wheeler, Christopher, 1975, *White-Collar Power: Changing Patterns of Interest Group Behavior in Sweden*, Urbana: University of Illinois Press.

Widfeldt, Anders, 2004, "Elite Collusion and Public Defiance:

Sweden's Euro Referendum in 2003," *West European Politics*, vol.27, no.3.

Winch, Donald, 1966, "The Keynesian Revolution in Sweden," *Journal of Political Economy*, vol.74, no.2.

Wörlund, Ingemar, 1989, "The Election to the Swedish Riksdag 1988," *Scandinavian Political Studies*, vol.12, no.1.

찾아보기

| 사항 찾아보기 |

(ㄷ)

(ㄹ)

(ㅈ)

(ㅊ)

(ㅋ)

(ㅌ)

(ㅍ)

(ㅎ)

(A)

(E)

| 인명 찾아보기 |

노동지배의 이념과 전략
- 스칸디나비아 사회민주주의의 성장과 쇠퇴 -

초판 제1쇄 찍은날 : 2007. 12. 15
초판 제1쇄 펴낸날 : 2007. 12. 20

지은이 : 김 수 진
펴낸이 : 김 철 미
펴낸곳 : 백산서당

등록 : 제10-42(1979.12.29)
주소 : 서울 은평구 대조동 185-71 강남빌딩 2층
전화 : 02)2268-0012(代)
팩스 : 02)2268-0048
이메일 : bshj@chol.com

값 17,000원

ISBN 978-89-7327-415-4 93340